网络时代数字公民素养的
理论与应用探索

WANGLUO SHIDAI SHUZI GONGMIN SUYANG DE
LILUN YU YINGYONG TANSUO

郑云翔　等著

·广州·

版权所有　翻印必究

图书在版编目（CIP）数据

网络时代数字公民素养的理论与应用探索 / 郑云翔等著. -- 广州：中山大学出版社，2025.6. -- ISBN 978 - 7 - 306 - 08458 - 3

Ⅰ. G202

中国国家版本馆 CIP 数据核字第 2025NK4078 号

出 版 人：王天琪
策划编辑：曾育林
责任编辑：曾育林
封面设计：曾　斌
责任校对：孙碧涵　王洪霞
责任技编：靳晓虹
出版发行：中山大学出版社
电　　话：编辑部 020 - 84113349，84110776，84111997，84111996，84110283
　　　　　发行部 020 - 84111998，84111981，84111160
地　　址：广州市新港西路 135 号
邮　　编：510275　　　　　传　真：020 - 84036565
网　　址：http：//www.zsup.com.cn　E-mail：zdcbs@ mail.sysu.edu.cn
印　刷　者：广东虎彩云印刷有限公司
规　　格：787mm×1092mm　1/16　20.5 印张　419 千字
版次印次：2025 年 6 月第 1 版　2025 年 6 月第 1 次印刷
定　　价：88.00 元

如发现本书因印装质量影响阅读，请与出版社发行部联系调换

国家社科基金后期资助项目
出版说明

后期资助项目是国家社科基金设立的一类重要项目，旨在鼓励广大社科研究者潜心治学，支持基础研究多出优秀成果。它是经过严格评审，从接近完成的科研成果中遴选立项的。为扩大后期资助项目的影响，更好地推动学术发展，促成成果转化，全国哲学社会科学工作办公室按照"统一设计、统一标识、统一版式、形成系列"的总体要求，组织出版国家社科基金后期资助项目成果。

全国哲学社会科学工作办公室

技术是一把双刃剑，如何才能去弊兴利？答案就是实施数字公民教育——提升数字公民素养，培养合格数字公民！

大多数公民想做正确的事，但前提是他们需要知道什么是正确的事。让我们帮助他们在避免陷阱的同时利用技术做正确的事吧！

自　　序

当今，信息技术日新月异，给人们带来便利的同时也存在诸多隐患，网络暴力、网络沉迷、网络诈骗等案例层出不穷。绚丽多彩、纷繁复杂的数字世界需要"导德齐礼"，这是时代的呼唤，也是时代的诉求。面对瞬息万变的数字世界，我们唯有修身养德、锤炼本领，方能立于不败之地，在数字世界畅游翱翔，学会规避和应对潜在风险。这便是数字公民教育的指归——提升数字公民素养，培养合格数字公民。

"数字公民素养"（digital citizenship）一词源自欧美，目前已在世界各地生根发芽，涌现了大量理论研究成果和实践案例。在国内，这一研究领域尚处于初始阶段，相关理论和应用研究较为稀缺。为此，《网络时代数字公民素养的理论与应用探索》首先详细论述了数字公民素养的理论基础，介绍了数字公民教育的国内外实践；其次，探讨融合数字公民素养的社交媒体成瘾和网络欺凌影响因素；最后，基于对网络暴力事件中角色与行为的挖掘与分析，提出关于精准提升数字公民素养和平台防范网络暴力能力的对策建议。

全书遵循"理论—实践—应用"这一脉络，解析了什么是数字公民素养、为什么要培养数字公民素养、如何培养数字公民素养，以及如何利用数字公民素养理论解决数字世界失范行为等核心问题。本书的出版，旨在帮助读者理解参与数字社会活动所应遵循的道德规范和行为准则，促使其努力提升自身数字公民素养，同时为有效解决网络欺凌、网络沉迷等网络失范问题提供科学指引，为数字公民教育的应用、实施和普及推广提供重要借鉴。

技术进步不断塑造新时代，数字社会亟待公民道德与责任意识的觉醒，数字公民素养的培养已成为时代的迫切需求。数字公民素养的培养之路既是现代社会的必经之路，也是道德规范、社会和谐的至善之路。2013年，《中共中央关于全面深化改革若干重大问题的决定》明确提出了"深化教育领域综合改革"的任务。让我们齐心协力，共同进步，努力成为合格数字公民，积极响应时代的号召吧！

目　录

理论编

第一章　绪论 …………………………………………………………… 3

第二章　什么是数字公民素养 ………………………………………… 13
　　第一节　数字公民素养概述 ………………………………………… 13
　　第二节　数字公民素养的内容分解 ………………………………… 23

第三章　为什么要提升数字公民素养 ………………………………… 51
　　第一节　数字社会潜在风险与隐患 ………………………………… 51
　　第二节　数字公民素养的独特性与不可替代性 …………………… 55
　　第三节　提升数字公民素养的必要性 ……………………………… 63
　　第四节　提升数字公民素养的重要性 ……………………………… 71
　　第五节　提升数字公民素养的意义与价值 ………………………… 73

实践编

第四章　如何培养数字公民素养 ……………………………………… 79
　　第一节　现状与问题 ………………………………………………… 79
　　第二节　数字公民素养培养体系 …………………………………… 85
　　第三节　数字公民素养培养实践案例 ……………………………… 89

第五章　数字公民教育提升全民数字素养与技能 …… 114
第一节　概述 …… 114
第二节　数字公民教育提升全民数字素养与技能：理论和实践的双重逻辑 …… 115
第三节　如何实施数字公民教育，提升全民数字素养与技能 …… 120
第四节　数字公民教育提升数字素养与技能的实践 …… 128

应 用 编

第六章　融合数字公民素养的社交媒体成瘾影响因素探索 …… 141
第一节　社交媒体使用与数字公民素养 …… 141
第二节　成瘾概述 …… 143
第三节　社交媒体成瘾研究现状 …… 146
第四节　融合数字公民素养的社交媒体成瘾：以大学生为例 …… 150

第七章　融合数字公民素养的网络欺凌影响因素探索 …… 205
第一节　网络欺凌概述 …… 205
第二节　网络欺凌研究现状 …… 209
第三节　融合数字公民素养的网络欺凌影响因素：以大学生为例 …… 215

第八章　融合数字公民素养的微博网络暴力分析与启示 …… 245
第一节　网络暴力概述 …… 245
第二节　网络暴力研究现状 …… 246
第三节　融入数字公民素养的网络暴力分析：以新浪微博为例 …… 254

理论编

第一章 绪 论

当今世界处于网络化、数字化和智能化的信息时代——当我们还在讨论大数据、云计算的浪潮时，人工智能时代已经扑面而来。以人工智能为代表的新一代信息技术（例如 ChatGPT）正以前所未有的速度席卷全人类，全方位地渗透到人们的工作和生活中，尤其在当代中国。不管是在城市还是农村，人们都能感受到信息技术给他们的学习、工作和生活带来的巨大变化。信息技术已融入人们生活的每个角落，特别是网络技术，已突破了地域的限制，把全球的人、物都连接起来，并伴随着海量数据拓展出一个虚拟的生存环境——数字社会。如今，人们几乎每天都同时在现实世界和数字世界里生活，越来越多的人掌握了各种信息技术的使用方法，用于辅助日常工作、扩大个人交友圈、随时随地学习、在线购物等。尤其是年轻人，他们中有一些是出生在信息时代、伴随着网络发展而成长起来的数字原住民，从小就学会了使用各种数字化设备（如手机、平板电脑等）。"数字化生存"这一术语是由美国麻省理工学院尼葛洛庞帝教授率先提出并广为传播的。他认为，数字化生存是现代社会中以信息技术为基础的新的生存方式。在数字化生存环境中，人们的生产方式、生活方式、交往方式、思维方式、行为方式都呈现出全新的面貌[1]。

然而，日新月异的信息技术在给人们生活、工作带来便利的同时，也引发了很多社会问题，不断冲击着人们的道德底线。去中心化、虚拟性、开放性、匿名性、交互性、即时性，这些都是当代以网络为代表的信息技术的典型特征。这导致了个体与他人、社会进行互动时身份与角色的变化，为信息传播和追踪带来了复杂性和不确定性，也因此带来了很多新的矛盾，如"通信自由"与"社会责任"的矛盾、"个人隐私"与"恶意曝光"的矛盾、"个人无心之失"与"媒体、大众道德审判"等。这些矛盾构成了数字世界的各种冲突和暴力，带来了一系列严重的后果，引发了一系列社会问题。随着越来越多的年轻人将数字技术应用于教育、娱乐和工作，网络空间的问题将越来越多，这将产生各种不良影响与负面的社会效应，不利于社会的安全

---

[1] 尼葛洛庞帝（Nicholas Negro Ponte）：《数字化生存》，胡泳、范海燕译，海口，海南出版社1996年版。

与稳定。一个不容忽视的事实是，目前这些不良影响已有泛滥的趋势，世界各地常有案例报道，网络空间中的冲突和暴力已经成为危害社会秩序、妨碍社会安全的重大因素。下面仅以网络欺凌、数字成瘾、网络诈骗、数字剽窃等为例进行概述。

（一）网络欺凌（网络暴力的典型表现）

2012年10月，在遭受了三年的网络欺凌后，加拿大温哥华高贵林市15岁少女阿曼达·托德（Amanda Todd）自杀身亡。三年前托德因受网友唆使，利用网络摄像拍下不雅照片，随后其照片被传阅，其人身更是遭到威胁。她试图通过转校重新开始生活，但欺凌始终如影随形，其后她遭人殴打的片段也被人上传到网上。在多重压力下，她开始吸毒、酗酒与自残。她甚至将自己被欺凌的故事上传到YouTube，希望寻求帮助，奈何无效，遂选择结束自己的生命①。2013年9月，美国佛罗里达州12岁初中女孩丽贝卡·塞德威克以跳楼的方式结束了自己的生命。据了解，她曾遭受长达一年的网络欺凌："你应该喝漂白剂去死""没人喜欢你""你应该自杀"……在丽贝卡的某社交网站个人页面上，类似这样恶意攻击她的留言层出不穷。终于，不堪承受巨大精神压力的丽贝卡，爬到学校附近的一座废弃水泥厂楼顶，纵身跳下，结束了自己的生命②。2018年1月，澳大利亚北领地凯瑟琳一名14岁少女艾米（Amy Everett）在遭受了多年的网络欺凌后，选择自杀结束生命。其父蒂克通过社交网站Facebook发声，诉说自己的悲痛心情。他表示虽然艾米看不到她给家人留下的悲痛，但是希望其他有着类似经历的人能通过艾米这件事体会到生命的意义。同时，他忍痛发声邀请这些网络恶霸来参加葬礼③。

2018年6月，江苏南京一饭店老板童先生因其2岁儿子被狗咬，后与狗主人交涉未果，当街摔死泰迪犬。此事被目击者发上网，其后童先生遭网友"人肉搜索"，于是全国各地的"爱狗人士"24小时打电话、发短信威胁、侮辱童先生。一些人甚至攻击童先生一家，不仅号召人们不去童先生的饭店

---

① 惠斯勒凡客的博客：《阿曼达·托德事件，反网上欺凌以及加拿大流行歌手演唱"真实的色彩"》（http：//zhuanlan.zhihu.com/p/405235677）。
② 龙游新闻网：《美国一12岁女孩因不堪网络暴力自杀》（http：//lynews.zjol.com.cn/lynews/system/2013/12/20/017499750.shtml）。
③ 封面新闻：《澳大利亚14岁少女不堪网络暴力自杀，父亲忍痛邀请欺凌者参加葬礼》（http：//www.thecover.cn/news/552909）。

吃饭，还对童先生孩子的隐私进行人肉搜索，声称要报复其孩子。在"爱狗人士"的"死亡威胁"下，其妻绝望地选择割腕自杀欲给狗偿命①。2023年5月，湖北武汉一小学生在校内被撞倒并被二次碾压身亡，网民齐某在相关信息未经证实的情况下，通过抖音恶意编造、传播网络谣言，引发大量网民恶意评论和攻击死者母亲。几天后死者母亲疑似因网络暴力跳楼自杀，带头网暴的账号被永久禁言②。

类似的案例在其他国家也不胜枚举，全美居家安全评委会（National Council for Home Safety and Security）的报告显示，34%的人曾经历过某种形式的网络欺凌，但仅有23%的受害者会向家长或学校权威人士诉说，71%的年轻人对网络欺凌的影响表示担忧③。库克向全球28个国家的父母调查其子女受网络欺凌的情况（2011—2018年），结果显示，排名靠前的五个国家分别是印度（37%，即37%的印度父母承认其子女曾遭受过网络欺凌）、巴西（29%）、美国（26%）、南非（26%）和比利时（25%）。除了沙特阿拉伯和法国，其余26个国家的被调查者都表示明显感受到网络欺凌的存在④。实际上，相比传统欺凌，网络欺凌对肇事者和受害者的生理健康、心理健康和学业成绩都会产生更恶劣的负面影响⑤。

可见，利用网络对个人或群体进行恶意伤害、欺辱等已经成为全球性的社会问题，不仅会对当事人及其家人的正常工作、学习和生活造成影响，而且会威胁到他们的生命或财产安全。

---

① 搜狐网：《谁的错？江苏南京2岁儿子被咬，父亲摔死泰迪犬，爱狗人士发死亡威胁》（https://www.sohu.com/a/237303678_100178040）。

② 安徽网：《杜撰"武汉小学生被碾压身亡其母收260万" 齐某某被行拘》（http://www.ahwang.cn/newsflash/20230726/2545390.html）。

③ National Council for Home Safety and Security. "Guide to Cyberbullying: Awareness and Prevention". (https://www.alarms.org/guide-to-cyberbullying-awareness-and-prevention/)

④ Cook, S. "Cyberbullying around the World-which country has the most victims?". (https://www.comparitech.com/internet-providers/cyberbullying-statistics/)

⑤ Litwiller, B. J, Brausch, A. M. "Cyber Bullying and Physical Bullying in Adolescent Suicide: The Role of Violent Behavior and Substance Use". *Journal of Youth and Adolescence*, 2013, 42（5）, p.675; Kowalski, R. M., Limber, S. P. "Psychological, Physical, and Academic Correlates of Cyberbullying and Traditional Bullying". *Journal of Adolescent Health*, 2013, 53（1）, pp. S13–S20.

（二）数字成瘾（主要表现为网络成瘾）

2018 年，成都一名大学生沉迷于网络游戏，经常旷课，每天就靠自己打游戏挣的钱来维持生活，吃垃圾食品，也不顾及自己的形象。虽然只有 24 岁，但是看上去就像 40 多岁，半年没有运动过，身体也非常差[①]。2019 年，中南大学湘雅二医院精神卫生研究所对多所高校共 3000 多名大学生进行网络成瘾性调查，结果显示，"有 20.6% 的大学生存在网络成瘾风险，受访大学生群体平均每天使用手机 7～9 小时，平均每人每天使用手机 118 次。大学生群体使用手机主要为了玩游戏、看影视剧、玩直播和购物等"。其中，网络游戏成为伤害大学生身心健康与人际关系的利器。在受访的学生中，有 33.3% 的大学生因为长时间使用手机和电脑等出现精神或身体健康受损，20% 的大学生因为沉迷网络游戏而影响了重要的人际关系，近 15% 的大学生因为沉迷网络经常和家人、同学起冲突[②]。2020 年 5 月，东莞一名 11 岁的学生因长期使用电子产品被诊断为急性共同性内斜视（俗称"斗鸡眼"），右眼斜视 20 度。原来，在新冠疫情期间他跟其他学生一样在家上网课，家长额外批准他每天玩 1 小时游戏，除此之外他每天还偷偷玩十几个小时手机，有时候甚至不睡觉而去偷偷地打游戏[③]。

当前，数字依赖、网游沉迷的案例时有报道，特别是未成年人，这让孩子父母操碎了心。据统计，美国 8% 的 8～18 岁青少年电子游戏上瘾[④]。2018 年世界卫生组织公布 *International Classification of Diseases* 第 11 版[⑤]，其中一个重要变化就是在精神疾病"成瘾障碍"类别中增加"游戏障碍"（gaming disorder）。游戏障碍的特征是持续或反复出现的游戏行为模式（"数字游戏"或"电子游戏"），可以是在线的或离线的。我国国家卫生健康委

[①] 成都高新 AQD：《24 岁大学生沉迷游戏，半年没出门，如今像个 40 岁的大叔》（https://baijiahao.baidu.com/s?id=1610305886580403743&wfr=spider&for=pc）。

[②] CCTV 央视网新闻：《大学生沉迷网络游戏调查：社交工具还是伤人利器？》（http://news.cctv.com/2019/05/17/ARTIJPCqbqL8gTdNbTLXTiwj190517.shtml）。

[③] 搜狐网：《东莞一男孩疯狂玩游戏玩出了"斗鸡眼"进医院，到底是怎么回事？》（https://www.sohu.com/a/397618049_120281674）。

[④] ISTE. "Infographic：Citizenship in the Digital Age". （https://www.iste.org/explore/Digital-citizenship/Infographic%3A-Citizenship-in-the-digital-age）

[⑤] World Health Organization. "International Classification of Diseases". （https://www.who.int/classifications/icd/en/）

员会也在 2018 年 9 月发布《中国青少年健康教育核心信息及释义》，对网络成瘾的定义及其诊断标准进行了明确界定[①]。2023 年 3 月，中国互联网络信息中心（China Internet Network Information Center，CNNIC）发布的第 51 次《中国互联网络发展状况统计报告》指出[②]，截至 2022 年 12 月，中国网民人均每周上网时长为 26.7 个小时。长时间上网极易引发各种问题，会对身心健康造成一定的伤害。可见，数字成瘾特别是网络成瘾已上升为威胁社会和谐与公民健康的重大隐患。

（三）网络诈骗

2018 年 5 月，艳女士通过微信加了一陌生人为好友，听对方说可以免费送手机，便放下了戒心，谁知对方一次次以各种名目收取费用：手机海关税（从中国香港发出）、出厂费（承诺会退换）、海关扣押处理费、海关污点清除处理费等。艳女士给对方汇了几笔钱，共 2800 多元，后来才发现上当受骗，后悔莫及，虽然后来报了警，但是已无法挽回损失的财产[③]。2020 年 6 月，因资金短缺，家住罗平县板桥镇的张先生在网络上搜索到了一个名叫"江川金融"的贷款 App，并注册登记了账号，填写了个人信息，申请了 5 万元贷款，不到 10 分钟，申请通过。而当张先生提现时，却一步步受骗，共计损失 29000 余元，此外，还要偿还这 5 万元的贷款[④]。

随着网络购物的飞速发展，人们的日常生活发生了翻天覆地的变化。截至 2022 年 12 月，中国网络购物用户规模达 8.45 亿[⑤]，较 2021 年 12 月增长 319 万，占网民整体的 79.2%。与此同时，网络诈骗手段也层出不穷，令人防不胜防。目前，网络诈骗大多跟个人信息泄露有关，犯罪分子就是利用一部分群众对个人信息保护不力的"空子"，通过各种技术手段实施诈骗。除

---

① 中国教育在线：《中国青少年健康教育核心信息及释义》（https://chuzhong.eol.cn/news/201809/t20180925_1626508_1.shtml）。

② 中国互联网络信息中心：第 51 次《中国互联网络发展状况统计报告》（https://cnnic.cn/n4/2023/0302/c199-10755.html）。

③ 新浪网：《网络诈骗真实案例截图，骗术不得不服，一定要看！》（http://k.sina.com.cn/article_6019769193_166ce6369001009641.html）。

④ 手机网易：《亏大了！曲靖男子为了贷款 50000 元，却被网络诈骗 29000 余元》（https://3g.163.com/news/article/FFQU0UV00512LJ0V.html）。

⑤ 中国互联网络信息中心：第 51 次《中国互联网络发展状况统计报告》（https://cnnic.cn/n4/2023/0302/c199-10755.html）。

了攻击网站后台漏洞，犯罪分子往往还制造含木马信息的二维码、链接，或设立虚假网站引诱用户输入个人电子账户信息。中国互联网协会发布的《中国网民权益保护调查报告（2021）》显示，78.2%的网民个人身份信息（姓名、身份证号及工作单位等）被泄露，82.3%的网民亲身感受到了个人信息泄露对日常生活造成的影响，而近一年因个人信息泄露等遭受了一定的经济损失。可见，在数字商务飞速发展与繁荣的同时，电子账户信息被盗的情况频频发生，网购陷阱层出不穷，这引起了人们对于线上购物中个人信息保护的高度关注。

（四）数字剽窃

2018年10月，针对《中国青年报》报道的南京大学社会学系教授、青年长江学者梁×嫌学术不端，之前发表的百余篇论文莫名被撤事件，南京大学成立了调查组进行介入调查[①]。据了解，梁×多篇论文涉嫌抄袭或一稿多投。也许是为了掩盖旧行，近几年来她频繁联系期刊网站删除这些文章，甚至包括她的硕士和博士学位论文。同年12月，南京大学社会学系对梁×做出行政记过、党内严重警告等7项处分[②]。2020年2月，著名青年作家、《大猫老师的绘画本作文课》作者陈×喆被粉丝告知，有人抄袭他的作品，而抄袭者就是众人眼中的"资深儿童阅读推广人"胡×梅。她不仅抄袭了陈×喆的作品，还大量抄袭了其他人的作品。后来，当地教育局迅速对此做出严厉的处罚决定[③]。

当今，科技不断进步，给我们的知识创作、科学研究带来了极大的便利，我们足不出户就可以畅览来自世界各地的专家、学者、同行的最新研究成果和新闻报道。但这并不意味着可以把别人的成果拿来"即插即用"，据为己有，毫无道德底线地大量抄袭，甚至改头换面后包装做商用。然而，总有人以身试法、掩耳盗铃、自欺欺人，致使类似案例层出不穷，相关报道也屡见不鲜。学术不端行为是对技术规范化使用的公然无视，更是对相关法律法规和学术道德

[①] 搜狐网：《南大调查青年长江学者涉嫌学术不端问题 当事人：在学术圈待不久了》（https://www.sohu.com/a/271796035_691737）。

[②] 校园教育：《重拳！南大对"梁×学术不端"处分结果出炉？行政记过，调离岗位！》（https://baijiahao.baidu.com/s?id=1619706565767581443&wfr=spider&for=pc）。

[③] 南京日报网：《资深"儿童阅读推广人"跌落神坛 深圳名师胡×梅"学术不端"事件调查》（http://www.njdaily.cn/2020/0316/1832001.shtml）。

的公然挑战。我们必须坚决抵制，对其采取"零容忍"的态度。

上述案例仅仅是冰山一角，然而足以深深触动每一个人的神经，引起人们对数字时代的道德观与价值观，以及个人综合素质、核心素养的深刻反思。近年来滥用、错用、乱用信息技术的现象时有发生，引发了网络欺凌、数字成瘾、网络诈骗、网络隐私泄露、网络暴力等一系列社会问题，世界各地时有相关受害案例报道，这一系列问题给当事人带来了极大的隐患和损失，严重时甚至威胁到生命，也给社会带来了不安与骚动。作为网络时代的技术使用者，我们需要时刻保持警惕，因为稍不留神就会"中招"，给个人、家庭和社会带来负面影响。如何纠正网络空间的不正之风、规避数字世界的各种风险、规范数字社会的各种言行，已成为摆在我们面前的一道难题。

要解决这些问题，单靠立法，或网络媒介教育/人格教育，甚至口号式的"加大监管力度"是不够的。只有构建切实可行、标本兼治的综合解决方案，才能从根本上解决数字世界中的各种问题。现实世界中，已有相对完整的法律规章、道德规范和行为准则约束人们的言行，然而在数字世界里相关规范和准则尚处于萌芽状态。如何在虚拟的数字空间里谋求自我发展的同时与他人和谐相处？为此需要制定哪些相关的法律规范和行为准则？如何能让每个人都熟知这些规范和准则，并在实际生活中严格遵守？这些问题关系到每个人如何在数字世界里生存与发展并获得个人提升。很明显，如果这些问题不解决，网络上的不良行为及其带来的隐患就不可能消失（甚至将越来越严重），而且核心素养的培育很可能就是一句空话。试想一下，若没有"数字健康""数字安全"和"数字礼仪"，何来"健全人格""珍爱生命"？更重要的是，当前学校教育的对象大多是数字原住民，随着智能设备的持续普及和世界人口不断攀升，大量数字原住民将不断出现，上述社会问题还会进一步加剧。

今天的青少年，是伴随着互联网成长起来的一代人，作为数字原住民，他们在现实空间和数字空间里用行动诠释着数字化生存的本质。作为数字时代的公民，他们应安全、合法并合乎道德地使用数字化信息工具，应在信息技术领域具备广泛的知识与技能，并有责任参与社会活动，促进社会发展。这就要求他们学会如何保护自己和他人、如何教育自己和他人、如何尊重自己和他人，这些正是数字公民教育的研究范畴，其重要性正日益凸显出来。作为提升数字公民素养、培养合格数字公民的重要途径，数字公民教育不但成为全球关注的焦点，也成为当今世界信息化教育体系中极为关键的基础组成部分，更是网络时代核心素养培育的关键和必经之路，因此我们必须有所作为。

《论语·为政》有云:"道之以德,齐之以礼,有耻且格。"纷繁复杂、绚丽多彩的数字世界必然需要"导德齐礼",才能有效推动网络精神文明建设,孕育和谐健康的网络文化氛围和生态,从而保证社会稳定与长治久安。在这一新的历史条件下,塑造"数字公民"(digital citizen)成为时代的呼唤和时代的使命。对数字公民在数字社会中的言行进行规范,以展现其应有的素养,这是全球步入数字化社会对公民行为提出的新要求,是科技不断进步对公民素养提出的新要求,也是构建健康网络生态与和谐社会对教育提出的新要求。可见,时代变迁、技术扩散,数字社会迫切呼唤数字公民道德、责任意识的觉醒,也呼唤对数字公民素养的提高。培养数字公民素养之路是时代必经之路,也是"导德齐礼"的至善之路①。对数字公民素养及其教育的系统研究与有效实践,不容忽视、势在必行、迫在眉睫、刻不容缓。

大多数公民想做正确的事,但前提是他们知道什么是正确的事。让我们帮助他们在避免陷阱的同时利用技术做正确的事吧!首先,本书以培养网络时代下的合格数字公民为目标,通过明晰数字公民素养的概念、内涵与外延,界定九大核心内容。在对每一个核心成分进行详细分解和描述的基础上,本书对数字公民素养与相关同类概念进行辨析,凸显数字公民素养的独特性与不可替代性,然后论述实施数字公民教育的必要性、重要性和意义所在,从而深刻回答"什么是数字公民素养""为什么要培养数字公民素养"这两个理论问题。以上内容构成了数字公民素养的理论基础,也是本书"理论编"的核心内容。其次,本书通过构建数字公民素养培养体系,详细列举相关实践案例,展示了如何提升数字公民素养,及培养合格数字公民。结合数字中国建设和各行业数字化转型的大背景,从理论与实践层面深入探讨了如何实施数字公民教育,提升全民数字素养与技能。这构成了本书"实践编"的核心内容。再次,在应用层面上,本书基于社交媒体这一网络失范行为的最大汇集地,从融合数字公民素养的角度深入探讨了社交媒体成瘾的影响因素和网络欺凌的影响因素。最后,以网络社交平台微博为例,探讨融合数字公民素养网络暴力角色与行为的关系,在细粒度分析的基础上提出精准提升数字公民素养和提升平台防范网络暴力能力的对策建议,以此呼吁数字公民要规范自己的言行,安全、负责任、符合道德规范地使用信息技术,避免对他人和社会造成不良影响。这是本书"应用编"的主要内容。

---

① 钱松岭(一心数字公民学院):《数字公民之路》(https://mp.weixin.qq.com/s/BCxxAfzWiQJM05YikXxRVA)。

综上所述，本书第一部分的"理论编"围绕数字公民素养是什么、包含哪些内容、与相关同类概念有什么关系，以及为什么需要数字公民素养等理论问题展开论述，这是每一位数字公民必须了解、掌握并践行的道德规范与行为准则；第二部分"实践编"围绕数字公民素养的培养体系、相关实践案例，以及如何利用数字公民教育提升全民数字素养与技能等实践问题展开论述，这是实施数字公民教育、培养合格数字公民的实践参考；第三部分"应用编"在数字公民素养框架下，以社交媒体应用为背景，围绕社交媒体成瘾影响因素、网络欺凌影响因素和微博网络暴力角色与行为分析等应用问题展开论述，这是利用数字公民素养理论解决数字世界失范行为的新思路。本书倡议并呼吁国内相关部门、学者重视数字公民素养及数字公民教育，为我国数字公民的培养、数字公民教育的研究和实施，以及数字素养与技能的提升建言献策。更重要的是，通过各界的共同努力，为社会培养有责任、有担当、有涵养的合格数字公民，并通过提高数字公民素养带动核心素养、数字素养与技能的全面提高，加快实现立德树人的根本目标与任务，从而最大限度地消除当前存在的滥用、误用和乱用技术的问题，让数字空间清朗起来，以构建和谐稳定、文明民主的现实社会和数字社会，为网络强国建设和数字中国建设的顺利实施保驾护航。

以下是本书各章的内容介绍。

第一章是绪论，通过若干真实案例引出数字公民素养，指出对数字公民素养和数字公民教育的研究与实施势在必行，刻不容缓，同时对全书内容进行概括。

第二章从定义、内涵与外延等方面界定什么是数字公民素养，结合数字公民教育的九大要素、中国国情和人格教育，细化、分解并逐一界定数字公民素养的主要内容，即数字世界中数字公民应遵循的道德规范与行为准则。

第三章对数字公民素养与相关同类概念进行对比分析，以此凸显其独特性与不可替代性，然后从国家政策的需要、社会的需要、人的全面发展的需要、健康网络文化和网络文明的需要等角度深入论述提升数字公民素养的必要性和重要性，最后论述其意义与价值。

第四章基于上述理论基础，结合当前国内本领域的研究现状与问题，首先提出基于"三面向"的数字公民素养培养体系。其次介绍数字公民素养培养的国内外实践，重点论述国内基础教育中的实践案例，以期为数字公民教育的本土化落地提供参考和借鉴。

第五章在建设数字中国、网络强国和实现共同富裕的大背景下，从实施原则、实施模式、实施路径等方面深入论述了如何实施数字公民教育，提升全民数字素养与技能的问题。在此基础上，重点介绍了基础教育和高等教育中利用数字公民教育推进数字素养与技能提升的实践案例，为培养具有数字意识、计算思维、终身学习能力和社会责任感的数字公民提供实践参考。

第六章探讨社交媒体使用与数字公民素养的关系，首先对社交媒体成瘾的现象进行概述和现状分析，其次运用问卷调研和数据分析法，以大学生为例探讨融合数字公民素养的社交媒体成瘾影响因素，并提出针对性的预防对策，这是网络时代数字公民素养的应用探索之一。

第七章对网络欺凌及其现状进行概括分析，运用问卷调研和数据分析法，以大学生为例探讨融合数字公民素养的网络欺凌影响因素，并提出针对性的防控对策，这是网络时代数字公民素养的应用探索之二。

第八章对网络暴力及其现状进行概括分析，运用内容分析法构建融合了数字公民素养的网络暴力内容分析编码体系，对微博上3个典型的网络暴力事件进行角色与行为的细粒度挖掘与分析，从而提出精准提升数字公民素养和提升平台防范网络暴力能力的对策建议，这是网络时代数字公民素养的应用探索之三。

第二章　什么是数字公民素养

第一节　数字公民素养概述

一、数字公民素养的定义

（一）公民素养

法律意义上的公民，是指具有一国国籍，并根据该国法律规定享有权利和承担义务的人[①]。但在现实社会，公民不仅是一个法律概念，更是一个社会和政治概念，它与一国社会、政治、经济、文化等有着密切联系，是人类身份现代化的文明标志[②]。

关于公民教育，最直观的理解就是"对公民群体的教育"，这也是李治德提到的广义的公民教育。此外，其进一步提出，"狭义的公民教育是指对社会成员担任公民角色的质量进行的教育。简言之，是培养符合当前国家、社会和个人发展方向的'好公民'的教育。狭义的公民教育建立在公民个体在公民社会中的角色和地位的基础上，突出了从'公民'一词的内涵带来的政治、法律、社会、经济、文化、社群和民族传统等方面的内容。"[③] 李萍等人则认为，公民教育应当是以公民的本质特征为基础和核心而建立起来的教育目标体系，它必须满足三个基本条件：以公民的独立人格为前提，以权利

[①] 法学词典编辑委员会：《法学词典（修订版）》，上海，上海辞书出版社1984年版。

[②] 梅萍：《论公民的主体意识与现代公民教育机制》，载《中南民族大学学报（人文社会科学版）》2005年第4期，第95～98页。

[③] 李治德：《论公民教育内容的理论框架》，载《郑州大学学报（哲学社会科学版）》2005年第4期，第21页。

与义务的统一为基础,以合法性为底线①。万明钢认为,公民教育应该包括崇尚民主、自由、法治、积极参与社会公共事务、有公德心、宽容、诚信、尊重差异、国家认同与国际视野等内容②。可见,公民教育的概念尚无统一定论,其内容也十分宽泛。但由于公民素养是一个综合性概念,因此,为了培养公民素养而实施的公民教育也应该包含这些方面的内容。

关于公民素养概念的内涵,学者成有信认为,公民素养是以平等为核心的政治素养、法律素养、道德素养和文化素养,包括政治的、法律的、道德的和文化的多方面的知识、规范、行为习惯等③;施向峰认为,公民素养是公民在平等协商的基础上,就每个公民应该具备的价值观念、理性意识以及交往美德所达成的共识④;祁秋菊认为公民素养是指公民作为现代生活中的一员,在政治、思想、道德、文化、心理等方面所具备的与现代社会发展要求相适应的各种素养的总称⑤;沈研认为,公民素养是以公民为身份时,应当具备的修习与涵养,或者是经过训练而形成的良好习惯⑥。尽管学术界尚未对公民素养的定义达成统一认识,但都认为素养强调后天的教育和习得,可以通过教育而形成,故完备、系统的公民素养也必须通过教育而形成⑦。可见,公民素养是一个包含道德素养、政治素养、法律素养等多层面,涉及人的知识、情感、技能以及行为等多结构的综合性概念。

我们也可以换一个角度,从合格公民应有的品质和公民素养的外在表现来理解公民素养。一位合格的公民,应该倡导人权平等;礼貌待人,永不欺人;不偷盗,不损害他人人身与财产安全;有礼貌地与他人交流,有同理

---

① 李萍,钟明华:《公民教育——传统德育的历史性转型》,载《教育研究》2002年第10期,第66~69页。

② 万明钢:《论公民教育》,载《教育研究》2003年第9期,第37~43页。

③ 成有信:《公民·公民素养·公民教育》,载《北京师范大学学报(社会科学版)》1996年第5期,第79页。

④ 施向峰:《公民素养:精神文明的主体境界》,载《道德与文明》2017年第6期,第14~19页。

⑤ 祁秋菊:《试析史料教学与学生的公民素养》,北京,首都师范大学硕士学位论文,2013年。

⑥ 沈研:《学校公民素养教育研究》,上海,上海师范大学博士学位论文,2011年。

⑦ 姚尧:《本科生公民素养状况及其影响因素研究——基于7所高校的数据》,金华,浙江师范大学硕士学位论文,2018年;周蓉:《学生公民素养教育内容的承续整合》,宁波,宁波大学硕士学位论文,2011年。

心；积极地接受教育，培养终身学习习惯；负责任地管理金钱；维护隐私、言论自由等基本人权；保护自己与他人，远离伤害；积极地改善自己身心健康。这也是美国国际教育技术协会（International Society for Technology in Education，ISTE）所认同的观点①。

（二）数字公民

数字公民是一个应新兴数字环境变化而产生的概念。在信息社会，传统的公民概念已不足以表达个人身份。正如美国社会学者杰森·欧勒所言："当今人们除了拥有传统田野式社区中的公民身份之外，还增加了一重现代数字式社区的数字公民身份，即在虚拟空间中运用数字技术从事学习、工作和生活。"② 人们在虚实同构的数字社会中习得数字能力、享有数字权利、遵守数字伦理和承担数字责任③。如同在现实世界中有着约束人们言行的法律规章、道德规范和行为准则一样，数字世界也需要一套可供遵循的道德规范和行为准则。较早关注数字公民问题的美国国际教育技术协会，在1998年制定了《国家教育技术标准：学生标准》，其中标准2关注了社会、伦理和人文方面问题。2000年，该协会制定了《国家教育技术标准：教师标准》，涉及社会、道德、法律与人类相关问题。在2007年版的《国家教育技术标准：学生标准》中正式出现了"数字公民身份"（digital citizenship）这一名词，其中标准5为提高与示范数字公民责任。自此，"数字公民"一词被广泛使用。关于数字公民的定义，学界尚无统一定论。维基百科将数字公民界定为"利用信息技术参与社会活动、政治活动和政府活动的人"④。墨斯伯格等在《数字公民：互联网、社会与参与》一书中认为，数字公民是"定期且有效地使用互联网的人"⑤。美国国际教育技术协会在2016年发布的《国家教育技术标准：学生标准》中指出，所谓合格的数字公民，是指"能

---

① ISTE. "Citizenship in the Digital Age Poster". (https://www.iste.org/resources/product?id=4370&format=BookCitizenship+in+the+Digital+Age+Poster)

② Jason, B. O. *Digital Community*, *Digital Citizen* (CA: Corwin Press, 2010).

③ 马长山：《数字公民的身份确认及权利保障》，载《法学研究》2023年第4期，第21～39页。

④ Wikipedia. (https://en.wikipedia.org/wiki/Digital_citizen)

⑤ Mossberger, K., Tolbert, C. J., McNeal, R. S. *Digital Citizenship: The Internet, Society, and Participation* (Massachusetts: MIT Press, 2007).

够践行安全地、合法地、符合道德规范地使用数字化信息和工具"的人。迈克·瑞布（Mike Ribble）在《学校中的数字公民教育》一书中也认为，数字公民是指在应用技术的过程中能够遵循相应规范而表现出适当的、负责任行为的人①。本书认同美国国际教育技术协会的定义，即数字公民是指能够安全地、合法地、符合道德规范地使用数字技术的人。

尽管不同学者与机构出于不同立场对数字公民的定义表述不尽一致，但把这些定义综合起来进行考察，可以发现：如今对数字公民进行的界定其实讨论的都是同一个问题，即作为信息时代的公民，应该如何恰当地、负责地使用各种信息技术来参与社会活动，促进社会发展，这是数字公民的基本内涵②，也是数字公民教育的基本指归。

（三）数字公民素养

随着对数字公民和数字公民教育研究的深入，数字公民素养开始被提及。目前，关于数字公民素养及其定义，业界也没有统一定论，一些组织和学者进行了相关研究③。例如，联合国教科文组织在《政策回顾：通过安全、有效和负责任地使用信息与通信技术在亚太地区培育数字公民素养》中把数字公民素养定义为：能够有效地查找、获取、使用和创建信息；以积极、批判、敏感和合乎道德的方式与其他用户和内容打交道；安全和负责任地浏览网络和使用信息技术，并意识到自己的权利④。学者阮高峰等人认为数字公民素养包括数字安全、规范交往、数字生存、数字学习等四个维度⑤。周丽姐等人认为，数字公民素养指的是在应用数字技术的过程中能够参照相应的

---

① Ribble, M. *Digital Citizenship in Schools*：*Nine Elements All Students should Know* (Washington, DC：International Society for Technology in Education, 2015).

② 杨浩，徐娟，郑旭东：《信息时代的数字公民教育》，载《中国电化教育》2016年第1期，第9～10页。

③ 徐顺：《基于社会认知理论的大学生数字公民素养影响因素及提升策略研究》，武汉，华中师范大学博士学位论文，2019年。

④ UNESCO Office Bangkok and Regional Bureau for Education in Asia and the Pacific. *A Policy Review*：*Building Digital Citizenship in Asia-Pacific through Safe*, *Effective and Responsible Use of ICT* (Bangkok：UNESCO Office Bangkok, 2016).

⑤ 阮高峰，张冬冬，Leaunda Hemphill：《美国中小学数字公民素养教育现状及启示》，载《中国信息技术教育》2016年第19期，第17～21页。

标准、遵循一定的规范恰当负责地使用技术①。王佑镁等人认为，数字公民素养就是在数字网络环境下，公民能够掌握各种数字工具，并能批判性、创新性地利用数字工具的更高层次的个人能力修养②。

为了便于阐述数字公民在数字世界中必备的品格和能力，与公民素养相对照，本书借鉴公民素养的现有研究成果，结合数字公民的内涵③和数字公民教育的成分，给出数字公民素养的定义如下。

数字公民素养是数字时代下技术使用者利用各种数字技术进行学习、工作和生活时，需具备的关于安全、合法、符合道德规范地使用技术的价值观念、必备品格、关键能力和行为习惯④。简而言之，就是"信息时代下合格数字公民所应具备的品格和能力"。

关于数字公民素养，有几点需要补充说明。

（1）国外研究学者并没有正式提出"数字公民素养"的概念，但从当前研究来看，他们强调数字公民身份、数字公民权（digital citizenship），长期以来将"数字公民素养"定义为"技术使用行为规范"⑤。他们认为，数字公民身份核心理念与数字公民如何规范地参与数字社会息息相关，个人或群体在数字社会中体现的数字公民水平的高低也就反映出了其数字公民素养的优劣。因此，本书提到的数字公民素养，可以理解为数字公民身份、数字公民权、数字公民标准、数字公民资格。

（2）数字公民素养不是传统公民素养在数字社会的简单延伸，不能把传统公民素养的内容直接迁移到数字社会中。随着全球化、智能化的不断深入，很多问题是数字社会所特有的，这才导致了很多难以预料的或在现实社会中并不常见的问题出现。例如，聚众斗殴常见于个别文明程度较低的区域，而网络冲突（网络暴力）则十分常见，且有愈演愈烈的趋势。网络允许匿名，且信息传播快、难以追踪，存在"第三人效果"等独有特点，不能像现实社会那样增派警察或动员围观群众加以制止，有别于传统的暴力冲突事

---

① 周丽妲，王潇伟：《自媒体时代大学生数字公民素养教育探析》，载《教育：文摘版》2016年第9期，第25～28页。
② 王佑镁，潘磊，赵文竹：《数字公民视野中的数字智商：八大能力与三层目标》，载《中小学数字化教学》2018年第8期，第25～28页。
③ 杨浩，徐娟，郑旭东：《信息时代的数字公民教育》，载《中国电化教育》2016年第1期，第9～16页。
④ 郑云翔，钟金萍，黄柳慧，等：《数字公民素养的理论基础与培养体系》，载《中国电化教育》2020年第5期，第70页。
⑤ Ribble, M., Bailey, G., Ross, T. W. "Digital Citizenship: Addressing Appropriate Technology Behavior". *Learning and Leading with Technology*, 2004, 32 (1), pp. 6～11.

件，这给网络监管和网络冲突解决都带来了很多新难题。可见，"传统的公民素养明显不足以应对瞬息万变的数字世界，唯有从数字世界的问题出发，基于数字世界的特点对公民所需具备的品格和能力进行重新凝练，方能适应时代的变化"①，培养出网络时代的合格数字公民。这就是研究、推广和践行数字公民教育的目的和价值所在。

（3）数字公民素养不等同于公民的数字素养，前者没有国籍之分，是全体技术使用者为了使数字社会朝着文明、健康、和谐的方向发展，在工作、学习、生活和社会参与中所必须具备的与安全、合法、符合道德规范地使用信息技术相关的价值观念、必备品格、关键能力和行为习惯。换句话说，是全球所有使用技术的人都应该具备的。尽管每个国家/地区在相关要素或细则上会有不同的要求和规定，但核心要素基本是一致的，这就是数字公民素养的内涵。而后者则相对狭隘很多，其首先必须是某国的公民，享受该国的权利和义务；其次，该公民在工作、学习、生活以及社会参与中，能够自信、批判和创新地使用信息技术，一般强调的是该公民所具备的技术、技能或本领等。值得注意的是，既然前者不局限于某国公民，超越了"公民"的界限，那为何还是使用"数字公民素养"这个词呢？笔者认为，这是由数字公民素养的目标决定的。数字公民素养希望所有技术使用者都能成为数字社会中遵纪守法的良好公民，能安全、合法、符合道德规范地使用信息技术，真正成为数字世界的公民，拥有一定的权利（畅享信息技术带来的便利，促进个人发展）和义务（维护数字世界的文明、健康与和谐）。

（4）从数字公民教育的提出背景、成分和范畴来看，实施数字公民教育的目的，就是培养合格数字公民，让他们安全、合法、符合道德规范地使用信息技术，本质上与提升数字公民素养是一致的。因此，本书在后续章节论述中，对"实施数字公民教育""培养合格数字公民""提升数字公民素养"不加区分，因为它们在价值观念上是等同的。

二、数字公民素养的内涵与外延

数字公民素养是数字公民参与数字社会活动所应遵循的道德规范和行为准则在数字公民身上的集中体现，是合格数字公民所应展现出来的关键素养。因此，结合概念与主要内容，本研究认为数字公民素养的内涵是安全、合法、符

---

① 郑云翔，钟金萍，黄柳慧，等：《数字公民素养的理论基础与培养体系》，载《中国电化教育》2020年第5期，第70页。

合道德规范地使用技术的价值观念、必备品格、关键能力和行为习惯。

可以看出，数字公民素养的内涵是价值观、品格、能力与行为的统一，是物理空间和数字空间交互融合的产物①，要满足个人和数字社会发展的需求。因此，在全球化背景下，各国数字公民素养的范围会有一定的共性，如对数字素养、数字权责的要求。但因为国情的差异，特别是各国发展所处的阶段不同和所面临的关键问题不同，在数字公民素养的界定和培育上也有内容差异、培养机制差异和程度差异，这就是数字公民素养的外延。具体而言②：①从内容上看，不同国家和地区在数字公民素养的某些内容上可能会存在差异，如政治参与的要求、数字准入方面的意识、数字健康的标准等，这些都与其具体国情、国民素质等相关，并受当时所处的社会发展阶段、信息技术发展水平等的制约。②从培养机制上看，由于数字公民素养涉及如何安全、合法和符合道德规范地使用技术的方方面面，不可能一蹴而就，因此不同国家和地区在培养机制上也会存在一定的差异，如一些国家对5岁儿童就开始进行专门的数字公民教育课程培训，而另一些国家可能对3岁儿童就开始提供不定期的社区课程培训。③从程度上看，不同国家和地区可以针对其当前社会的信息技术水平提出不同的、相匹配的数字公民素养要求。例如对数字工具使用的熟练程度，发达国家明显应高于不发达国家；还有对数字剽窃的界定条例，不同国家和地区也允许存在细微的差别。可见，每一个国家的数字公民素养在遵循基本价值追求的同时，都不可避免地被深深打上国情的烙印，都具有自己民族或国家的特点。也正是这些差异，大大拓展了数字公民素养的外延，使其具有鲜明的时代特征，从而丰富了数字公民素养的内涵。

三、数字公民教育及其九大成分

关于数字公民教育，最直观的理解就是"对数字公民的教育"，或者"培养数字公民的教育""提升数字公民素养的教育"。本书认为，数字公民教育是为了培养能安全、合法、符合道德规范地使用数字技术的人而开展的社会实践活动，它是信息时代、"互联网+"时代下公民教育的延伸与拓展

---

① Gordon, J., Halasz G., et al. *Key Competences in Europe: Opening Doors for Lifelong Learners across the School Curriculum and Teacher Education.* CASE Network Reports, No. 87, 2009.

② 郑云翔，钟金萍，黄柳慧，等：《数字公民素养的理论基础与培养体系》，载《中国电化教育》2020年第5期，第70页。

（但并非简单延伸），其研究与实践是数字技术不断走进社会生活的结果。早在 20 世纪 90 年代中期，英国学者就开始了对数字公民教育的研究，致力于为合格的数字公民制定一套教育的准则①。英国非营利性组织"儿童国际"（Childnet）创办管理的网站（https://www.childnet.com/resources/looking-for-digizen/）认为，"数字公民教育不仅仅是认识并应对各种网络风险，还包括打造安全的空间和社区，了解如何管理个人信息，利用网络安全，创造性地提升自己、服务他人"②。而迈克·瑞布则将数字公民教育的核心定义为"有关技术使用的行为标准"③，认为数字公民教育关系到技术使用的方方面面，涉及技术人员及教育人员等各种人群，并具体分析了有关数字公民教育的九大成分及其他内容。

数字公民教育以培养信息时代的合格数字公民为目的，要求数字公民具备全球意识、法律意识，以及合理、合法、合规地使用技术的数字公民意识④。具体来说，美国国际教育技术协会认为，一位合格的数字公民应该做到以下九点：①倡导数字权利与技术接入平等；②在线尊重他人，永不网络欺凌；③不剽窃或损害他人数字作品、数字身份或数字财产；④通过各种数字技术途径与他人交流时，做正确的决定；⑤利用数字工具改善学习并且技术与时俱进；⑥负责任地网购，保护好支付信息；⑦在数字论坛中维护基本人权；⑧保护个人信息，远离可能引起伤害的外部因素；⑨积极地降低技术可能给身心健康带来的风险。⑤ 这些也是数字公民教育一切理论研究与实践探索的出发点和指归。

可见，数字公民教育关系到网络时代下公民如何充分参与数字社会，关系到公民的数字化生存与发展，它是对传统公民教育的深化、升华与发展，体现了数字时代对公民教育的新要求。它是信息时代公民教育的一个重要组成部分，而且是最能够体现时代精神的一部分。⑥

---

① Villano, M. "Text Unto Others…as You would have Them Text Unto You". *The Journal*, 2008, 35 (9), pp. 47～51.

② "What Makes You Such a Good Citizen?"（http://www.digizen.org）

③ Ribble, M. *Digital Citizenship in Schools: Nine Elements All Students Should Know* (Washington, DC: International Society for Technology in Education, 2015).

④ 杨浩，徐娟，郑旭东：《信息时代的数字公民教育》，载《中国电化教育》2016 年第 1 期，第 9～16 页。

⑤ ISTE. "Citizenship in the Digital Age Poster". (https://www.iste.org/resources/product?id=4370&format=BookCitizenship+in+the+Digital+Age+Poster)

⑥ 杨浩，徐娟，郑旭东：《信息时代的数字公民教育》，载《中国电化教育》2016 年第 1 期，第 9～16 页。

第二章　什么是数字公民素养

"在美国国际教育技术协会颁布的标准中，涉及数字公民教育的部分对教师、学生和教育管理者提出了明确的标准和要求，这充分表明了信息时代树立数字公民意识和推行数字公民教育的重要性。为在数字公民教育的实践中贯彻并实现上述标准，很有必要进一步认识和理解数字公民教育本身所包含的组成部分。因为在某种意义上，这些成分构成了推行数字公民教育的基本内容与范畴。"①

有关数字公民教育的具体内容和范畴，学界从不同方面和不同角度有不同理解，也进行了很多研究。从20世纪90年代初因"数字鸿沟"（digital divide）现象引起的对数字信息技术准入的广泛探讨，到进入21世纪因知识产权及版权保护而起的对开放资源、创意共享、数字法律和权责等进行的不断探索，随着时间的推移，数字公民教育的内容越来越丰富，涵盖的范围也越来越广。到目前为止，业界普遍比较认同的是迈克·瑞布在其《学校中的数字公民教育》一书中提出的九大成分，包括：数字准入、数字商务、数字通信、数字素养、数字礼仪、数字法律、数字权责、数字健康、数字安全。这九个成分互相之间是紧密联系在一起的，共同构成了完整意义上的数字公民教育，且随着时代发展、技术扩散与教育变革的持续交互而处于不断完善和发展之中②。迈克·瑞布同时表示，可以根据这九个成分包含的具体内容，按照尊重（respect）、教育（education）和保护（protect）这三个维度来对其进行归纳重整，形成了数字公民教育的"REP理念"（即respect、education、protection，REP）③，如图2-1所示。

加拿大阿尔伯塔省教育部颁布的《数字公民教育政策开发指南》中则提出了数字公民教育九个成分的另外一种分类办法④，即"尊重和保护（Respect & Protect）"分类法，简称RP分类法。RP分类法将上述九个成分分为三类，分别是：①尊重保护自己，包括数字安全、数字权责以及数字健康；②尊重保护他人，包括数字通信、数字礼仪以及数字准入；③尊重保护知识产权和

---

① 杨浩，徐娟，郑旭东：《信息时代的数字公民教育》，载《中国电化教育》2016年第1期，第9～16页。

② 杨浩，徐娟，郑旭东：《信息时代的数字公民教育》，载《中国电化教育》2016年第1期，第9～16页。

③ Ribble, M., Miller, T. N. "Educational Leadership in an Online World: Connecting Students to Technology Responsibly, Safely, and Ethically". *Journal of Asynchronous Learning Networks*, 2013, 17 (1), pp. 137～145.

④ 杨浩，徐娟，郑旭东：《信息时代的数字公民教育》，载《中国电化教育》2016年第1期，第9～16页。

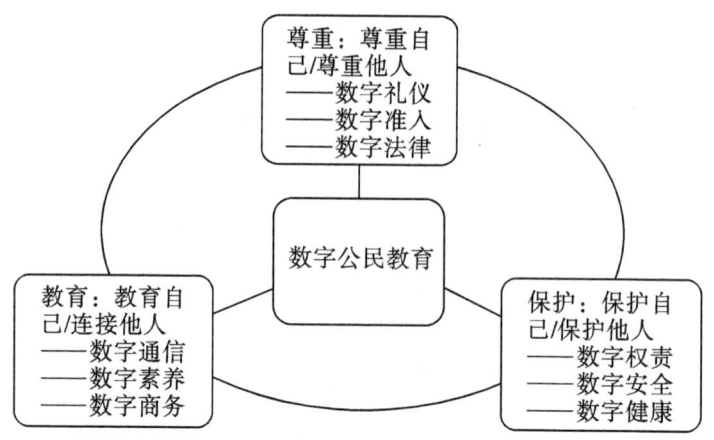

图 2-1 数字公民教育的 REP 理念

其他财产,包括数字法律、数字素养及数字商务。其实,无论哪一种分类方法,国外数字公民教育的内容目前主要还是围绕上述九大成分展开,只是在方法上各有侧重,在程度上各有不同而已。

值得注意的是,在数字公民教育的实施过程中,从学生的角度出发,迈克·瑞布以"改进学生学习效果,培养 21 世纪公民"为核心目标,将上述九个成分划分为影响学生学习和学业表现、学校环境及学生行为、校外环境中的学生生活三个层次①,如图 2-2 所示。

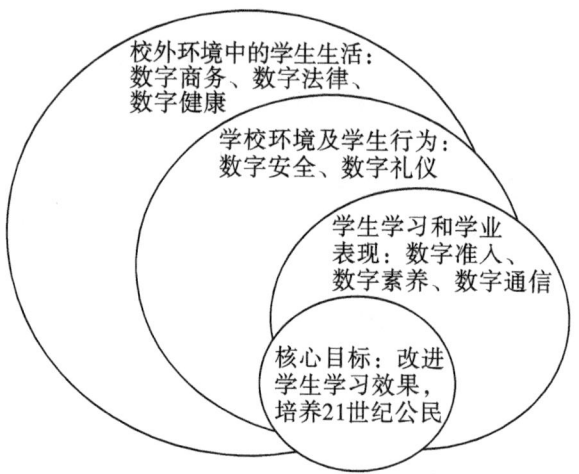

图 2-2 数字公民教育九个成分的层次分类

---

① Ribble, M. *Digital Citizenship in Schools*: *Nine Elements All Students Should Know* (*Third Edition*) (Washington, DC: International Society for Technology in Education, 2015).

除此之外，联合国教科文组织"通过安全、有效、负责任地使用ICT培养数字公民教育"项目小组提炼了一个更加简化的临时数字公民教育框架①，包括四个基本领域，即①数字素养：将信息技术素养、信息素养、适应与创造合并为数字素养，体现联合国2030年可持续发展目标；②数字安全：保证安全与抵御风险是数字公民基本能力之一，如个人信息保护、阻止有害内容等；③数字参与：将交流合作、负责任地在线参与合并为数字参与；④数字情商：数字公民必需的态度价值观，如数字道德、权利、移情、尊重多样性等。项目小组将与专家协商是否有必要再设置一个或两个领域使其更加全面，例如"创造与创新"，主要指通过个体行动在信息通信技术（Information and Communication Technology，ICT）发展中获益。2020年，该组织在《数字公民素养作为拉丁美洲教育领域的一项公共政策》中又把数字公民教育划分成"保护与安全""思考与分析""创造与参与"三个领域②。

需要指出的是，数字公民教育在不断发展，随着数字技术持续而深刻地改变人类社会生活，有关数字公民教育的内容也必然会随着时代的发展不断更新，但其核心是一以贯之的，即培养网络时代的合格数字公民。

第二节 数字公民素养的内容分解

数字公民教育的九大成分仅列出了所涉及的基本维度和框架，并没有涉及数字公民素养的内容分解。无论是国际数字公民教育之父迈克·瑞布还是中国研究者，均没有对其进行深入的划分和界定。虽然瑞布的著作给出了九个成分的定义、行为表现、关键词汇等信息，但无论是他后续按照尊重（respect）、教育（educate）和保护（protect）这三个维度进行归纳重整而形成的REP理念③，还是加拿大阿尔伯塔省教育部颁布的《数字公民教育政策开发指南》中提出的RP分类法，均没有过多涉及每个成分的具体内容。这既不利于研究者对数字公民教育的理论探讨，也不利于数字公民教育研究在我

---

① Conference on Digital Citizenship Education in Asia-Pacific (Outcome Document). (https://en.unesco.org/sites/default/files/dkap-conference-outcome-mar2017.pdf)

② UNESO. "Digital Citizenship as a Public Policy in Education in Latin America". (https://unesdoc.unesco.org/ark:/48223/pf0000376935_eng)

③ Ribble, M., Miller, T. N. "Educational Leadership in an Online World: Connecting Students to Technology Responsibly, Safely, and Ethically". *Journal of Asynchronous Learning Networks*, 2013, 17 (1), pp. 137～145.

国的本土化。数字公民素养作为数字公民教育理论基础的重要支撑，其具体内容分解直接决定了数字公民教育理论体系的完备性和数字公民教育课程体系的有效性。目前，数字公民教育在国内并不普及，政府官员、管理者、教师、学生以及群众都需要对这一领域有一个全面、准确的认识，以规范其日常的数字行为，争当合格数字公民。这就需要对数字公民素养的主要内容进行界定和分解，从而更有利于数字公民教育的本土化，使数字公民教育能够在国内生根发芽，推广普及。随着新一代信息技术全方位地渗透到人们的工作和生活中，数字世界的各种冲突和暴力屡见不鲜，给人们带来极大隐患和危害，如第一章所述。数字公民教育是治理数字世界网络失范行为（网络诈骗、网络欺凌、网络沉迷等）的有效途径，是规范数字社会言行的精准良方。这就需要我们对数字公民素养的主要内容进行更细粒度的分解，以便数字公民在实际生活中进行对照、学习，实现自我提升。

为此，本研究挑选了国内外 8 个比较成熟的与数字公民素养密切相关的标准和研究[1]，并编码如表 2-1 所示。再参考国内近期相关研究[2]，结合本研究对数字公民素养的定义，加入个人品格[3]方面的描述，从而形成对数字公民素养的内容分解。具体来说，以瑞布的数字公民教育九大成分为基础，按照数字准入素养、数字商务素养、数字通信素养、数字礼仪素养、数字法律素养、数字权责素养、数字健康素养、数字安全素养和数字素养九大成分对数字公民素养进行分解，然后针对每一个成分，从价值观念、必备品格、关键能力和行为习惯四个维度对相关要点展开论述，并按照表 2-1 的编码表给出每一个要点的来源和依据，从而完整、准确地界定数字公民素养。

---

[1] 郑云翔，钟金萍，黄柳慧，等：《数字公民素养的理论基础与培养体系》，载《中国电化教育》2020 年第 5 期，第 70 页。

[2] 徐顺：《基于社会认知理论的大学生数字公民素养影响因素及提升策略研究》，武汉，华中师范大学博士学位论文，2019 年；张立新，姚婧娴：《数字化生存——数字时代的挑战与教育应对》，载《浙江师范大学学报（社会科学版）》2019 年第 4 期，第 1～8 页。

[3] 新浪·爱问知识：《24 品格是哪些》（https://iask.sina.com.cn/jxwd/6hMIHv7vCIj.html）；360 个人图书馆：《49 种品格特质》（http://www.360doc.com/content/12/1019/09/10923300_242356890.shtml）。

表2-1 国内外相关标准/研究编码

国内外现有标准/研究	编码
瑞布的数字公民教育九大成分①	1
联合国教科文组织的数字公民教育框架②	2
DQ Institute 的数字智商框架③	3
欧洲理事会的数字公民教育④	4
欧盟数字素养框架2.2版⑤	5
加拿大的数字素养教育框架⑥	6
张丽霞等人的数字化生存能力⑦	7
崔等人的数字公民素养⑧	8

说明：欧盟和加拿大的数字素养框架是广义的数字素养，其内容与数字公民素养有交重，因此一并加入。

---

① Ribble, M. *Digital Citizenship in Schools: Nine Elements All Students Should Know* (Washington, DC: International Society for Technology in Education, 2015).

② "Conference on Digital Citizenship Education in Asia-Pacific (Outcome Document)". (https://en.unesco.org/sites/default/files/dkap-conference-outcome-mar2017.pdf)

③ DQ Institute. "DQ Impact Report-Outsmart the Cyber-Pandemic". (https://www.dqinstitute.org/2018DQ_Impact_Report/)

④ Council of Europe. "Digital Citizenship and Digital Citizenship Education". (https://www.coe.int/en/web/digital-citizenship-education/digital-citizenship-and-digital-citizenship-education)

⑤ Vuorikari, R., Kluzer, S., Punie, Y. DigComp 2.2: The Digital Competence Framework for Citizens—With New Examples of Knowledge, Skills and Attitudes, EUR 31006 EN, Publications Office of the European Union, Luxembourg, 2022, ISBN 978-92-76-48882-8, JRC128415.

⑥ 余慧菊，杨俊锋：《数字公民与核心素养：加拿大数字素养教育综述》，载《现代教育技术》2019年第7期，第5～11页。

⑦ 张丽霞，袁丽：《数字化生存能力的内涵与结构解析》，载《中国电化教育》2012年第1期，第24～28页。

⑧ Choi M., Glassman M., Cristol D. "What it Means to Be a Citizen in the Internet age: Development of a Reliable and Valid Digital Citizenship Scale". *Computers & Education*, 2017, 107, pp.100～112.

一、数字准入素养

（一）概述

技术为人们提供了快捷地交流互动的机会。然而，并不是每个人都能很好地使用数字社会提供的所有工具。由于个人的社会经济地位、身体素质和所处地理位置等因素影响，每个人所享有的使用技术的机会是不平等的。例如，有些农村学校甚至未能实现高速互联网连通，导致部分学生使用技术的机会被剥夺。为此，教育工作者需要评估计算机、平板电脑、网络等的配备情况，必要时需要开放计算机实验室和夜间图书馆。另外，以在线形式给学生提供信息或布置作业时，要考虑到不是所有学生都有条件在线完成，必要时要保留纸质版。再如，有些群体原本可以从技术中受益（例如自闭症儿童可借助VR/AR设备进行人机交互），却因为缺乏足够的预算而无法充分享用那些专门为其设计的特殊工具。

通常而言，与数字准入相关的焦点问题包括：就技术的使用而言，你所在的地区/社区里每个人都有平等的机会吗？所有人都有机会以数字化的方式参与社会活动吗？所有人都能通过互联网尽情享受数字社会带来的各种便利和喜悦吗？针对这些问题，可能的解决方案包括：BYOD（自带设备，即可以将他们自己的设备带到教室或特定场合里使用）、为有特殊需要的人群提供额外的设备接入措施/方案（如为流离失所的儿童提供数字设备，帮助他们使用互联网）、增加更多网络接入途径（如公共无线网络热点）等。

以上便是对"数字准入"的直观理解。实际上，人们以数字化形式参与社会活动的领域，远远不限于教育，还有政治、医疗、旅游等。数字准入的提出正是倡导"人人接入公平"思想的体现，让人们能够充分地以数字化形式参与社会的各项活动。正如杨浩等指出的，数字公民教育的起点就是朝着人人平等的数字准入机会而努力[①]，让所有人充分享有使用数字技术和饱览数字信息的机会是所有数字公民的目标。因此，能以全球视野看待技术发展趋势及其潜在影响，理解人类命运共同体对于数字时代的意义，意识到并持续关注数字鸿沟、数字公平等问题，充分考虑每个个体使用技术的机会，是数字公民素养中"数字准入"方面应具备的素养。

---

① 杨浩、徐娟、郑旭东：《信息时代的数字公民教育》，载《中国电化教育》2016年第1期，第9～16页。

（二）定义

数字准入素养是指与数字公民充分地以数字化形式参与社会活动相关的价值观念、必备品格、关键能力和行为习惯[①]。其中，各维度的内容分解与描述如表2-2所示。

表2-2 数字准入素养内容分解[②]

素养维度	素养内容要点	来源
价值观念	（1）倡导人人接入公平：意识到在数字准入方面人人平等，即人人都拥有平等地接触数字技术、参与数字活动的权利	1，4
	（2）关注数字鸿沟：关注因信息技术与工具拥有程度间存在差距所造成的第一道数字鸿沟，以及因信息技术使用、技能差异所造成的第二道数字鸿沟	1，5
必备品格	（1）公平：公平对待每位数字接入者	参考24种、49种品格[③]，结合数字准入素养进行选取
	（2）慷慨：热衷于为他人数字准入创造更多机会，促进数字公平	
	（3）周全：尊重个人接入差异，考虑周全	
关键能力	能利用各种数字设备、工具和技术完成数字接入	4
行为习惯	（1）通过使用公共或私人数字服务积极和负责任地在线参与当地、本国或全球的公共事务活动（政治的、经济的、社会的、文化的/跨文化的）	3，4，5，6，8
	（2）通过适当的数字技术寻求自我赋权和塑造参与式公民身份的机会	3，5，8
	（3）不剥夺或干扰他人的数字接入机会	1
	（4）不利用数字接入机会对他人随意/频繁发送信息	1
	（5）总能做好没有或无法接入数字的准备	经验所得

注：数字编号参见表2-1的编码，下同。

[①][②] 郑云翔，黄柳慧，钟金萍：《数字公民素养的要素定义和内容分解》，载《科教导刊》2020年第18期，第162～164页。

[③] 新浪·爱问知识：《24品格是哪些》（https://iask.sina.com.cn/jxwd/6hMIHv7vCIj.html）；360个人图书馆：《49种品格特质》（http://www.360doc.com/content/12/1019/09/10923300_242356890.shtml）。

（三）相关表现与关联词

根据上述对数字准入素养的定义和理解，以下是不符合数字准入素养的表现：①视被剥夺公民权群体的数字需求：在数字公平这一前提下，人人都享有接触数字技术、使用数字技术获取所需信息的机会，哪怕是被剥夺公民权的人，或是没有人身自由的囚犯，也可以拥有数字接入的权利和自由。②教师未能为那些无法使用技术的学生提供便利：学生之间因家庭环境、自身信息素养等原因，可能无法使用相关技术（例如家里没有连接网络）。教师应该提供备选方案，为那些无法使用技术的学生提供便利（例如布置纸质版作业）。③教师或学校网络管理员默认所有学生都能接入高速网络，在家也可以观看视频资源，因此不经调查就直接开展"翻转课堂"（Flipped Classroom）教学改革。④企业没有调查员工的网络接入情况和信息素养水平，强行推行无纸化办公，取消所有纸质版文档，让员工在线完成所有工作。相反地，以下则是符合数字准入素养的表现：政府官员致力于为辖区内的所有民众提供技术接入机会；技术主管为学生提供校内外都可以使用的技术，例如笔记本电脑、图书馆VPN连接；充分考虑每个成员的网络接入情况，公平对待每个成员。

与数字准入相关联的词语包括但不限于：①数字鸿沟。指在全球数字化进程中，不同国家、地区、行业、企业、社区之间，由于对信息、网络技术的拥有程度、应用程度以及创新能力的差别而造成的信息落差及贫富进一步两极分化的趋势。②技术准入。指人们利用技术手段获取信息的可能性、难易程度，以及技术本身的先进性和用户的满足度。③数字公平。指的是在数字社会中人人都享有接触数字技术、使用数字技术获取所需信息的机会，在这一点上大家是平等的。人们普遍认为，消除数字鸿沟，有助于实现数字公平。消除信息贫富分化，可以实现信息公平共享。

二、数字商务素养

（一）概述

过去，人们通常在忙碌了一天后相约晚餐，然后逛街购物；今天，人们可以随时随地拿起手机进行网络购物，例如通过手机App和拍卖网站进行在线购物，或通过媒体订阅或iTunes等应用程序进行购物，通过网络游戏购买与销售"虚拟商品"等。皮尤互联网项目报告（Pew Internet Research Project）指出，超过一半的青少年在网上购买书籍、衣服或音乐。值得注意的是，社交媒体慢慢成为青少年网购的另一种渠道：如在 Instagram、Twitter、Facebook（2021 年 10 月 28 日已更名为 Meta）、微博、微信、抖音等社交媒体上的在线购物行为逐渐增加。当网上购物变得越来越普遍时，每一个互联网用户都需要学会做一个有辨识力的消费者。拿我们的个人消费行为来说，这些数据真的被安全使用吗？一方面，网站不断收集用户信息（美其名曰有助于提升客户体验和销量）的同时，用户的习惯也正在被监视着。另一方面，很多人不确定如何买到划算的商品，而更多人则不了解在不安全网站提供敏感信息（如信用卡密码）的危害。最近几年，由于不懂得保护个人支付信息，不少家长经历过被"熊孩子"刷卡充值网游的痛苦。由于使用在线工具、移动技术和社交网络来购物正迅速地成为常态，让人们了解在线交易各个方面的内容是很有必要的。可见，数字商务在人们的生活中扮演着越来越重要的角色，学习成为明智的消费者也是成为良好数字公民的一个不容小觑的方面。

通常而言，与数字商务相关的焦点问题包括：人们是否意识到使用数字技术购买商品可能遇到的问题？在线消费有哪些陷阱？是否应该让人们更清楚如何通过网络购买商品与获取服务？在线购物的时候如何保护好自己的各种隐私数据？针对这些问题，可能的解决方案包括：从小教会孩子们识别常见的网络诈骗手段，掌握正确的网络消费行为，养成良好的网络购物习惯（然而目前中小学教科书上并没有相关内容），降低潜在负面影响（如积累巨额信用卡债务会导致信用度下降）等，这是家庭、学校和社会共同的责任。

以上便是对"数字商务"的直观理解。在数字时代，能安全、正确地进行在线购物或网络游戏消费，有效避免网络诈骗和信息泄露，意识到在线购物或网络游戏消费的潜在风险，有能力保护个人隐私或敏感数据等，是数字公民素养中"数字商务"方面应具备的素养。

（二）定义

数字商务素养即与安全、合法地进行商品数字化交易相关的价值观念、必备品格、关键能力和行为习惯[①]。其中，各维度的内容分解与描述如表 2-3 所示。

[①] 郑云翔、黄柳慧、钟金萍：《数字公民素养的要素定义和内容分解》，载《科教导刊》2020 年第 18 期，第 162～164 页。

表2-3　数字商务素养内容分解①

素养维度	素养内容要点	来源
价值观念	（1）了解到在线购物有一定的风险，需谨慎小心	1，4
	（2）具有安全在线购物的意识，在网上进行资金来往时要保持高度警惕，以免掉入不法分子的陷阱	1，4，6
	（3）在高度商业化的数字环境中树立正确的消费意识等	经验所得
必备品格	（1）真诚：诚信买卖、童叟无欺	参考24种、49种品格，结合数字商务素养进行选取
	（2）节俭：不过度消费	
	（3）谨慎：大额交易前再三确认	
	（4）警惕：警惕在线交易陷阱	
关键能力	（1）正确识别合法、高信誉的商家，抵制不良商家和陌生人花言巧语的诱惑	1，4
	（2）在安全可靠的网站中利用数字技术手段方便、快捷地完成商品的数字化交易	1，4，5，6
	（3）正确认识国内外在线购物模式、信用评价体系等的异同，能顺利完成跨国交易（如全球购）	经验所得
	（4）在数字化交易时能保护好个人账号、支付信息等敏感数据	1
行为习惯	（1）具备良好的在线购物习惯，例如总是从正规、官方、信誉好的渠道进行商品的数字化交易，不在可疑网站上交易，不把支付信息（如信用卡号、有效期、密码等）发给陌生人或填入可疑网站，网上转账前要确认对方身份等	1，4，5，6
	（2）不利用信息技术手段以哄骗、引诱、隐瞒等形式骗取他人财物，非法获利	经验所得

---

① 郑云翔，黄柳慧，钟金萍：《数字公民素养的要素定义和内容分解》，载《科教导刊》2020年第18期，第162～164页。

（三）相关表现与关联词

根据上述对数字商务素养的定义和理解，以下被认为是不符合数字商务素养的表现：在网上购物时，不知道如何保护个人身份，导致身份存在被盗的风险；没有意识到不良网络购物习惯会导致不良的信用评级；支付密码强度较低，或支付手段单一，容易被不法分子识破；网上购物时没有仔细辨别，选择了信用较差且价格较便宜的商家下单，结果收到了赝品。相反地，以下则是符合数字商务素养的表现：做知情的消费者，安全地在互联网上购物，保护好自己的支付密码；花时间研究想要购买的商品，找出安全可靠、信誉良好、价格合理的网站，选择安全的支付方式。

与数字商务相关联的词语包括但不限于：①网络购物（在线购物）。用户通过互联网检索商品信息，通过电子订购单发出购物请求，然后填入个人支付信息和地址信息，最后厂商通过快递公司送货。②网络诈骗。为达到某种目的在网络上以各种形式向他人骗取财物的诈骗手段，用虚构事实或者隐瞒真相的方法，骗取数额较大的公私财物的行为。③线上拍卖。拍卖公司或行业网站在网络上推出的一种在线营销模式。④网游消费。指在网络游戏上的消费，主要是指用现实货币购买虚拟的游戏装备、道具或角色的交易[①]。

三、数字通信素养

（一）概述

手机、短信和社交App已经改变了人们沟通交流的方式。这些通信方式创造了一种新的社交结构，它使人们不受时间、空间的限制，可以随时随地与任何人交流。数字通信能够让用户即时接触、联系他人。例如，截至2023年6月30日，微信的国内外活跃账户数已达到13.27亿，几乎覆盖了全中国的人口，2023年第二季度营收为1492亿元，同比增长11%。作为中国最大的即时通信社交平台，微信正在社交、消费等各个方面对国人的生活产生影响。然而，人们在发送电子邮件、微信短信或者发布博客的时候，通常不会意识到谁会看到这些信息，也较少考虑到他人会如何理解它们。也就是说，人们很容

[①] 百度百科："网游消费"（https://baike.baidu.com/item/网游消费/10976974?fr=ge_ala）。

易写下未经思考的内容并发送出去，而不会考虑更长远的后果（例如信息被误解）。对许多商人而言，他们更倾向于使用电子邮件而不是打电话，这是因为邮件可以记录信息的内容。但是，这种内置信息记录的功能也带来了许多问题。例如，即使用户删除了某条消息，也容易被不法分子非法盗用，因为该消息通常已经被存储在服务器中，或者已被备份。

通常而言，与数字通信相关的焦点问题包括：当和他人沟通交流时，我们会恰当地使用电子邮件、手机、短信和社交网络等技术吗？我们是否需要时刻与他人保持联系呢？在使用数字通信技术时，需要注意到哪些规则和礼仪呢？如何避免自己被他人误解？在使用这些通信方式后，会留下哪些痕迹？针对这些问题，可能的解决方案包括：正确使用各种数字通信方式（电子邮件/短信/社交网络）；注意手机礼仪，如私人视频通话、公开场合接听电话等；在特定场合选择正确的通信手段等。

以上便是对"数字通信"的直观理解。实际上，能根据实际应用场合选择合适的通信技术，掌握常用的通信技术（通信工具），意识到私人通信过程中也可能发生信息泄露，关注信息发出可能产生的后果等，这些都是数字公民素养中"数字通信"方面应具备的素养。

（二）定义

数字通信素养是指与信息的电子化交换相关的价值观念、必备品格、关键能力和行为习惯[1]。其中，各维度的内容分解与描述如表2-4所示。

表2-4 数字通信素养内容分解[2]

素养维度	素养内容要点	来源
价值观念	在线了解和察觉自己和他人的感受、需求和关注，如意识到数字技术使用不当会给他人带来影响或干扰、意识到与人交往要注意通信手段的选择等	1，3

---

[1] 郑云翔，黄柳慧，钟金萍：《数字公民素养的要素定义和内容分解》，载《科教导刊》2020年第18期，第162～164页。

[2] 郑云翔，黄柳慧，钟金萍：《数字公民素养的要素定义和内容分解》，载《科教导刊》2020年第18期，第162～164页。

续表

素养维度	素养内容要点	来源
必备品格	同理心：换位思考，将心比心	参考24种、49种品格，结合数字通信素养进行选取
关键能力	（1）能利用适当的数字技术与他人共享数据，具有在数字世界中与人交往的能力	3，4，5，7，8
	（2）具有使用各种常见通信工具的能力	4，5，8
	（3）将数字工具和技术用于协作过程，以共同建构知识或完成协作任务	3，4，5，8
	（4）在使用数字技术进行交互时能了解行为规范和技术诀窍，能采用合适的通信策略和手段以适应特定的受众（例如由于代际多样性容易产生代沟的场合）	1，5
行为习惯	（1）与他人交往时总能换位思考，考虑周全，三思而行	1
	（2）能够理解数字足迹的本质和后果，负责任地管理数字交往中留下的足迹并积极建立良好的数字声誉	3，6

（三）相关表现与关联词

根据上述对数字通信素养的定义和理解，以下被认为是不符合数字通信素养的表现：上课偷偷拍摄老师的照片，发布到自己的网络社交平台（微博、Facebook等），并配文抱怨老师的课有多无聊；上午考试的时候用手机将试题拍下来发给下午将要考同一门课程的同学；利用短信、电子邮件等通信技术给他人发送各种骚扰信息。相反，以下则是符合数字通信素养的表现：在不对学校和课堂产生影响的前提下，学生和老师在课堂上使用数字通信设备完成特定教学活动；企业使用数字通信技术（例如社交媒体网站）记录和宣传所开展的活动，展现每月的优秀员工事迹，列入光荣榜并以其激励全体员工。

与数字通信相关联的词语包括但不限于：①数字选择。技术使用者能根据实际情况灵活挑选出最适合的通信技术、通信手段、通信设备等与他人进行安全、舒适、符合规范的交流。②通信礼仪。与他人交往需要注重的日常礼节，哪怕是在数字社会中，想让别人尊重自己，首先要学会尊重别人。掌握规范的交往礼仪，能为交往创造出和谐融洽的气氛，建立、保持和改善人际关系。③社交网络。一般是指社交网络服务，它是一个平台，建立人与人之间的社交网络或社交关系的连接（例如利益共享、活动、背景或现实生活中的连接）。社交网络服务包括为每位用户提供社交联系和各种附加服务。大多数社交网络服务是基于网络的在线社区服务，并提供用户在互联网互动的方式，如电子邮件和即时消息等。

四、数字礼仪素养

（一）概述

互联网是由当地和全球范围的私人、公共、学术、商业和政府等网络组成的，承载了海量的信息资源和服务，为亿万网民提供了学习、工作和生活上的便利，丰富了人们的精神生活。虽然网络社交更平等、开放、自由，促进了民主的发展与话语权的行使，但其虚拟、隐蔽的特征使人们怀有戴上"面具"社交的随性与安全感，很容易让人全然不顾自己的网络社交行为对他人造成的影响（带来伤害），责任意识淡薄。例如，一些被称为"键盘侠""网络喷子"的网络欺凌主力军，罔顾真相与他人感受，肆意地将心底最阴暗、肮脏的一面暴露出来，发泄个人情绪，对网友施加语言暴力，最终造成无法挽救的悲剧。可见，网络行为教育的缺失与网络空间法律法规制定的滞后导致互联网上侮辱性、情绪化、偏激的言论层出不穷，使得任何人都可能面临心灵伤害甚至生命威胁。

然而，负责任的数字行为会使互联网上的每个用户都有机会成为学习者们的模范。如果用户们都能以正确且负责任的方式使用技术，那么我们的下一代也能通过观察掌握这种方式。更重要的是，这将使数字世界变得更美好，人人都能以礼相待，互相尊重，和谐共处，共同创造价值。换句话说，粗暴、低俗、混乱和蛮横的网络文化将一去不复返，取而代之的是优雅、高贵、有序和友善的网络文明，这是全人类的共同追求。

通常而言，与数字礼仪相关的焦点问题包括：人们使用信息技术时是否会注意到他人？人们是否会意识到他们使用技术时会影响他人？如何在网络世界中礼貌地表达自己的观点，同时获得别人的尊重与认同？哪些数字行为是有伤风化的？解决上述焦点问题的方案之一是品格教育和具备同理心。同理心要求我们在与他人互动时，优先考虑他人的想法和感受再行动，即要"设身处地，换位思考"。随着科技的发展和需要，快速响应给我们带来更大压力，花时间考虑他人感受变得更加困难。对大多数人来说，都希望网友的数字行为能够与其线下实际行为保持一致。要做到这一点，需要确保我们的品格与同理心在线上线下是一致的。作为数字社会的成员，我们需要做对集体更有利的事。而要做到这一点，我们必须考虑我们使用技术时是如何影响他人的。优秀的数字公民能够尊重他人，学会礼貌、有效地使用技术，即以尽量减少对他人负面影响的方式使用技术，在适当的情况下使用技术，在网络上尊重他人，不参与网络欺凌、不发表激烈或煽动性的言论等。

以上便是对"数字礼仪"的直观理解。作为合格的数字公民，应该在数字社会中也做到"非礼勿视，非礼勿听，非礼勿言，非礼勿动"，如同在现实社会中一样。君子重礼，在线上与人交往，首当尊礼，"己所不欲勿施于人"也是数字世界的黄金法则。除此以外，要尊重多元文化差异，学会国际的尊重与理解，这些都是数字公民素养中"数字礼仪"方面应具备的素养。

（二）定义

数字礼仪素养是指与在线交往惯用形式和行为规范相关的价值观念、必备品格、关键能力和行为习惯[①]。其中，各维度的内容分解与描述如表2-5所示。

表2-5 数字礼仪素养内容分解[②]

素养维度	素养内容要点	来源
价值观念	（1）意识到数字世界的多样性与多元化	1，5
	（2）重视人的尊严和人权，在数字社会同样尊重自己和他人	1，5
	（3）重视文化多样性，尊重不同在线文化	5，7
	（4）数字世界的虚拟性并不会改变人与人交往的基本礼仪：尊重、包容、真诚、友善	1
	（5）对数字伦理道德（如网络礼仪、技术礼仪）的理解和认同	5

---

① 郑云翔，黄柳慧，钟金萍：《数字公民素养的要素定义和内容分解》，载《科教导刊》2020年第18期，第162～164页。

② 郑云翔，黄柳慧，钟金萍：《数字公民素养的要素定义和内容分解》，载《科教导刊》2020年第18期，第162～164页。

续表

素养维度	素养内容要点	来源
必备品格	（1）真诚：网络社交中真诚有礼	参考 24 种、49 种品格，结合数字礼仪素养进行选取
	（2）尊重与包容：尊重他人的言论和观点，求同存异，包容他人的无意过失	
	（3）同情：富有同情心，将心比心	
关键能力	在进行数字交往中能合理应对各种不同的在线文化差异	1
行为习惯	（1）坚决捍卫数字公民身份与尊严	5
	（2）在使用数字技术进行交互时懂得尊重他人，使用文明用语，展示合适、负责任的行为	1，5

（三）相关表现与关联词

根据上述对数字礼仪素养的定义和理解，以下被认为是不符合数字礼仪素养的表现：晚辈在应该集中注意力倾听/关注长辈的情况下使用手机发信息而忽略所处情况；明知道文艺汇演期间会有电话打进来，听众仍然没有把手机设置为静音状态，并且直接在现场接听电话，干扰其他听众欣赏文艺汇演。相反地，以下则是符合数字礼仪素养的表现：进入公共场合（会议室、电影院、图书馆等）前把手机调成震动/静音模式；在网络社交平台上发表言论时注意措辞，哪怕是不同意某人的观点，也应委婉地表达，以免伤和气，引起冲突；使用即时通信工具进行交流前应先了解组内的规则，不随意发布违规信息。

与数字礼仪相关联的词语包括但不限于：①技术礼仪（网络礼仪）。指人们使用技术进行交往时，为了相互尊重而约定俗成的、共同认可的行为规范。真实世界中，人与人之间的社交活动有不少约定俗成的礼仪，在网络虚拟世界中也同样有一套不成文的规定及礼仪，供网络使用者遵守。②文化尊重。指人们以平等相待的心态及言行对不同文化进行理解和包容，特别是在跨国交往中。③被认可的使用规则（acceptable use policies，AUPs）。为防止不恰当的技术使用而设立的关于在学校/社区中如何正确使用技术的规则。

五、数字法律素养

（一）概述

互联网使发布、定位和下载大量资源变得容易。事实上，这种轻松共享信息的能力是互联网的优势之一。然而，当用户在互联网上发布或访问信息时，通常不会考虑哪些内容是不恰当的，甚至是非法的。知识产权和版权保护的问题是非常现实的，任何侵权行为都要承担后果。

新技术给人们打开了一个全新的领域，但随之而来的问题很可能是技术创建者无法预料的，因为这些问题往往是由新技术的不可预见性和非预期使用而引起的。技术本身是价值中立、没有好坏之分的，用户必须决定如何正确地使用它们。然而，总会有人不遵守社会规则，从事与社会伦理道德背道而驰的活动，数字社会也不例外。因此，对那些行为不当的数字用户，类似窃取他人信息、入侵服务器、创建和发布病毒等行为必须严惩。随着新法律的起草，数字公民必须贡献自己的力量，以探讨如何应对违法行为。

通常而言，与数字法律相关的焦点问题包括：人们使用技术的方式是否符合预期？使用数字技术的用户是否应该对他们的行为负责？即了解个人的数字行为是否有侵犯他人的权利？如果侵犯了，应如何消除影响或接受制裁？针对这些问题，可能的解决方案包括：全社会的技术使用者都了解、掌握并践行数字法律的相关条例与规范，从制度上、规则上约束数字社会的失范行为，维护数字社会的有序与稳定；特别是企业应该与政府一起制定保护儿童网络使用权益的伦理标准与行为准则（以政策、法律形式公布最好），防止传播各类儿童不宜的信息，同时为父母提供便捷易用的工具，如密码保护、阻止/允许列表、年龄验证及信息过滤等，帮助父母为儿童创造安全的网络环境。

以上便是对"数字法律"的直观理解。数字时代，网络欺诈、黑客非法入侵系统、盗版等法律问题层出不穷。人们需要强化数字法律相关意识、条例和规则，清楚地知道什么是合法的、什么是非法的。这是数字公民素养中"数字法律"方面应具备的素养。

（二）定义

数字法律素养是指与数字行为应负责任相关的价值观念、必备品格、关键能力和行为习惯[①]。其中，各维度的内容分解与描述如表 2-6 所示。

表 2-6　数字法律素养内容分解[②]

素养维度	素养内容要点	来源
价值观念	（1）意识到数字公民在数字世界的一言一行都受法律的约束	1
	（2）了解关于技术使用的法律、规章、条例和制度，尤其是以法律条例形式存在的规则（即清楚地知道，数字社会中哪些行为是合法的、哪些行为是非法的）	1，5，7
必备品格	（1）守法：遵守法律规章和道德规范	参考 24 种、49 种品格，结合数字法律素养进行选取
	（2）公正：法律面前人人平等，没有偏私	
关键能力	会使用法律、规章、条例等保护自己	经验所得
行为习惯	自身的数字行为严格遵守相关法律条例，例如：①不剽窃/损害他人数字作品、财产；②在遵守法律和道德的前提下借鉴、使用他人发布的数据；③不冒充银行或其他知名机构大量发送欺骗性垃圾邮件；④不分享带有血腥、极端、暴力画面的信息/程序；⑤不利用数字技术检索、发布、传播他人隐私数据等	1，3

（三）相关表现与关联词

根据上述对数字法律素养的定义和理解，以下是不符合数字法律素养的表现：从社交网络或文件共享网站非法下载受版权保护的音乐；编写脚本

[①]　郑云翔，黄柳慧，钟金萍：《数字公民素养的要素定义和内容分解》，载《科教导刊》2020 年第 18 期，第 162～164 页。

[②]　郑云翔，黄柳慧，钟金萍：《数字公民素养的要素定义和内容分解》，载《科教导刊》2020 年第 18 期，第 162～164 页。

（使用计算机代码）绕过防火墙或其他网络保护，从而非法进入后台服务器；把互联网用户的个人隐私倒卖给不法分子，使后者轻易地对这些用户实施诈骗或敲诈；无视版权约定，大量剽窃他人的数字作品。相反，以下则是符合数字法律素养的表现：了解哪些内容可以免费下载，哪些内容是受版权保护的材料，哪些应该付费；宁可迟交作业，也要坚持原创，不复制（抄袭）他人的观点。

与数字法律相关联的词语包括但不限于：①知识产权。指权利人对其智力劳动所创作的成果和经营活动中的标记、信誉所依法享有的专有权利，一般只在有限时间内有效。各种智力创造，例如发明、外观设计、文学和艺术作品，以及在商业中使用的标志、名称、图像，都可以是某一个人或某个组织所拥有的知识产权。②版权保护。指对应用在电子设备上的数字化媒体内容实施的专有权保护技术。最终目的不是"如何防止使用"，而是"如何控制使用"，版权法的实质是一种控制作品使用的机制。③软件盗版。指任何未经软件著作权人许可，擅自对软件进行复制、传播，或以其他方式超出许可范围传播、销售和使用的行为。④数字版权管理（digital rights mangement, DRM）。指的是出版者用来控制被保护对象的使用权的一些技术，这些技术保护数字化内容（例如：软件、音乐、电影）以及相关硬件，处理数字化产品的某个实例的使用限制。

六、数字权责素养

（一）概述

每当讨论群组中的成员资格时，人们经常会注意到群组成员身份带来的某些权利或特权。身处群组之中，每个成员都具有某些权利，且需要按照该群组的规则行事。在数字世界里，同样如此。某用户将信息发布到网站上（不管是一首诗，还是一张图片、一首歌，或是其他形式的原创性资源），他通常期望该信息会受到其他人的喜欢和欣赏，而不是被破坏或被其他人当作他们自己的原创信息传播出去，或者被当作威胁或骚扰的挡箭牌。作为数字世界的成员之一，每个数字公民都享有使用技术和资源的自由，但同时也要遵守一些规则，包括规章制度和法律条款等。每一位合格公民都应该清醒意识到数字权利与责任的具体指向，共同遵守数字技术使用的行为规范和法律法规，进而促进和谐社会的实现。

通常而言，与数字权责相关的焦点问题包括：在数字社会里，人们有哪些权利和责任？我们如何让人们在使用数字技术时更清楚地意识到自己的权利和责任？如何让人们在自由与约束之间取得平衡，既不禁锢自己，也不侵犯他人？针对这些问题，可能的解决方案包括：遵守被认可的使用规则（Acceptable Use Policies，AUPs），并在校内外负责地使用技术；合乎道德地使用在线资源，包括注明引用来源和请求开放引用权限；举报网络欺凌、威胁和其他不当的行为。

以上便是对"数字权责"的直观理解。权利和责任有时候是难以界定的，因此技术使用者需要了解个人行为与为群体服务之间的区别，了解群体所赋予个人的权利和义务，即规则与自由。坚持贯彻数字公民素养、理解数字权责内涵，让绝大多数技术使用者享受数字技术带来的便利，这些都是数字公民素养中"数字权责"方面应具备的素养。

（二）定义

数字权责素养是指与数字世界中每位公民共同享有自由和承担责任约束相关的价值观念、必备品格和行为习惯[①]。其中，各维度的内容分解与描述如表2-7所示。

表2-7 数字权责素养内容分解[②]

素养维度	素养内容要点	来源
价值观念	（1）了解个人行为与为群体服务之间的区别，了解群体赋予个人的权利和义务	5
	（2）意识到数字世界的有序、和谐与健康发展有赖于每位数字公民在寻求自由与规则约束之间找到平衡	1，6
	（3）具备数字公民意识与责任担当：作为数字世界的主人，意识到自己的言行与传统社会一样具有道德表率的作用，愿意以身作则，承担起正确教育他人的责任	1，3，6
	（4）了解和遵守数字社会的技术伦理，包括知识产权、著作权保护和数字礼仪等	1，4，5，7
	（5）了解使用不同的技术时需要遵守不同的技术规则	1，4，5

---

① 郑云翔，黄柳慧，钟金萍：《数字公民素养的要素定义和内容分解》，载《科教导刊》2020年第18期，第162～164页。

② 郑云翔，黄柳慧，钟金萍：《数字公民素养的要素定义和内容分解》，载《科教导刊》2020年第18期，第162～164页。

续表

素养维度	素养内容要点	来源
必备品格	（1）自律：遵守规则，在规则下享受自由	参考24种、49种品格，结合数字权责素养进行选取
	（2）负责任：对自身的在线言行负责	
	（3）明辨：深入了解事情发生的缘由和经过，基于客观事实而非主观臆断	
行为习惯	理解作为数字公民的权利和责任，在数字空间中努力践行积极的道德规范和行为准则，规范自身行为，让绝大多数人享受数字技术带来的便利和快乐，例如：①在数字论坛、网络社交平台中遵守规则，维护基本人权；②不利用数字技术发布/散播虚假、有害信息；③控制自身情绪，不随意在网上发泄；④不伪装他人身份；⑤不利用非法手段下载、传播他人私有或具有版权的资源；⑥不利用信息技术手段进行侵权（如篡改、霸占他人知识产权、论文成果）；⑦不利用通信技术诋毁、骚扰他人；⑧主动参与数字社会治理（如积极举报违法网站），坚决抵制危害数字社会的行为等	1，5，6

（三）相关表现与关联词

根据上述对数字权责素养的定义和理解，以下被认为是不符合数字权责素养的表现：在没有正确注明引用来源的情况下使用来自互联网的资料；学生违反学校的AUPs，因为他们认为这个规则不公平；在考试和作业中使用技术作弊。相反地，以下则是符合数字权责素养的表现：学生在课程任务中合理、合法引用来自网站或其他数字媒体来源的信息；教师（家长）在使用数字技术时告知学生（孩子）他们的权利，同时也指导他们履行自己的责任。

与数字权责相关联的词语包括但不限于：①**数字权益管理**。是指在数字作品的整个生命周期中标定、描述、监督、执行和管理其相应数字权益的一系列软件、硬件技术和服务。②**数字责任**。个人在数字社会中应做的分内事，来自对他人的承诺、职业要求、道德规范和法律法规等，这是个体在数字社会中对己、对事、对他人、对社会应尽的义务。③**理解技术规则**：使用不同的技术需要遵守不同的技术规则。以Google使用规则为例，用户必须遵守平台的所有政策,包括"请勿滥用我们的服务"和"使用我们的服务并不让您拥有我们的服务或您所访问的内容的任何知识产权"等①。

七、数字健康素养

(一)概述

新的全国统计数据显示,98%的中国青少年(9~19岁)拥有手机,其中近2400万人被认为对手机达到了"医疗依赖"的程度,这意味着他们患有非常严重的成瘾症②。国家已经意识到这个问题,一直以来都在试图通过规范青少年接触高科技的途径,来保护未成年人免受电子屏幕的侵害。2023年8月,国家互联网信息办公室就一份新规向公众征求意见。新规涉及几个方面,其中包括未成年人将不能在每日22时至次日6时之间使用手机上网。它还限制了未成年人每日使用手机的时间:8岁以下儿童不得超过40分钟,8~16岁儿童不得超过1小时,16~18岁青少年不得超过2小时。

技术安全问题往往只关注设备安全,而没有考虑到用户的身体健康,例如有时把电脑放置在对小孩来说高度不合适的桌子上。成年人不应该指望小孩子能轻易地适应这种不合适的环境,也不应该认为孩子会在电子设备对他们造成伤害前主动停止使用这些产品。数字成瘾也是与健康相关的另外一个重要问题。常见的数字成瘾包括网络成瘾、社交媒体成瘾、游戏成瘾等。按照当今通行的观点,成瘾是一种疾病。精神障碍的医学模型(medical model)认为成瘾是一种"慢性复发性脑疾病",其使患者虽然明知会有负面结果,仍不自主地行动。数字时代,我们的身心随时随地可能会受到不知不觉的"虐待"。因此,我们应该尽量摆脱数字对我们的控制,多关注自己的身心健康。

通常而言,与数字健康相关的焦点问题包括:数字技术会怎么影响人们的身体?人们是否意识到使用数字技术会带来的身体或心理上的危害?为什么有人会因为使用数字技术而受伤?我们应该如何在享受数字技术带来的乐趣的基础上最大限度地保护自己的身心健康?针对这些问题,可能的解决方案包括:确保所有电子设备都符合人体工程学,保护用户免受因长期使用方式不当而造成的伤害;不沉迷互联网、电子游戏,不脱离社会;平衡在线和

---

① Google 服务条款(https://policies.google.com/terms?hl=zh-CN)。
② 参见 https://baijiahao.baidu.com/s?id=17735473764169212 31&wfr=spider&for=pc,2023 年 8 月。

离线生活,不要让自己被技术支配。

以上便是对"数字健康"的直观理解。健康是人们生存的基础保障,在使用信息设备时,设备规格与放置位置、眼部紧张与姿势不当都可能会给人们带来生理伤害,特别是儿童。因此,正确、合理地使用数字设备与技术,关注自身生理状态和心理状态,不被技术所牵制,勇于调整自我,从而使身体和心理都达到良好状态,是数字公民素养中"数字健康"方面应具备的素养。

(二)定义

数字健康素养是指与数字世界身心健康相关的价值观念、必备品格、关键能力和行为习惯[①]。其中,各维度的内容分解与描述如表2-8所示。

表2-8 数字健康素养内容分解[②]

素养维度	素养内容要点	来源
价值观念	(1)了解计算机人体工程学与健康的关系,意识到技术使用不当会对个人身心健康产生负面影响	1,5
	(2)有较高的数字健康意识,不沉迷网络	3,6,7
必备品格	(1)节制:不过度使用技术	参考24种、49种品格,结合数字健康素养进行选取
	(2)和谐:数字世界中人与人、人与技术之间和谐共存	
关键能力	(1)具备数字设备屏幕时间的自我约束能力(自制力)	3,4,5
	(2)在使用数字技术时,能识别并避免威胁自己和他人健康的各种风险	1,4,5,6
行为习惯	(1)能严格控制数字设备的使用时间,作息时间规律,不过度依赖技术	1,4,5,6
	(2)有节制地使用网络(包括网络游戏),了解健康在线和不健康在线之间的差异,能平衡在线和离线生活	3,5,6
	(3)不传播虚假、迷信、反动、赌博等信息	国家法律

---

① 郑云翔,黄柳慧,钟金萍:《数字公民素养的要素定义和内容分解》,载《科教导刊》2020年第18期,第162～164页。

② 郑云翔,黄柳慧,钟金萍:《数字公民素养的要素定义和内容分解》,载《科教导刊》2020年第18期,第162～164页。

（三）相关表现与关联词

根据上述对数字健康素养的定义和理解，以下被认为是不符合数字健康素养的表现：管理者和教师忽视了电子技术可能对学生造成的身体伤害；家长在使用电子设备时没有按照人体工程学的要求，给孩子做了错误的示范；尽管孩子已经发现自己使用电子设备时小臂和手腕一直在痛，仍然没有告知父母或寻求医疗帮助，反而继续不健康地使用这些设备。相反，以下则是符合数字健康素养的表现：教师在教室示范安全、健康地使用电子技术的方法，让学生跟着做；随着儿童越来越早开始使用数字技术，家长和老师意识到这可能存在一些健康问题，及早发现和解决；努力学习如何利用技术促进身心健康。

与数字健康相关联的词语包括但不限于：①技术成瘾。因过度使用技术而引起明显的身体、心理损伤的现象，属于一种包含人机交互的行为成瘾。②网络成瘾。在无成瘾物质作用下冲动使用互联网的失控行为，表现为过度使用互联网后导致明显的学业受挫、职业受挫和社会功能损伤。其中，持续时间是诊断网络成瘾障碍的重要标准，一般情况下需至少持续12个月才能确诊。③社交媒体成瘾。个体过度关注社交媒体，登录或使用社交平台的动机强烈，在社交媒体上花费过多时间以至于影响了现实中的社会活动以及自身的身心健康。④游戏成瘾。游戏成瘾是2017年底世界卫生组织（World Health Organization，WHO）宣布设立的一种疾病，被归类为精神疾病①。2018年更新的《国际疾病分类》专门为"游戏成瘾"设立条目，并明确9项诊断标准，以帮助精神科医生确定患者是否对游戏产生依赖。⑤人体工程学。一门研究人在某种工作环境中的解剖学、生理学和心理学等方面的各种因素，研究人和机器及环境的相互作用，研究人在工作中、家庭生活中和休假时怎样统一考虑工作效率、人的健康、安全和舒适等问题的学科。

---

① 百度百科："游戏成瘾"（https://baike.baidu.com/item/游戏成瘾/22333691?fr=aladdin）。

八、数字安全素养

（一）概述

每个人都懂得要保护好自己的财物：在门上装锁，在家里安装烟雾探测器，安装安全系统来保护我们的家庭和财产。越来越多的信息以电子方式存储，作为个人信息的存储库，个人计算机、平板电脑或智能手机都应该拥有与家一样甚至更多的安保措施。因为技术入侵者不会从你的前门闯入，而是会通过互联网或任何其他开放的连接（甚至蓝牙）入侵。任何没有安装病毒防护软件的电子设备都容易受到攻击，对于普通用户而言，至少需要学习如何保护个人数据，例如使用病毒防护软件、安装防火墙、定期备份信息，以及学会识别安全网站。

通常而言，与数字安全相关的焦点问题包括：在数字社会中如何保护数据的安全？应该如何教导下一代保护自己以及保护数字设备不受侵犯？如何慎重选择一个合适的云服务器来存放自己的重要数据？多久备份一次重要数据比较合适？针对这些问题，可能的解决方案包括：选择安全性足够强的综合性密码，并定期修改；告诉孩子在网上与陌生人交谈可能会遇到的危险；保持足够警惕，不在网上随意分享个人隐私，以保护个人数据的安全。

以上便是对"数字安全"的直观理解。安全是人的基本需求，如何识别网络危险并进行自我保护是每个网民都需要直面的问题。能够做到正确识别数字世界的潜在风险和危险，预先做好防护措施或提前预警备案，持续保护个人信息安全，尽量不发布个人隐私信息，定期备份数据等，是数字公民素养中"数字安全"方面应具备的素养。

（二）定义

数字安全素养指与确保安全的数字化预防措施相关的价值观念、必备品格、关键能力和行为习惯[1]。其中，各维度的内容分解与描述如表 2-9 所示。

---

[1] 郑云翔，黄柳慧，钟金萍：《数字公民素养的要素定义和内容分解》，载《科教导刊》2020 年第 18 期，第 162～164 页。

表 2-9 数字安全素养内容分解①

素养维度	素养内容要点	来源
价值观念	有较高的数字安全意识、危机意识（即认识到数字世界并不安全，时刻具有清醒的自我保护意识）	1，3，4，5，6
必备品格	（1）警惕：随时留心周围与安全相关的风险	考24种、49种品格，结合数字安全素养进行选取
必备品格	（2）稳妥：即便需要付出额外的代价，也要将私隐个人数据保存在不易被毁坏或被盗的、安全可靠的地方	考24种、49种品格，结合数字安全素养进行选取
关键能力	（1）了解在数字社会中如何安全使用和分享个人身份信息，保护自己和他人免受损害	1，4，6
关键能力	（2）掌握保护个人数据安全的技能（如定期备份、杀毒、保护密码信息等）	1，3，4
关键能力	（3）具有识别、缓解和管理与个人在线行为相关的网络风险与威胁（例如网络欺凌、骚扰和跟踪）的能力	3，5，6
行为习惯	（1）在数字接入（如网络接入）时充分考虑可靠性和隐私，了解相关安全和防卫措施	1
行为习惯	（2）会使用合适的安全策略和保护工具对个人数据和设备进行检测，以发现潜在的威胁（例如黑客攻击、恶意软件）	1，3，4，5，6
行为习惯	（3）保护环境，尽量降低使用数字技术对环境造成的破坏和影响	4，5
行为习惯	（4）总能使用安全的技术手段参与数字活动	3，5
行为习惯	（5）定期维护私隐个人数据	1，5，6

（三）相关表现与关联词

根据上述对数字安全素养的定义和理解，以下是不符合数字安全素养的表现：没有安装最新的病毒防护软件或通过打补丁来保护计算机安全；在使

---

① 郑云翔，黄柳慧，钟金萍：《数字公民素养的要素定义和内容分解》，载《科教导刊》2020年第18期，第162～164页。

用邮件、社交网络和社交软件时没有保护好自己的身份信息，被不法分子利用；把电子邮箱或手机 App 密码以明文的方式写在纸上并随意放在桌上；手提电脑没有定期备份，损坏后无法恢复数据，造成数据丢失；为便于记忆，在所有网站或 App 都使用同一个密码，且与本人生日挂钩，容易被猜出。相反，以下则是符合数字安全素养的表现：确保电脑的病毒防护与防火墙配置好且完成定期更新；老师和家长要告知学生把自己的个人信息通过网络提供给陌生人的危害；做好电子设备的安全防护措施，例如人走锁屏、设置综合密码或生物密码（指纹、人脸等）。

与数字安全相关联的词语包括但不限于：①隐私保护。保护个人隐私、私密数据不被非法窃取、篡改、盗用等，尤其是在互联网上。②危机意识。指对紧急或困难关头的感知及应变能力。危机来自外部与内部。从外部环境的不可控性及内部条件的可变性，均可看到危机是客观存在的。③间谍软件。是一种能够在用户不知情的情况下，在其电脑上安装后门和收集用户信息的软件。它能够削弱用户对其使用经验、隐私和系统安全的物质控制能力；使用用户的系统资源，包括安装在他们电脑上的程序；或者搜集、使用、散播用户的个人信息或敏感信息。④数据备份。数据备份是容灾的基础，是指为防止系统出现操作失误或故障导致数据丢失，从而将全部或部分数据集合从应用主机的硬盘或阵列复制到其他的存储介质的过程。⑤防火墙。防火墙技术是通过有机结合各类用于安全管理与筛选的软件和硬件设备，帮助计算机网络于其内、外网之间构建一道相对隔绝的保护屏障，以保护用户资料与信息安全的一种技术。⑥安全密码。用户用于登录网站、App、软件系统等而设置的安全性较高的密码，一般包含数字、字母、特殊符号三种或以上的综合型密码，或者人脸、指纹、视网膜等具有生物特征的新型密码。

九、数字素养

（一）概述

关于技术，最重要的是了解该技术是如何工作的，以便以最适当的方式使用它。当前，技术已经深深地融入我们的学习、工作和生活，然而，关于如何恰当地使用技术的教学并没有同步。新技术来了，我们不一定知道如何使用，正如很多教师仍然不懂得如何在教学上使用技术一样。

通常而言，与数字素养相关的焦点问题包括：是否有足够的时间学习如何使用技术工具？如何利用数字技术最大限度地辅助学习、工作和生活？哪些技术对普通大众而言是必须掌握的？而哪些是专业人士才需要掌握的？我们是否需要时刻关注并利用新技术呢？针对这些问题，可能的解决方案包括：学习使用基本的技术，例如浏览器、搜索引擎、即时通信工具、社交媒体平台和电子邮件等；探索和开发在线学习模式和远程教育；学习各种高级技术与数字技能。

以上便是对"数字素养"的直观理解。实际上，只有具备基本的使用技术的能力，才能充分理解网络、技术并积极参与数字社会的各项活动。因此，在数字环境下学会利用一定的信息技术手段和方法，才能够快速、有效地发现、获取、评价、整合信息，这就是数字公民素养中"数字素养"方面应具备的。

（二）定义

数字素养是指与不断地学习技术和技术的使用相关的价值观念、必备品格、关键能力和行为习惯[①]。其中，各维度的内容分解与描述如表2-10所示。

表2-10　数字素养内容分解[②]

素养维度	素养内容要点	来源
价值观念	积极主动地关注数字技术的进步与革新，敢于迎接新技术、新挑战，与技术共同进步	1，5，7
必备品格	（1）勤奋、主动：积极、主动地学习数字技术 （2）敏锐：具备敏锐的技术嗅觉，不惧尝试新技术	参考24种、49种品格，结合数字素养进行选取

---

① 郑云翔，黄柳慧，钟金萍：《数字公民素养的要素定义和内容分解》，载《科教导刊》2020年第18期，第162～164页。

② 郑云翔，黄柳慧，钟金萍：《数字公民素养的要素定义和内容分解》，载《科教导刊》2020年第18期，第162～164页。

续表

素养维度	素养内容要点	来源
关键能力	（1）理解数字公民身份的重要性和作用，能创建和管理一个或多个数字公民身份，以维护自己的声誉并处理各种数据	3，5
	（2）自觉配合其他管理者（如第三方机构）对数字公民身份进行统一的管理	3，5
	（3）掌握常见数字技术的基本原理，能甄别不同数字技术以用于特定问题求解	1，7
	（4）了解常见数字技术的典型应用场合与具体应用情况	1，4，7，8
	（5）能浏览、搜索和过滤各类信息和数据	1，3，4，5，6，7，8
	（6）能通过批判性推理评价、管理各类信息和数据	3，4，5，6
	（7）会使用常见的数字技术工具，能识别常见设备或数字环境出现的技术问题并解决	1，3，5，7，8
	（8）能利用数字技术设计、创建、编辑、更新数字内容	3，4，5，6，7，8
	（9）能规划并编写可理解的计算机指令（程序），以解决特定问题或执行特定任务	5
	（10）能利用数字技术和网络平台与他人协作，实现内容整合与创新	3
	（11）终身学习的能力：针对自身不足，利用网络或其他途径获取资料，不断学习与数字技术相关的知识和技能	经验所得
行为习惯	总是尽可能利用技术的优势解决（辅助解决）实际问题	经验所得

（三）相关表现与关联词

根据上述对数字素养的定义和理解，以下是不符合数字素养的表现：在必须提供在线课程或远程教育课程（例如受新冠疫情影响面授课程暂停）的情况下，学校或地区没有提供这些课程，学生只能被迫停课停学；教师没有向学生提供可以从各种数字源（如博客、播客、知网、在线开放课程）获得的资源；看到同事以新颖的方式使用技术提高了工作效率，自己仍然使用老方法，导致工作效率不高，还频繁出错。相反，以下则是符合数字素养的表现：员工积极参加专门为其设计的令其对新技术保持兴趣的在线课程；教师以新颖的方式使用数字技术，发布课堂教学相关资源，使学生、家长都可以在课外访问；具有敏锐的技术嗅觉，善于发现新技术并乐于在学习和工作中运用这些技术，从而提高效率。

与数字素养相关联的词语包括但不限于：①技术教育。一般指培养技术人才的职业教育。②在线教育。E-Learning，或称远程教育、在线学习，一般指一种基于网络的学习行为，与网络培训概念相似。③第二次数字鸿沟。指在同等数字接入条件下对信息技术使用等技能层面掌握的差距，即"数字素养鸿沟"。

第三章　为什么要提升数字公民素养

如第一章所述，当前数字社会中存在很多风险和隐患，技术使用者在日常生活中稍不留神就会"中招"，或者无意识地被牵连到相关问题中。然而，无论是被动还是主动，我们都应该尽量让自己远离这些隐患，做到保护自己和他人、尊重自己和他人、教育自己和他人。这就是数字公民教育的终极目标——培养合格数字公民。可见，实施数字公民教育，提升数字公民素养，有利于我们在数字领域形成正确的价值观，练就优秀的品格，展现合适的行为和养成良好的习惯，从而有效规避网络上的风险和隐患，在数字世界中更好地生存与发展，最终获得成功。合格数字公民展现出来的品格与行为，就是本书的核心"数字公民素养"，它具有与众不同的特性，是数字公民教育的最终指归，下面详细展开。

第一节　数字社会潜在风险与隐患

要讨论实施数字公民教育、提升数字公民素养的必要性，需要归纳当前数字社会中广泛存在的一些问题。笔者在对国内外相关研究进行整理、归纳的基础上[1]，结合目前常见的数字威胁和隐患，以及新闻和媒体报道中常被提及的案例，总结了当前数字社会中存在的风险与隐患[2]，如表3-1所示。

---

[1] "Top 5 Digital Threats for Children Over the Internet". (https://www.techprevue.com/top-5-digital-threats-children/); "Readiness and Emergency Management for Schools. Cyber Safety Considerations for K-12 Schools and School Districts". (https://rems.ed.gov/docs/Cyber_Safety_K-12_Fact_Sheet_508C.PDF); Kaspersky. "Top Seven Dangers Children Face Online: How to Keep Them Safe". (https://usa.kaspersky.com/resource-center/threats/top-seven-dangers-children-face-online)

[2] 郑云翔，钟金萍，黄柳慧，等：《数字公民素养的理论基础与培养体系》，载《中国电化教育》2020年第5期，第69～79页。

表3-1 数字社会的潜在风险与隐患

潜在风险/隐患		定义/描述	后果
数字欺骗	网络诈骗	指为达到某种目的在网络上以哄骗、引诱等形式直接向他人骗取财物的诈骗手段	金钱损失、情感伤害
	网络钓鱼	即 Phishing，指通过大量发送声称来自银行或其他知名机构的欺骗性垃圾邮件，意图引诱收信人给出敏感信息（如用户名、口令、信用卡详细信息等）的一种攻击方式①	金钱损失、情感伤害、隐私泄露
	网络直播伪装	指在网络直播中故意伪装、隐瞒，以欺骗观众，意在引诱其不断打赏，从中获利（例如乔××事件）	金钱损失、情感伤害
数字暴力	发布不恰当的内容	包括网络谣言（发布不实/未经证实的报道）、网络骚扰（通过QQ群、微信群、网站等发布少儿不宜的信息、图片、视频等），以及发布含有种族主义、歧视或仇恨言论的内容等	价值观道德观扭曲、情感伤害、当事人声誉损失
	过度分享	个人尤其是企业过度频繁传播庞杂的信息，这种传播容易惹恼信息接收者，并使原本的关注者慢慢流失②	情感伤害
	游戏暴力	指电子游戏中出现的血腥、极端、暴力的画面（图片或视频），让玩家感到恐慌和难受	情感伤害，影响身心健康

---

① 百度百科："网络钓鱼"（https://baike.baidu.com/item/网络钓鱼/1401858?fr=aladdin）。

② 百度百科："过度分享"（https://baike.baidu.com/item/过度分享/5079537?fr=aladdin）。

续表

潜在风险/隐患			定义/描述	后果
数字暴力	特定目标	网络欺凌	指个体或者群体借助短信、邮件、微博等网络技术与手段对他人或者群体进行的欺负、凌辱，导致对方受到身心伤害的一种行为。包括：①人肉搜索（一种以互联网为媒介，有的基于人工方式对搜索引擎所提供信息逐个进行真伪辨别，有的基于通过匿名知情人提供数据的方式去搜集关于特定的人或者事的信息，以查找人物身份或者事件真相的群众运动）①；②网络掠食（性掠食者或其他掠食者在互联网上跟踪孩子，利用孩子的天真和想象力，滥用他们的信任，最终诱使他们陷入危险境地）；③情绪失控（向网上的个人或群体发送令人生气的粗俗信息）；④网络骚扰（通过电子邮件或其他方式持续性地骚扰他人）；⑤网络诋毁（发送针对某人的有害、不真实或残酷的陈述，或将这些资料上传到网上）；⑥网络伪装（假装成他人的身份在网上发布信息，损害该人的形象）；⑦披露隐私（在网上发布有关个人的敏感、私密或令人尴尬的信息，包括传播私人信息或图像）；等等	隐私泄露、情感伤害、影响身心健康
数字成瘾		（数字化）游戏沉迷	指个人长时间专注于电脑、手机、游戏机等数字设备上的游戏，出现了难以克制的欲望或不正常行为。对青少年而言，最常见的是沉迷网游，充值购买各种游戏道具，不能自拔	财产损失、影响身心健康

---

① 百度百科："人肉搜索"（https://baike.baidu.com/item/人肉搜索/9698961?fr=aladdin）。

续表

潜在风险/隐患		定义/描述	后果
数字成瘾	网络成瘾	个人由于长时间地和习惯性地沉浸在网络世界当中，对互联网（多为微博等社交媒体、网页等）产生强烈的依赖，甚至达到了痴迷的程度而难以自我解脱的行为状态和心理状态。① 对青少年而言，最常见的表现是不停地刷微博、微信朋友圈，或者无目的地不停浏览网页	孤僻寡言，人际关系紧张，影响身心健康，甚至无法正常生活
	数字依赖	指个人无节制地花费大量时间和精力在各种数字设备、软件上，以致影响生活质量，甚至离开这些数字产品几乎无法正常生活。对青少年而言，最常见的数字依赖是屏幕使用时间过长（长期看智能手机、平板电脑等电子设备的屏幕）	
安全相关	信息泄露	指个人重要信息或数据在传递、存储、使用过程中被有意或无意窃取	隐私泄露、情感伤害
	网络攻击	可分为主动攻击（指攻击者访问其所需信息的故意行为，包括篡改消息、伪造、拒绝服务等）和被动攻击（指攻击者不对数据信息做任何修改，而是在未经用户同意的情况下获得用户的重要信息，包括窃听、流量分析等）。这些攻击一般通过网络黑客、病毒感染、流氓/恶意软件、系统漏洞等方式进行	财产损失、情感伤害
版权相关	非法下载	指利用不法的手段强行将网络上的私人资料或有版权的资源（如音乐、电子书）下载或分发到其他地方	财产损失
	网络侵权	指在网络环境下所发生的侵权行为，如知识产权侵权、著作权侵权、论文剽窃等	财产损失、情感伤害

---

① 百度百科："网瘾"（https://baike.baidu.com/item/网瘾/475220?fromtitle=网络成瘾&fromid=8930162&fr=aladdin）。

可见，数字世界中存在许多潜在风险与隐患，稍不留神就会导致财产、情感或者身心受损，甚至家破人亡、风气败坏、无法生活。作为一个每天都使用网络的技术使用者（即数字公民），我们的目标自然是武装好自己，时刻保持警惕，尽量避免上述风险与隐患，能够轻松惬意地在网络世界翱翔，尽情享受网络和智能技术带给我们的各种乐趣，更好地在数字世界生存与发展。换句话说，要规避上述风险，我们每个人都应该成为合格的数字公民，这便是实施数字公民教育、提升数字公民素养的缘由。

第二节　数字公民素养的独特性与不可替代性

目前与素养、能力相关的概念很多，例如核心素养、信息素养等，为什么还要倡导数字公民素养？对这个问题的深入剖析有助于理解为什么要提升数字公民素养，下面笔者将从它的独特性与不可替代性分别论述。

一、数字公民素养的独特性

（一）中国学生核心素养与数字公民素养

核心素养指学生应具备的适应终身发展和社会发展需要的必备品格和关键能力[①]，分为文化基础、自主发展、社会参与三个方面，综合表现为人文底蕴、科学精神、学会学习、健康生活、责任担当、实践创新六大素养，具体细化为国家认同、人文情怀、勤于反思等18个基本要点。核心素养对学生的发展具有根源性和支撑性的作用，是学生发展之根基，培养学生核心素养是国家发展战略。[②]

核心素养着眼于培养全面发展的人，紧紧围绕立德树人的根本要求，深入回答了"立什么德，树什么人"的根本问题。核心素养充分反映了新时期经济社会发展对人才培养的新要求，在强调中华优秀传统文化的传承与发展的同时，系统落实社会主义核心价值观的基本要求，具有中国特色。而数字公民素

---

① 林崇德：《中国学生核心素养研究》，载《心理与行为研究》2017年第2期，第145～154页。
② 成尚荣：《核心素养：开启素质教育新阶段》，载《中国教育报》2016年5月18日第9版。

养包含了数字社会的"德",明确地回答了"树什么样的数字公民"的问题,即规定了必备的品格和关键能力,这一点与学者林可倡导的一致。① 可见,在价值取向上,数字公民素养与核心素养是一致的,两者同属价值范畴。②

而在主要内容上,两者有交重,如"数字准入"与"社会责任"、"数字素养"与"信息意识"和"技术运用"、"数字礼仪"与"社会责任"和"国际理解"、"数字健康"与"珍爱生命"等。③ 但两者没有包含关系,例如数字公民素养中的"数字法律""数字权责"在核心素养中没有对应部分。由于当今世界已进入数字时代,数字公民素养水平的高低将直接关乎核心素养培育的成败。即数字时代下核心素养的培育,离不开数字公民素养。

(二) 社会主义核心价值观与数字公民素养

2012 年 11 月,中共十八大报告明确提出"三个倡导",即"倡导富强、民主、文明、和谐,倡导自由、平等、公正、法治,倡导爱国、敬业、诚信、友善,积极培育和践行社会主义核心价值观"。倡导的这 24 个字共同体现了社会主义核心价值体系的根本性质和基本特征,反映了社会主义核心价值体系的丰富内涵和实践要求,是社会主义核心价值体系的高度凝练和集中表达。与核心素养、数字公民素养的价值取向一样,社会主义核心价值观也属于价值范畴。④ 如果说社会主义核心价值观是当代中国精神的集中体现,凝结着全体人民共同的价值追求,那么数字公民素养则是当代数字社会道德规范和行为准则的集中体现,凝结着全体数字公民共同的价值追求。而在内容上,数字公民素养与社会主义核心价值观也有部分交重⑤,如"数字准入"与"平等"、"数字礼仪"与"文明""平等""友善"等。但两者也没有包含关系,例如数字公民素养中的"数字素养""数字健康""数字安全"

---

① 林可:《超越技术素养的公民品格建构——国际数字公民教育经验及其对我国德育变革的启示》,载《教育学报》2023 年第 2 期,第 29～43 页。

② 郑云翔,钟金萍,黄柳慧,等:《数字公民素养的理论基础与培养体系》,载《中国电化教育》2020 年第 5 期,第 70 页。

③ 郑云翔,钟金萍,黄柳慧,等:《数字公民素养的理论基础与培养体系》,载《中国电化教育》2020 年第 5 期,第 70 页。

④ 郑云翔,钟金萍,黄柳慧,等:《数字公民素养的理论基础与培养体系》,载《中国电化教育》2020 年第 5 期,第 70 页。

⑤ 郑云翔,钟金萍,黄柳慧,等:《数字公民素养的理论基础与培养体系》,载《中国电化教育》2020 年第 5 期,第 70 页。

等在社会主义核心价值观中没有对应部分。实际上，数字公民素养的提出是对社会主义核心价值观部分内容的具体化和细化。社会主义核心价值观的培养和落实，可以通过数字公民素养这一桥梁，转化为教育教学可运用的、教育工作者易于理解的具体要求，进而贯彻到相应学段给予实施。

（三）媒介素养（媒体素养）与数字公民素养

媒介素养，通俗地说，就是使用媒介的能力。陆中恺认为，媒介素养是传统的个人素养能力在信息时代的延伸，包括对不同形式媒体信息的收集、辨析、解读、传播、使用的能力，还包括自媒体时代原创信息的撰写、编辑、发布、策划的能力。[1] 黄永宜指出，网络媒介素养是指人们了解、分析、评估网络媒介和利用网络媒介获取、创造信息的能力。[2] 它不仅包括对网络知识的基本了解和使用网络获取信息的能力，还包括对网络信息价值的认知能力、判断能力和筛选能力，对各种网络信息的解构能力，对网络世界虚幻性的认知能力，建立网络伦理观念的能力，网络交往的能力以及认识网络双重性影响的能力等。张学波等通过对国内外媒体素养教育具体目标的解读，指出青少年媒体素养教育的目的在于培养青少年明智理性地辨识大众媒体，使其能利用、分析、评价各种媒体讯息，产制文本，运用媒体进行交流与表达，从而促进青少年的思想道德建设与批判性思维的养成。[3] 明显，无论是媒介素养、媒体素养还是网络媒介素养，都包含在数字公民素养中，主要对应"数字通信""数字素养"和"数字礼仪"等相关内容（"对应"只是部分关联，并非"完全等价"之意，下同）。[4]

（四）网络素养与数字公民素养

早在1994年，美国学者麦克库劳（C. R. McClure）就提出了网络素养

---

[1] 陆中恺：《网络公民的媒介素养教育》，杭州，浙江工商大学出版社2017年版。
[2] 黄永宜：《浅论大学生的网络媒介素养教育》，载《新闻界》2007年第3期，第38～39页。
[3] 张学波，铁海玉：《媒体素养教育目的之解读》，载《华南师范大学学报（社会科学版）》2009年第1期，第114～116页。
[4] 郑云翔，钟金萍，黄柳慧，等：《数字公民素养的理论基础与培养体系》，载《中国电化教育》2020年第5期，第70页。

（Network Literacy）的概念，认为网络素养包括知识和技能两个方面。[①] 根据百度百科的定义，网络素养是指网络使用者应具备的网络素质及应遵守的道德规范。在媒介教育研究领域，网络素养指的是网络用户正确使用和有效利用网络的一种能力，它是在与网络的接触与交往中所习得的技巧或能力。它是个体在现代社会所必须学习和具备的一种能力，或者说是现代人信息化生存的必备能力。[②] 学者陈华明等认为网络素养包括：了解计算机和网络的基本知识，对计算机、网络及其使用有相应的管理能力；具有发现和处理信息的能力；具有创造和传播信息的能力；在网上具有保护自己安全的能力；能够发现并利用网上有利于自己成长的信息或功能，有效地利用网络促进个人发展。[③] 贝静红认为，"网络素养是指网络用户在了解网络知识的基础上，正确使用和有效利用网络，理性地使用网络信息为个人发展服务的一种综合能力。它包括对网络媒介的认知、对网络信息的批判反应、对网络接触行为的自我管理、利用网络发展自我的意识，以及网络安全意识和网络道德素养等各个方面。"[④] 耿益群等认为，"网络素养是指人们依据当前自身和社会发展的需要在网络上获取特定的信息并加以处理、评估、利用、创造以协助个体解决相关问题和提升人类生活品质的能力。"[⑤]

根据上述对网络素养的界定可以明显看出，网络素养包含在数字公民素养中[⑥]，主要对应"数字通信""数字素养""数字礼仪"和"数字安全"等相关内容。实际上，网络只是技术的一种，因此网络素养中并不包含除网络以外的技术使用素养。例如，"集会中手机响铃不停"给他人带来干扰，违背了数字公民素养中的"数字礼仪"（要尊重他人，学会礼貌和有效地使用技术）。这个例子仅仅是对数字技术的误用，因为其无法与网络素养关联

[①] McClure, C. R. "Network Literacy: A Role for Libraries?" *Information Technology and Libraries*, 1994, 13 (2), p.115.

[②] 陈华明，杨旭明：《信息时代青少年的网络素养教育》，载《新闻界》2004 年第 4 期，第 32～33、73 页。

[③] 陈华明，杨旭明：《信息时代青少年的网络素养教育》，载《新闻界》2004 年第 4 期，第 32～33、73 页。

[④] 贝静红：《大学生网络素养实证研究》，载《中国青年研究》2006 年第 2 期，第 17 页。

[⑤] 耿益群，阮艳：《我国网络素养研究现状及特点分析》，载《现代传播》2013 年第 1 期，第 123 页。

[⑥] 郑云翔，钟金萍，黄柳慧，等：《数字公民素养的理论基础与培养体系》，载《中国电化教育》2020 年第 5 期，第 70 页。

起来。可见，网络素养没有涉及数字公民素养的部分内容，后者的范畴比前者的要大。

(五) 信息素养与数字公民素养

信息素养最早由美国信息产业协会主席保罗·车可斯基于1974年提出，他认为信息素养是利用大量的信息工具及主要信息源使问题得到解决的技术和技能。1989年，美国图书馆学会提出，信息素养包括文化素养、信息意识和信息技能三个层面，即能够判断什么时候需要信息，并且懂得如何获取信息，如何评价和有效利用所需的信息。2011年国内学者张倩苇提出，"信息素养不仅包括利用信息工具和信息资源的能力，还包括获取识别信息、加工处理信息、传递创造信息的能力，更重要的是具有独立自主学习的态度和方法、批判精神以及强烈的社会责任感和参与意识，并将它们用于实际问题的解决和进行创新性思维的综合的信息能力。"① 这是国内被引用最多、较为公认的定义。从这些定义可以看出，信息素养包含在数字公民素养中，主要对应"数字通信""数字素养""数字礼仪"和"数字权责"等相关内容。

(六) 技术素养与数字公民素养

美国中小学科学技术教育学科标准《技术素养标准：技术学习的内容》*Standards for Technological Literacy*: Content for the Study of Technology 对技术素养所做的定义是使用、管理、评价和理解技术的能力。美国专家小组"技术素养委员会"在"*Technically Speaking*: *Why All Americans Need Know More About Technology*"报告中提出，技术知识、技术能力和技术思考与行为的方式是技术素养的三个重要维度。② 吴倩等认为，"技术素养是个体在技术情境中表现出的相对稳定的内质，也是个体在技术实践中可迁移的心理特征，具体表现为一定的技术知识、技术能力和技术态度，其形成的前提是技术文化

---

① 张倩苇：《信息素养与信息素养教育》，载《电化教育研究》2001年第2期，第10页。

② 美国技术素养委员会：《从技术上讲：为什么所有美国人都需要更多地了解技术》，北京，科学技术出版社2002年版。

的浸润，以及必要的技能训练与技术实践。"① 冯雯雯等指出，"技术素养是一个动态的概念，主要是指个体在技术方面所具有的较为稳定的内在品质与修养。""技术素养体现了个体对技术相关知识和方法的掌握、运用及评价技术的总体水平，它的内涵包括对技术的基本知识和基本技能的掌握、运用技术解决问题的能力以及对技术的情感、态度和社会责任的理解。"② 从这些定义可以看出，与信息素养类似，技术素养包含在数字公民素养中，主要对应"数字通信""数字素养""数字权责"等相关内容。

（七）数字智商与数字公民素养

"数字智商"（digital intelligence quotient，DQ）一词最早出自数字智商研究所（DQ Institute）的报告③，它指的是个人数字能力的商数，是衡量个人数字能力的标准。DQ Institute 是一个多方联盟的国际智库，包括美国国际教育技术协会、联合国教科文组织、微软等 20 余个组织，主要致力于从教育、文化和政策上推动数字生态系统的发展。随着人工智能和大数据技术的发展，仅掌握信息素养、数字素养所要求的能力，已不足以让数字公民应对当代社会的变化。数字智商的提出，带来了一套全面的数字时代数字公民能力要求体系，这将有力地帮助数字公民学会建构自身数字公民身份，掌握各种应对网络风险的能力。正如 DQ Institute 最新的《2019 年 DQ 全球标准报告》中提到的④，19 世纪的第二次工业革命带来了智商（intelligence quotient，IQ）概念，20 世纪的第三次工业革命带来了情商（emotional quotient，EQ）概念，而 21 世纪的第四次工业革命则带来了数字智商（digital quotient，DQ）概念——这是一套全面的数字能力，植根于普遍的道德价值观，供个体使用、控制和创造技术以推进人类进步。数字智商是对信息素养、数字素养的深化与延续，是一种在数字时代对个人数字能力评价的工具，是指导数字公民提升数字能力、规避网络风险的行动指南。

---

① 吴倩，程宜康：《技术素养：中国制造 2025 背景下的高职人才培养质量思考》，载《职教论坛》2016 年第 6 期，第 12 页。

② 冯雯雯，等：《技术素养：一个值得关注的高等技术教育领域的问题》，载《职教论坛》2011 年第 34 期，第 38 页。

③ DQ Institute. "DQ Impact Report—Outsmart the Cyber-Pandemic". (https://www.dqinstitute.org/2018DQ_Impact_Report/)

④ DQ Institute. "DQ Global Standards Report". (https://www.dqinstitute.org/wp-content/uploads/2019/03/DQGlobalStandardsReport2019.pdf)

根据《2019年DQ全球标准报告》，数字智商包括三个核心组成部分：数字公民身份/数字公民素养（digital citizenship，负责任地使用数字工具）、数字创造力（digital creativity，利用数字工具创造想法并变为现实）和数字竞争力（digital competitiveness，解决全球化挑战并创造机遇）[①]。数字智商可作为衡量人们在数字生活中的技能、智力和社会能力的标准。本书提及的数字公民素养，正是数字智商中的三大核心成分之一。可见，数字公民素养包含在数字智商中。实际上，数字公民素养是数字智商的关键要素：根据数字智商的框架结构，数字公民素养是第一级，是拥有数字智商的基础和奠基石，下一级进阶到数字创造力，最后一级是数字竞争力。换句话说，只有具备合格数字公民身份，能安全、合法、符合道德规范地使用技术，才谈得上用这些技术不断创新，为人类谋幸福、创造更多财富，最后在日益激烈的国际竞争中取得优势，更好地生存与发展，这就是数字智商的完美体现。否则，使用技术的个人只会滥用、错用、误用、盗用信息技术，从而危害人类。

可见，数字公民素养的独特性表现在其范畴和目标定位上，它主要从意识、品格、能力和行为等方面全方位给出公民的数字化生存与发展所需遵守的道德规范与行为准则，与数字社会的潜在风险和隐患直接相关。这与已有同类概念都有所区别，具有独特性。

二、数字公民素养的不可替代性

网络欺凌、社交媒体成瘾等社会问题的产生，本质上是由于人们缺乏保护自我和保护他人的意识、缺乏如何正确使用技术的知识、缺乏正确使用技术的技能，因此在日常工作和生活中随心所欲地使用技术，有时候给他人、社会带来危害也浑然不知。概括起来，就是不恰当、不安全、不合道德地使用技术。为了探讨上述这些素养在解决数字社会潜在风险和隐患中的可行性和胜任度，本节对当前数字社会中存在的风险和隐患（见表3-1）进行审视，以A（非常适合）、B（一般适合）、C（不适合）三个等级来标记某一素养是否适合作为某风险/隐患的解决方案，如表3-2所示。

[①] DQ Institute. "DQ Global Standards Report". (https://www.dqinstitute.org/wp-content/uploads/2019/03/DQGlobalStandardsReport2019.pdf)

表3-2 数字社会潜在风险和隐患的应对方案对比①

潜在风险/隐患	欧盟核心素养	中国学生核心素养	社会主义核心价值观	信息素养	媒介素养	数字素养	数字公民素养
数字欺骗	B	B⁻	B	B⁺	C	B⁺	A
数字暴力	B⁺	B⁻	B	B	B	B⁺	A
数字成瘾	B	B⁺	C	C	C	C	A
安全相关	B	B	B⁻	B⁺	C	A	A
版权相关	B⁺	B	B⁻	B⁺	B	B	A

说明：数字公民素养中的数字公民身份认同与管理、数字情感与价值观、数字素养和数字商务有助于应对"数字欺骗"风险/隐患，故评级为 A；数字公民身份认同与管理、数字情感与价值观、数字素养、数字接入、数字参与和数字交往与协作有助于应对"数字暴力"风险/隐患，故评级为 A；数字意识和数字健康有助于应对"数字成瘾"风险/隐患，故评级为 A；数字情感与价值观、数字素养和数字安全有助于应对"安全相关"风险/隐患，故评级为 A；数字意识、数字素养和数字权责与法律有助于应对"版权相关"风险/隐患，故评级为 A。

通过分析表3-1和表3-2，结合数字公民素养的概念、主要内容、内涵与外延可以看出，数字公民素养直击数字社会的失范行为，直接且全面回应当前数字社会存在的各种问题，具有有效解决这些问题的天然优势。② 这些对儿童和青少年而言至关重要，且无法通过提升其他素养来完整代替。换句话说，如果不提出数字公民素养，则无论是提升中国学生核心素养，还是提升信息素养等，都无法彻底规避表3-1中的潜在风险与隐患，都必须辅以其他手段。这样一来，就缺少一个有针对性的方案来应对，要解决上述问题就会变得非常棘手。因此，数字公民素养是无可替代的，对表3-1中的潜在风险与隐患具有极强的针对性。从实践的角度看，国内外的现有案例和

---

① 郑云翔，钟金萍，黄柳慧，等：《数字公民素养的理论基础与培养体系》，载《中国电化教育》2020年第5期，第70页。

② 郑云翔，钟金萍，黄柳慧，等：《数字公民素养的理论基础与培养体系》，载《中国电化教育》2020年第5期，第70页。

项目①也充分证明了数字公民素养高,则这些风险或隐患的出现频率低;反之则容易出现各种网络失范行为,带来各种隐患。这便是数字公民素养的不可替代性。

第三节 提升数字公民素养的必要性

从上述数字公民素养的独特性与不可替代性可以看出,提出并倡导数字公民素养是十分有必要的。下面再从国家政策的需要、社会的需要、教育变革的需要、人的全面发展的需要,以及健康网络文化和网络文明的需要这几个角度论述提升数字公民素养的必要性。

(一)响应国家政策的需要

2010年7月,中共中央、国务院印发了《国家中长期教育改革和发展规划纲要(2010—2020年)》(以下简称《教育规划纲要》),明确指出"全面提高国民素质""立德树人""培养社会主义合格公民"。2012年3月,教育部印发的《教育信息化十年发展规划(2011—2020年)》明确了教育信息化的方针是"面向未来,育人为本"。2012年11月,胡锦涛在中国共产党第十八次全国代表大会上的报告明确提出,把立德树人作为教育的根本任务。

---

① DQ Institute. "DQ Impact" (Part 2). (https://www.dqinstitute.org/wp-content/uploads/2017/08/DQ-Impact-Report-PART2.pdf); DQ Institute. "DQ Impact Report-Outsmart the Cyber-Pandemic". (https://www.dqinstitute.org/2018DQ_Impact_Report/); Tedeneke A. "Singapore and Australia First to Launch DQ Institute Cyber-risk Reporting System for Children". (https://www.weforum.org/press/2017/09/singapore-and-australia-first-to-launch-dq-institute-cyber-risk-reporting-system-for-children/); Wang, K., Liu, P., Zhang, J., et al. "Effects of Digital Game-Based Learning on Students' Cyber Wellness Literacy, Learning Motivations, and Engagement". *Sustainability*, 2023, 15(7), p.5716.; Lozano-Díaz, A., Fernández-Prados, J. S. "Educating Digital Citizens: An Opportunity to Critical and Activist Perspective of Sustainable Development Goals". *Sustainability*, *Multidisciplinary Digital Publishing Institute*, 2020, 12(18), p.7260.; Alazemi, A., Sa'di, I., al-jamal, D. "Effects of Digital Citizenship on EFL Students' Success in Writing". *International Journal of Learning, Teaching and Educational Research*, 2019, 18, pp.120-140; Tapingkae, P., Panjaburee, P., Hwang, G. J., et al. "Effects of a Formative Assessment-based Contextual Gaming Approach on Students' Digital Citizenship Behaviors, Learning Motivations, and Perceptions". *Computers & Education*, 2020, 159, p.103998.

2016年6月，教育部印发了《教育信息化"十三五"规划》，强调"稳步推进教育信息化各项工作，更好地服务立德树人""更好地促进学生的全面发展"。2017年10月，习近平在中国共产党第十九次全国代表大会上的报告中首次提出："中国特色社会主义进入了新时代"，强调"不断促进人的全面发展""落实立德树人根本任务，发展素质教育，推进教育公平，培养德智体美全面发展的社会主义建设者和接班人"。2017年10月，教育部印发《中小学综合实践活动课程指导纲要》，明确综合实践"课程目标以培养学生综合素质为导向""着力发展核心素养"。2018年4月，教育部发布《教育信息化2.0行动计划》，将"信息素养全面提升行动"列为教育信息化2.0的八大行动之一，并提出要"充分认识提升信息素养对于落实立德树人目标、培养创新人才的重要作用"。2019年10月，中共中央、国务院印发了《新时代公民道德建设实施纲要》，指出"以正确舆论营造良好道德环境""抓好网络空间道德建设""培养文明自律网络行为"。2021年11月，中央网信办发布《提升全民数字素养与技能行动纲要》（以下简称《行动纲要》），指出"提升全民数字素养与技能，是顺应数字时代要求，提升国民素质、促进人的全面发展的战略任务""也是弥合数字鸿沟、促进共同富裕的关键举措"①。这一系列政策和文件都体现了国家极度重视对新时代人才培养的战略部署，把立德树人提升到前所未有的高度，同时首次把网络空间道德建设作为新时代下公民道德建设的核心内容，把数字素养与技能提升到共同富裕的高度，无疑具有重要的现实意义和深远的历史意义。在新时代下如何通过教育信息化和教育现代化培养全面发展的人、实现立德树人根本任务，成为党和国家必须从理论和实践结合上系统回答的一个重大时代课题。

如前所述，核心素养着眼于培养全面发展的人，深入回答了"立什么德，树什么人"的根本问题。数字公民素养则包含了数字社会的"德"，明确地回答了"树什么样的数字公民"的问题，与核心素养在价值取向上是一致的。信息时代下核心素养的培育，离不开数字公民素养的提升。数字公民素养应该是核心素养的重中之重，毕竟如今人们已经离不开网络、手机，无论是工作、学习还是生活。案例研究经验告诉我们，数字公民素养的缺失已经成为阻碍核心素养发展、公民道德（特别是网络道德）塑造、健康网络文化形成的最大因素。因此，为了满足国家人才培养战略的需要，为了响应国家"立德树人"的政策方针，为了培养网络时代的合格数字公民（这样才

---

① 中央网络安全和信息化委员会：《提升全民数字素养与技能行动纲要》（http://www.cac.gov.cn/2021 – 11/05/c_1637708867754305.htm）。

能进一步成为合格公民），必须实施数字公民教育，培养并提升国民的数字公民素养。

（二）社会的需要

信息技术进入各领域、各行业后，丰富了人们的生活、工作的同时，也改变了这些要素相互之间的关系。信息技术为培养和提高人的综合素质提供了新的手段，拓展了教育教学的时空场景，使新时代下的"德智体美劳"内涵发生了深刻变化，更重要的是改变了人与人、人与社会的关系。在现实世界里，已有相对完整的法律规章、道德规范和行为准则约束着人们的言行。然而在数字世界里，相关规范和准则尚处于萌芽状态，有待探索和完善。近年来，滥用、错用、乱用信息技术的现象时有发生，产生了一系列社会问题（典型例子：利用网络实施诈骗、滥用黑客技术窃取国家机密等），给人们的生活带来了极大的隐患，甚至威胁到生命（如绪论中提到的真实案例）。可以看出，一个人一旦缺乏数字公民素养，轻则精神涣散、情绪怠惰，重则自杀逃避、家破人亡，给家庭造成难以承受之痛。由于网络传播的开放性、匿名性和即时性，谣言可能被放大，真相可能被扭曲，网民所谓的"道德审判"和侮辱谩骂都具有极强的杀伤力和摧毁力，严重影响社会公众的身心健康，从而给社会带来灾难。更重要的是，上述案例很可能只是冰山一角，真实情况可能远比新闻报道、调查统计更严重！这不禁引起人们对信息时代的道德观与价值观，以及综合素质、核心素养的深刻反思——实际上，与这些社会危害密切相关的是数字公民素养（目前这一领域的相关理论与知识尚未普及），即这些问题背后的原因正是数字公民素养以及相关教育引导的缺失。以网络诈骗案为例，其既与数字公民教育九大成分中的"数字商务"直接相关，也涉及"数字安全""数字法律"等相关内容。不容置疑，这一问题不解决，核心素养的培育很可能就是一句空话，因为现实世界中表现为"乖孩子"的人可能正是数字世界里的魔鬼，最终可能贻害社会。可见，数字公民教育的缺失导致了很多不良影响与负面的社会效应，不利于社会安全与稳定。

由于当前学校教育的对象是伴随着网络的发展而成长起来的一代新人，他们生活在一个被电脑、手机、互联网等数字技术包围的环境中，利用信息技术进行信息传播、交流、学习和工作，这些人被马克·普伦斯基（Marc

Prensky）称为"数字原住民"①。在可见的未来，随着网络、智能设备的继续普及，世界人口不断攀升，大量数字原住民将不断出现，上述社会问题还会进一步加剧，必将给社会带来难以承受之痛。因此，数字公民教育的重要性正日益凸显出来，不但成为全球关注的焦点，也成为当今世界信息化教育体系中极为关键的基础组成部分②。数字社会在呼唤公民道德、责任意识的觉醒，对数字公民素养及其教育的系统研究，已是迫在眉睫、刻不容缓，更不容忽视。

（三）教育变革的需要

时代变迁，技术扩展，引发了信息时代下的教育变革。20 世纪末互联网的建立与计算机的普及让信息成为人类可利用的新资源，随着第三代生产工具（即智能工具）的诞生，生产力达到了前所未有的高度，人类社会进入了一个新的文明时代——信息时代。在这个时代下，新技术层出不穷、无缝扩散，为人类的生活、生产提供了极大的便利和可靠的保障。如今，技术已经与学习、工作和生活等融为一体，成为人类赖以生存和发展的一部分。信息技术已经在全球范围内演变成一场产业革命，它对人类社会变革、经济发展和文明进步产生着深刻影响。当前，各主要大国都把科技作为战略博弈的核心，全球科技竞争堪称残酷，激烈程度前所未有。当今世界，正面临百年未有之大变局。受科技推动，人类社会的生产、生活、创造、治理，以及人类自身、人与自然的关系等都处在重大变革的"前夜"。未来的竞争，一定是科技和人才的竞争。时代呼唤着具有国际竞争力的创新型高端人才，教育作为社会的重要组成部分，不可避免地受到科学技术的重大影响。实际上，信息技术在教育领域中的应用已经引发并将继续推动全球范围内的教育变革：信息技术正在将教育的空间拓展到第三空间（虚拟世界），将教育的时间延长到最长（终身学习），使教育的规模得到空前的扩大与发展。不仅如此，它还使信息的表征形式不断丰富，并通过改变人类活动的主体结构、参与方式及社会角色，引发学习方式、认知方式、教育关系及教育生态的深刻改变。可以预见，信息技术必将导致包括教学模式、教学内容、教学方法和教

---

① Prensky, M. "Digital Natives, Digital Immigrants". *On the Horizon*, 2001, 9 (5), pp. 1 – 6.

② 杨浩，徐娟，郑旭东：《信息时代的数字公民教育》，载《中国电化教育》2016 年第 1 期，第 9 ～ 16 页。

学手段的深刻变革，并最终导致教育思想、教学观念乃至整个教育体制的全面变革。这场变革将彻底改变千百年来以教师讲授和灌输等为主要特征的标准化传统教育教学模式，并使学校教育与家庭教育、社会教育融为一体，实现教育资源的均衡合理化配置，培育出能适应21世纪信息化社会的创新型人才，最终实现教育现代化。

在2015年9月举行的联合国发展峰会上，世界各国首脑共同见证和通过了具有划时代意义的《2030年可持续发展议程》，提出了"确保包容、公平的优质教育，促进全民享有终身学习机会"的教育目标。同年11月，以实现教育是人类的基本权利为基本原则，联合国教科文组织又通过了《教育2030行动框架》，提出了进一步推进全球教育发展的七大目标和行动举措，勾勒出全球教育的未来蓝图。2017年，时任总理李克强在第十二届全国人民代表大会第五次会议上做《政府工作报告》，提出"制定实施《中国教育现代化2030》"。2022年全国教育工作会议明确提出要"实施教育数字化战略行动"，推动实现教育数字化转型，在促进"十四五"时期中国教育事业的高质量发展中具有基础性、全局性和先导性的地位。这一系列政策、框架文件的出台，拉开了这场浩浩荡荡的教育变革的序幕，标志着改革、发展与创新已经成为全球教育的大方向、大趋势，将推动教育的时代转型。

然而，这场教育变革不仅仅是为了培养高科技知识型人才，更重要的是培养具有健全人格的、全面发展的国际型人才——这是教育的根本目的与归宿。正如《教育规划纲要》所提到的，教育是提高国民素质、促进人的全面发展的根本途径。教育现代化的根本目的是促进人的现代化，促进人的全面、自由、个性发展。因此，当今教育变革的最终目的，必然是促进人的全面发展、提高人的综合素质。在"互联网+"的智能信息时代，如何充分利用信息技术手段，全方位、各感官、多途径培养和提高人的综合素质，促进人的全面发展，让"德智体美劳"在新时代下被赋予更新、更全面的内涵，促进人的现代化，是当前教育变革和教育现代化需要着重解决的核心问题。"以人为本"是科学发展观的核心，"人的自由而全面发展"是马克思主义经典作家对未来社会的期许。未来的教育，是更加人本的教育，既关注人的心灵和幸福感，也关注人的品德与人格；是更加全面的教育，既关注人的知识水平、道德修养，也关注人的各种能力，即综合素质的提高。显而易见，只有掌握了"数字礼仪""数字权责"和"数字通信"，才能实现"社会责任"和"国际理解"，才能与国际接轨，培养出具有国际竞争力的高端人才。要实现这样的教育，必须以时代变迁对人才的新需求为导向，以信息技术为人才培养的手段和环境；必须在网络时代的教育变革中落实立德树人根本任务，培养具有健全人格的、全面发展的人；必须坚持把促进人的全面发展、适应社会需要作为衡量教育质量的根本标准；必须坚持德才兼备、以德为先，以国际竞争型人才为标准落实各级各类教育（如常规的学科教育、职业教育、终身教育、数字公民教育等）。

作为人的全面发展的必备素质，作为教育变革不可缺少的重要组成部分，作为国际竞争型人才培养必不可少的核心要素，数字公民素养及其教育关系到网络时代下教育变革的目标能否完美实现，关系到信息技术（特别是智能技术）能否作为造福人类的工具被应用于改善生活，关系到这场浩浩荡荡的全球教育转型能否适应时代的变化，培养出高智商、高情商、高数字智商的、具有国际竞争力的新时代人才。只有认清形势、开拓进取、快马加鞭，才能适应改革的需要，紧跟国际潮流，追赶时代步伐。

（四）人的全面发展的需要

什么是"全面发展"的人？随着时代的变迁和社会的发展，其内涵也在逐渐发生变化。著名心理学家、北京师范大学林崇德受教育部委托，立足国情，结合时代特点，根据学生的成长规律和社会对人才的需求，把对学生德智体美全面发展总体要求和社会主义核心价值观的有关内容具体化、细化，明确了学生应具备的适应终身发展和社会发展需要的必备品格和关键能力，通过构建学生发展核心素养体系，提出了中国学生发展核心素养，包括三个方面和六大素养，具体细化为 18 个基本要点①。核心素养的提出，正是贯彻落实时代变迁下教育变革与创新发展对人才培养质量的迫切需要，是党的教育方针的具体化，是连接宏观教育理念、培养目标与具体教育教学实践的中间环节，引领课程改革和育人模式变革，对学生的发展具有根源性和支撑性的作用，是学生发展、人才培养之根基②。它深入剖析了什么是具有健全人格的、全面发展的人，这是教育的根本目的与归宿。

数字时代下人的全面发展，离不开数字公民素养的提升。在核心素养 18 个基本要点中，信息意识、珍爱生命、健全人格、自我管理、社会责任、国际理解、技术运用 7 个要点与数字公民素养密切相关——在数字时代下，核

---

① 林崇德：《中国学生核心素养研究》，载《心理与行为研究》2017 年第 2 期，第 145～154 页。

② 成尚荣：《核心素养：开启素质教育新阶段》，载《中国教育报》2016 年 5 月 18 日第 9 版。

心素养中的这些内容，必须要考虑当前人们同时处于现实社会和数字社会这一客观事实，认清楚当前人们受两个社会相关规范和准则的制约，因此在培养学生终身受用的必备品格和关键能力时，必须兼顾这两个社会各自的特点和要求，做到有的放矢。换句话说，某些传统意义上的品格和能力，无法直接匹配、完全适应数字社会的要求。以健全人格为例，仅靠传统的思想政治教育，无法完全实现真正的人格健全：现实社会中的"乖孩子"（善良勇敢、乐观开朗、知书达理），有可能躲在数字世界的某个暗处展露其不好的另一面（自闭胆小、恶意造谣中伤、横行霸道）。这并非罕见，毕竟传统的公民教育、思想政治教育、道德教育等均没有系统介绍"如何正确使用技术"。可见，要培养网络时代的合格公民，使其能批判性地思考、安全地行动、负责任地运用技术参与到数字社会生活之中，不能仅靠传统的公民教育，还必须与数字公民教育相结合。两手都要抓，两手都要硬，从整体上完整把握核心素养的内涵，才能真正实现立德树人的根本目标。否则可能事倍功半，培养出人格分裂的"双面人"。也就是说，要在核心素养培育的理论与实践中落实数字公民素养的培养，把数字公民素养相关内容纳入核心素养的培养内容和评价指标中，不能脱离数字公民素养去谈核心素养。与核心素养、社会主义核心价值观一样，数字公民素养也属于价值范畴，其水平的高低直接关乎核心素养培育之成败。

时代变迁、技术扩散对人的品格、能力的培养提出了新要求，这些要求与数字公民如何在虚拟世界谋求自我生存、发展并与他人平等、和谐相处息息相关，而这正是数字公民教育所要解决的核心问题。也正因为如此，《提升全民数字素养与技能行动纲要》提出了要培养具有数字意识、计算思维、终身学习能力和社会责任感的数字公民[1]。未来的竞争是科技的竞争，更是人才的竞争。这里的人才，不仅是指掌握了高科技或创新能力强的人才，更是指会灵活运用技术造福人类、全面发展的人才，具有高素养和高技能。要培养这种人才，光靠传统学校教育、鼓励科研创新等还不够，还需要学习和践行数字公民教育，使其成为合格的数字公民。否则将会是人类的灾难——掌握了高精尖技术的人才，却变成黑客高手或破坏人类和平的恶魔！可见，数字公民素养是核心素养相关内容在数字时代的拓展和延伸，离开数字公民素养去谈核心素养，是不准确的、与实际脱节的，且没有生命力。在数字时代，如果缺乏数字公民素养，就不可能实现完整的核心素养，也不可能实现人的全面发展。

---

[1] 中央网络安全和信息化委员会：《提升全民数字素养与技能行动纲要》（http://www.cac.gov.cn/2021-11/05/c_1637708867754305.htm）。

(五) 健康网络文化和网络文明的需要

网络改变了人们的信息获取方式，每个普通人既是信息的传播者，也是信息的创造者。网络的非中心化使得每一个节点都是对等的，大家都有自由表达的空间和通道，打破了过去由专门媒体机构独占话语权的局面。由于参与者规模庞大（中国互联网络信息中心第 51 次《中国互联网络发展状况统计报告》①显示，仅中国手机网民规模就已达到 10.65 亿），个体微不足道的交流汇聚起来便成为汹涌的信息洪流。网络舆论与网络文化就是在这样的大背景下，不断由个体需求（原动力）、群体互动（助推力）、挑战主流（现实路径），以及技术、经济和政治（外部动力）这些动力要素及其组合运动所形成的。②这是网络文化所独有的形成机制，相比传统文化更具有前所未有的传播力、影响力和渗透力。

与核心素养、社会主义核心价值观一样，数字公民素养也属于价值范畴，其水平的高低直接关乎社会主义精神文明建设乃至人类文明建设之成败。因为数字公民素养的缺失将给网络文化和网络文明带来严重的负面影响。试想一下，倘若个体可以不负责任地使用技术，在网络上肆意妄为、处处挑起争端，且不明真相的群众推波助澜、群起攻之，网络谣言就会迅速被放大，真相可能被扭曲或淹没在你来我往、针锋相对的"比特洪流"中，极易引发各种网络暴力、网络欺凌、网络犯罪等。长此以往，将会产生畸形、不健康的网络氛围，形成粗暴、低俗、混乱和蛮横的网络文化，进而腐蚀原本健康的网络意识形态，影响人们的世界观、人生观和价值观，阻碍网络精神文明建设，最终给人类文明带来负面的冲击。

作为人类文明的一部分，网络文明是人类网络社会生活的进步状态，它表现为人们在使用网络过程中所体现出来的一种积极健康的生活方式、高尚的思想品德修养、崇尚伦理和法制的理性精神，以及网络空间的一套健全的社会性规范、准则和正确的价值观体系。③然而，由于人们对技术的使用不

---

① 中国互联网络信息中心：第 51 次《中国互联网络发展状况统计报告》（https://cnnic.cn/n4/2023/0302/c199-10755.html）。

② 惠志斌：《网络文化的形成、传播与安全研究》，载《中国信息安全》2015 年第 4 期，第 39~42 页。

③ 高菊：《论和谐社会的网络文明》，载《社会主义研究》2007 年第 1 期，第 106~109 页。

文明、不规范,使得由各种技术(特别是网络技术)创造出来的成果变得不文明。一旦形成恶性循环,则伴随着技术进步纷至沓来的不是更高层次的网络文明,而是网络空间中随处可见的失序状态和不文明乱象。在这样的环境下所形成的网络文化,不可能是先进的、积极的、正面的,而这样的网络文化所折射出来的网络文明,也不可能是健康的。可见,数字公民素养的培育对健康网络文化和网络文明的形成具有举足轻重的作用:素养高,则文化优,文明兴;素养低,则文化劣,文明亡。信息技术是一把双刃剑,只有去弊兴利才能充分发挥其对人类文明的积极作用。如何才能去弊兴利,建设健康网络文化和网络文明?数字公民教育为我们提供了答案:提升数字公民素养,培养合格的数字公民。

第四节 提升数字公民素养的重要性

(一)在数字时代,核心素养的培育离不开数字公民素养

核心素养18个基本要点中的信息意识、珍爱生命、健全人格、自我管理、社会责任、国际理解、技术运用均与数字公民素养密切相关,数字公民素养水平的高低直接关乎核心素养培育之成败。很难想象,一个长期沉迷网游、作息不规律的人,会是一个合格的数字公民(不满足"数字健康")。更难想象,在他/她身上能体现真正的核心素养(不满足"健康生活")。要培养网络时代的合格公民,不能只靠核心素养,必须与数字公民教育相结合,两手都要抓,两手都要硬,才能真正实现立德树人的根本目标[①]。

(二)数字公民素养缺失带来一系列社会问题,已经且将继续给社会带来难以承受之痛

因为数字公民素养的缺失,人们不懂得如何安全、合法、符合规范地使用信息技术,这才令网络欺凌、网络诈骗等失范行为更加猖獗,给个人、家庭和社会带来不可挽回的损失。随着智能设备的普及和世界人口数量的不断攀升,"数字原住民"将不断增加,这些社会问题还会进一步加剧,给社会

[①] 郑云翔,钟金萍,黄柳慧,等:《数字公民素养的理论基础与培养体系》,载《中国电化教育》2020年第5期,第70页。

带来难以承受之痛。①

（三）数字公民素养对健康网络文化和网络文明的形成具有重要作用

数字公民素养的缺失将给网络文化和网络文明带来严重的负面影响。试想一下，倘若个体不负责任地使用技术，在网络上处处挑起争端，加上不明真相的群众推波助澜，网络谣言就会迅速被放大，真相可能被扭曲或淹没，极易引发各种网络暴力。长此以往，将会产生畸形、不健康的网络氛围，形成粗暴、低俗的网络文化，进而腐蚀原本健康的网络意识形态，影响人们的世界观、人生观、价值观，阻碍网络精神文明建设，最终对人类文明带来负面的冲击。可见，数字公民素养对健康网络文化和网络文明的形成具有重要作用：素养高，则文化优，文明兴；素养低，则文化劣，文明亡②。

（四）数字公民素养是数字智商的首要环节，是人类数字化生存与发展所必不可少的

数字智商（DQ）包括三个核心组成部分：数字公民素养、数字创造力和数字竞争力。DQ 没有以信息素养、数字素养等作为核心，是因为这些无法完整体现人们在数字化生存与发展中必不可少的要素：正确与合法使用技术，公民参与公共事务，与数字公平、数字道德相关联的数字社会责任与担当等。数字公民素养是 DQ 的核心和首要环节：只有具备了数字公民素养，才能进阶到数字创造力，进而拥有强大的数字竞争力，③ 这是数字时代、"互联网+"时代、智能时代对人的生存与发展提出的新挑战。可见，只有提升数字公民素养，才能进一步提升数字智商，才能在这个数字时代更好地生存与发展。

---

① 郑云翔，钟金萍，黄柳慧，等：《数字公民素养的理论基础与培养体系》，载《中国电化教育》2020 年第 5 期，第 70 页。
② 郑云翔，钟金萍，黄柳慧，等：《数字公民素养的理论基础与培养体系》，载《中国电化教育》2020 年第 5 期，第 70 页。
③ 郑云翔，钟金萍，黄柳慧，等：《数字公民素养的理论基础与培养体系》，载《中国电化教育》2020 年第 5 期，第 70 页。

第五节　提升数字公民素养的意义与价值

网络时代下核心素养的培育是一个多维度、多方面的系统工程,其中,数字公民教育是重中之重。同时,数字公民教育又是网络时代下公民教育的延伸与拓展,是技术不断扩散至人们生存与发展各领域所产生的必然诉求。研究并实施数字公民教育,提升数字公民素养,可以培养具有健全人格的、全面发展的数字公民,从而满足立德树人根本任务的需要。提升数字公民素养不仅具有很强的时代性、现实性与迫切性,而且具有重要意义与实践价值,具体而言有以下五点。

(1) 有利于探讨并构建网络时代下数字公民教育的理论体系,为数字公民教育的研究与实践提供理论支撑。

在当前的教育理论与教育创新实践中,不少人对数字公民素养不够重视;对网络时代的技术在教育领域的应用给人的全面发展带来的意义缺乏足够的认识;有关数字公民教育理论体系的建构还处于初级阶段,存在不少误区或困惑。例如,信息技术对人的全面发展有什么影响?在虚拟的数字社会中,公民应该遵守的道德规范和行为准则有哪些?信息技术与核心素养、数字公民素养之间是一种什么样的关系?数字社会和传统社会的道德规范和行为准则有什么区别与联系?数字公民素养与信息素养是不是一回事?数字公民素养和2021年11月发布的"数字素养与技能"是什么关系?

本书探讨了网络时代数字公民教育的基本内涵和价值取向,揭示了数字公民素养与核心素养、社会主义核心价值观、媒介素养等相关概念的内在联系与相互作用机理,构建了网络时代数字公民教育的理论体系。首先,这是国际数字公民教育理论与中国国情和实践相结合产生的理论成果,丰富并扩展了国际数字公民教育的理论体系;其次,作为核心素养在数字社会的重要表现,数字公民素养的提出与理论体系构建可以细化并完善已有的核心素养体系;再次,作为数字社会道德规范与行为准则在数字公民身上的体现,数字公民素养是人的全面发展与信息技术使用相互连接的理论支撑点;最后,在网络时代下探讨数字公民素养的概念、基本内容和价值取向,及其与核心素养、社会主义核心价值观等同类概念的关系等重大理论问题,可为网络时代数字公民教育的研究与实践提供理论支撑和理论解释。

(2) 有利于塑造数字社会道德,规范数字公民的言行,从而促进社会和谐与稳定。

今天的数字公民,很多是伴随互联网成长起来的,其在现实空间和数字空间里用行动诠释着数字化生存的本质。作为数字时代的公民，应该安全、合法并合乎道德地使用数字化信息工具，积极参与社会活动，促进社会发展。然而，由于信息技术突破了原有社会规范和道德约束所依赖的社会基础和生产力基础，开辟了一个全新的伦理规范和道德约束尚不完善的空白地带，即数字社会，让人们有了情绪发泄、欺凌他人等肆意妄为的空间，从而引发了一系列的社会问题，不断冲击着人们的道德底线。尤其是网络这把双刃剑，其去中心化、开放性、匿名性、即时性等特征导致了个体与他人、社会在进行交往时身份与角色的变化，为信息传播和追踪带来了复杂性和不确定性，也因此带来了很多新的矛盾，构成了数字世界的各种冲突和暴力，给社会带来了一系列严重的后果，例如网络欺凌、网络诈骗、网络隐私泄露等。数字公民教育的研究和实施，能极大提升全民的数字公民素养水平，安全、合法、符合道德规范地使用数字技术，同时可以促进数字社会中道德规范和行为准则的构建，使人人自觉遵守道德，从而为数字社会塑造良好道德风尚，约束和规范数字公民的言行，营造安全、健康的数字空间，有效避免滥用、错用、乱用信息技术的现象发生，从而在一定程度上避免社会问题，使社会更安全、和谐和稳定。

（3）有利于在网络时代推进教育公平和教育国际化，深化教育领域综合改革，切实加快教育信息化进程，促进教育现代化。

2013年，《中共中央关于全面深化改革若干重大问题的决定》明确提出了"深化教育领域综合改革"的任务。① 当前，中国教育改革与发展进入了新的历史阶段，教育公平和均衡发展成为重点任务，教育国际化是大势所趋。在这一进程中，通过在时代变迁、技术扩散和教育变革构成的时空场景中探索数字公民教育的理论体系及应用实践，引领数字公民教育创新发展，提升学生的数字公民素养，有利于紧紧抓住教育公平和均衡发这两大主题，深化教育领域综合改革。具体而言，通过注重提高数字公民素养中的数字准入、数字素养，可有效提升核心素养，避免第二层次数字鸿沟（即数字素养鸿沟，指在同等数字接入条件下在信息技术使用等技能层面的差距）② 的加剧，从而真正实现教育公平。此外，通过系统的数字公民教育，培养合格的

---

① 中华人民共和国中央人民政府：《中共中央关于全面深化改革若干重大问题的决定》（http://www.gov.cn/jrzg/2013 - 11/15/content_2528179.htm）。

② 朱莎，杨浩，冯琳：《国际"数字鸿沟"研究的现状、热点及前沿分析——兼论对教育信息化及教育均衡发展的启示》，载《远程教育杂志》2017年第1期，第82～93页。

全球数字公民,即精通社交媒体、关注数字健康和数字安全、注重数字礼仪,同时理解全球不同国家和地区之间的文化差异,具备国际眼光与全球意识,包容和尊重他人的文化的数字公民,有利于顺应世界教育改革发展趋势,大力提升中国教育国际竞争力,实现教育国际化。

数字公民素养是每个公民必备的素养,也是社会的共同责任。作为教育信息化中重要的一环,它是每一位公民的必修课。公民素养水平的高低,不仅是衡量国家整体教育水平的重要指标,同时是影响国家综合实力的重要因素。只有切实提高数字公民素养,才能真正实现技术和教育的与时俱进,才能从根本上促进核心素养的提高,才能真正实现通过信息技术培养适合社会的人才这一教育信息化的终极目标,加快实现教育现代化。

(4) 有利于响应国家"立德树人"的政策方针,培养合格数字公民,从而带动其核心素养的提升,逐步成长为网络时代合格公民,即具有健全人格的全面发展的人。

虽然对人的全面发展的探索与培养有悠久的历史,但是随着时代的变迁和社会的发展,其内涵已经逐渐发生变化,如何在网络时代下培养具有健全人格,且适应现实社会和数字社会的全面发展的人,仍然是一项全新的任务和挑战。当今,人们除了拥有传统社区中的公民身份,还增加了一重数字公民身份,这就要求人们在虚拟空间中运用数字技术学习、工作和生活时需要遵循道德规范和行为准则。以开放、自由为基本特征的数字社会为人们提供了一种不在现场却毫不影响互动的方式,人们可以塑造新的自我,做一些在现实世界中不能做的事。但是这并不意味着数字社会是一个责任缺失的地带,恰恰相反,它更需要数字公民有着超强的道德意识与自觉的责任担当。将数字公民教育放在时代背景下来设计和推进,研究数字公民教育的理论体系和实践应用,有利于响应国家"立德树人"的政策方针。在正式教育和非正式教育中推广数字公民教育,采取多种途径培育具有强烈责任意识的数字公民,使他们具备适应社会发展需要的必备品格和关键能力,从而带动核心素养全面提高,逐步成长为网络时代合格公民(具有健全人格的全面发展的人),有助于实现立德树人的终极目标。

(5) 有利于提高数字公民的道德水准和文明素养,有效推动网络精神文明建设,孕育和谐健康的网络文化氛围和生态,从而形成健康网络文化和网络文明。

当前,数字社会信息泛滥,尤其是网络这一汇聚地,各种未经过处理的信息弥漫在每个角落,滋生了各种冲突、暴力、骚扰或恶搞事件。如不加监管、控制,长期下去将会造成畸形、不健康的网络氛围,形成粗暴、低俗、混乱和蛮横的网络文化，进而腐蚀原本健康的网络意识形态，影响人们的世界观、人生观和价值观，阻碍网络精神文明建设，最终给人类文明带来负面的冲击。由于人们数字公民素养的缺失，对技术的使用不文明、不规范，由各种技术（特别是网络技术）所创造出来的成果也就变得不文明了。一旦形成恶性循环，则伴随着技术进步纷至沓来的不是更高层次的网络文明，而是网络空间中随处可见的失序状态和不文明乱象。在这样的环境下所形成的网络文化，不可能是先进的、积极的、正面的，而这样的网络文化所折射出来的网络文明，也不可能是健康的。纷繁复杂、绚丽多彩的数字世界必然需要"导德齐礼"，通过对全民实施数字公民教育，让学习者理解数字社会的道德规范是什么、有哪些行为准则，并在实践中落实这些行为，能安全、合法、符合道德规范地使用数字化信息和工具。充分发挥数字公民教育对新时代立德树人根本任务的引领作用，有利于提升数字公民素养，提高数字公民的道德水准，净化网络环境，使网络空间清朗起来。可见，培养合格的数字公民，有利于去弊兴利，充分发挥信息技术对人类文明的积极作用，充分发挥数字公民素养对健康网络文化和网络文明形成的重要作用，有效推动网络精神文明建设，孕育和谐健康的网络文化氛围和生态，从而形成优质健康的网络文化和兴旺发达的网络文明，构建和谐稳定、文明民主的现实社会和数字社会。

实践编

第四章　如何培养数字公民素养

第一节　现状与问题

2007年，美国政府启动了"数字公民教育"标准化建设，明确了数字公民教育的核心内容，为数字公民教育提供了清晰可靠的依据。随即，世界各国围绕数字世界中公民的行为、数字公民及数字公民素养的内涵、数字公民的培育等问题，展开了积极的探索和实践。2011年，联合国教科文组织启动了"数字公民培育项目"，呼吁世界各国重视数字时代的公民素养教育。近年来，国际组织和部分发达国家的专业机构和教育部门致力于持续推动数字公民素养教育，如联合国教科文组织、欧洲委员会、美国国际教育技术协会、加拿大数字与媒体素养中心、澳大利亚新南威尔士州教育局、新加坡教育部等。

作为世界上互联网应用与创新的前沿国家，美国的数字公民素养教育起步较早，已初步建立了国家标准规范引领、学校家庭协同整合、社会力量积极参与的数字公民素养培育体系。[1] 具体来说，美国数字公民教育的实施并非个人行为，而是国家举措，主要由各级各类学校承担，目前已全面融入中小学课程教学中。[2] 数字公民教育的研究则主要由国家和一些组织机构共同承担，如美国国际教育技术协会、美国非营利性机构"常识媒体"（Common Sense Media）、美国国家独立学校联合会（National Association of Independent Schools，NAIS）等。美国国际教育技术协会不仅负责制定和更新数字公民教育的标准，还开发了许多数字资源和平台供实施数字公民教育使用，如"数字公民教育：普通课程""数字公民教育：管理者课程""数字公民教育：指导课程""数字公民教育：教师课程""数字公民教育：学生课程""数字

---

[1] 阮高峰，张冬冬，Leaunda Hemphill：《美国中小学数字公民素养教育现状及启示》，载《中国信息技术教育》2016年第19期，第17～21页。

[2] 杨浩，徐娟，郑旭东：《信息时代的数字公民教育》，载《中国电化教育》2016年第1期，第9～16页。

公民教育：连通课程"等。① 此外，该协会还以定期召开国际研讨会、不定期开展工作坊等形式，汇集全球数字公民教育领域的研究者及实践人士，共同探讨最新问题和进展。谷歌公司也开发了 Be Internet Awesome 课程框架，包括智慧（Be Internet smart）、警惕（Be Internet alert）、安全（Be Internet strong）、友善（Be Internet kind）、勇敢（Be Internet brave）五个模块的内容，该课程面向三至六年级学生，同时包含相关的数字游戏资源。此外，还有其他一些非营利性机构也同样致力于数字公民教育的研究、开发与推广。他们提供了从学前教育到高中阶段非常详细可行的数字公民教育大纲和丰富的课堂教学资源，包括课程设计、课堂教案、活动材料、电子书、音频、视频等。这些机构和组织的研发成果，成为美国数字公民教育发展强劲的推动力。例如"常识媒体"开发了面向 K-12 的数字公民教育课程框架，并于2019 年发布了修订版，将八个领域整合为六个领域，包括媒体平衡与健康（media balance & well-being）、隐私与安全（privacy & security）、数字足迹与身份（digital footprint & identity）、社会关系与沟通（relationships & communication）、网络欺凌、数字把戏与仇恨言论（cyberbullying, digital Drama & hate Speech）、新闻与媒介素养（news & media Literacy）；哈佛大学伯克曼克莱因中心为管理人员、教师、学生和家长构建了一个数字公民资源平台，该平台整合了青少年生活领域（如媒体素养、安全与福祉、隐私和声誉等主题）的在线资源，包括学习指南、课程活动计划、专家视频等。

2016 年，欧洲委员会启动"数字公民教育项目"，倡导各国将其纳入学校正规教育体系，融入现有公民教育课程和欧洲民主文化课程。该项目从三大领域十个主题来建构数字公民教育的课程框架，旨在帮助学习者"形成终身学习的意识和综合能力，成为积极、正向和负责任的公民"②。英国社会组织"智慧的孩子"（Wise Kids），是"英国儿童互联网安全委员会"的成员之一，旨在推进"数字素养""数字公民身份""数字参与""网络安全"等领域的创新培训、研究、咨询和资源开发，促进青少年创新、积极和安全地使用互联网。

从欧美地区数字公民素养培育实践来看，他们已经形成了较完整的数

---

① ISTE. "Digital Citizenship in Action". （https：//www.iste.org/learn/iste-u/digital-citizenship）

② Council of Europe. "2022 Edition of the Digital Citizenship Education Handbook."（https：//www.coe.int/en/web/digital-citizenship-education/-/2022-edition-of-the-digital-citizenship-education-handbook）

字公民教育生态圈，从培养目标的构建和相关理念的普及，到教育主题的角色分工划分，再到课程设计、评价标准构建，以及教材设计与资源开发、教学实施与评价、相关人员培训和辐射推广，全员协同合作为数字公民教育的全方位落地实施与推广保驾护航，打造数字公民教育生态系统，促进各要素在生态系统中有序流动。除了欧美地区，亚太地区也有数字公民教育的相关实践研究，包括数字公民教育的课程内容、实施与评价等。其中，信息化程度越高的国家往往拥有更加完善的数字公民教育体系，例如，新加坡为公立学校中 7~18 岁的学生制定了统一的数字公民课程大纲，并确保课程的顺利实施，这成为新加坡数字公民教育研究中最具特色的一部分①；澳大利亚的数字公民教育则主要关注网络安全方面，旨在引导大家共同构建一个相对安全的网络环境，并且指导青少年如何安全、合法地使用互联网②。各国广泛重视的主题有：建立良好在线关系、保障数字网络安全、促进数字公民参与、提升媒介批判能力、防治网络成瘾、预防和应对网络欺凌等。

目前，国内只有零星的研究团队和非营利组织进行相关探讨。例如，"一心数字公民学院"的数字公民课程框架包括修身、齐家、治国、平天下。③ 其中，"修身"包括"数字健康""数字安全"和"数字素养"主题，"齐家"包括"网络礼仪""网络机智"和"父母角色"主题，"治国"包括"数字法律"和"数字社会参与"主题，"平天下"包括"信息技术发展史"主题。但由于尚未得到足够重视，该框架目前仅作为学习资源使用，还谈不上构成专门的课程。目前来看，中国的中小学数字公民教育多通过网络安全、网络健康等专题教育讲座形式开展，或者将这些元素融入传统课堂当中进行普及，但是对专门的数字公民教育课程及其配套资源的设计、开发和应用则鲜有探索。

可见，对数字公民教育这一领域的研究与实践，美国一直走在世界前列。相较之下，中国的数字公民教育还处于起步阶段。教育界、学术界对数字公民素养的关注还较少，关于数字公民素养的教育、引导与干预策略的研

---

① "MOE's Cyber Wellness Curriculum in School." (https://www.moe.gov.sg/education/programmes/social-and-emotional-learning/cyber-wellness)

② "Fostering Digital Citizenship through Safe and Responsible Use of ICT: A Review of Current Status in Asia and the Pacific as of December 2014." UNESCO Bangkok Office, 2015, p. 53.

③ 钱松岭：《怎样培养数字公民》(https://mp.weixin.qq.com/s/soPnSlSQRNCd15PrG0eFtg)。

究和实践更显欠缺。对中国而言，要培养数字公民素养，必须先认清形势，理清目前存在的问题，再"对症下药"。由于手机、电脑和网络是目前数字社会中占主导地位的设备和媒介，具有一般性，因此下文将以它们为代表进行论述。目前本领域的现状与问题主要包括以下四个方面①。

（一）全球手机用户和网民人口规模逐年上升，且有低龄化趋势

2023 年，We Are Social 的最新数字报告指出，全球人口数 80 亿人，其中手机用户 54.4 亿人，网民 51.6 亿人，有 47.6 亿人活跃在社交媒体上。②联合国儿童基金会发布的《2017 年世界儿童状况：数字时代的儿童》指出，世界总人口中上网人口比例为 48%，在青年人（15～24 岁）中，上网比例为 71%，可见青年人是上网人口比例最高的群体。③另一个不容忽视的现状是，儿童接触互联网的年龄越来越小。在一些国家，15 岁以下儿童使用互联网的比例很可能与 25 岁以上的成年人相当。

《2022 中国游戏产业未成年人保护进展报告》也指出：儿童上网呈现低龄化、移动化趋势，超七成未成年人每周游戏时长在 3 小时以内。④儿童和青少年自身的安全意识不足，安全防护技能欠缺，极易引发各种问题。在可见的未来，随着各种技术、设备的继续普及，大量伴随着数字技术长大的"数字原住民"将不断出现，儿童上网低龄化这一趋势还会进一步凸显，其潜在危害还会进一步扩大。

（二）信息技术的革新在给人们带来便利的同时引发了一系列社会问题

以人工智能为代表的新一代信息技术正以前所未有的速度席卷全人类，

---

① 郑云翔，钟金萍，黄柳慧，等：《数字公民素养的理论基础与培养体系》，载《中国电化教育》2020 年第 5 期，第 70 页。
② We Are Social. "Digital 2023：Global Overview Report". (https://wearesocial.com/wp-content/uploads/2023/03/Digital-2023-Global-Overview-Report.pdf)
③ United Nations Children's Fund (UNICEF). "The State of the World's Children 2017：Children in a Digital World". (https://www.unicef.org/publications/files/SOWC_2017_ENG_WEB.pdf)
④ 搜狐网：《2022 中国游戏产业未成年人保护进展报告》（https://www.sohu.com/a/608835906_100009337）。

全方位地渗透到人们的工作和生活中。互联网技术已突破了地域的限制，把全球的人、物都连接起来，并伴随着海量数据拓展出一个虚拟的生存环境——数字社会，其具有去中心化、虚拟性、开放性、匿名性、交互性、即时性等典型特征。这导致了个体与他人、个体与社会在进行交往时身份与角色的变化，为信息传播和追踪带来了复杂性和不确定性，也因此带来了很多新的矛盾，如"通信自由"与"社会责任"、"个人隐私"与"恶意曝光"、"个人无心之失"与"媒体、大众道德审判"等。这些矛盾构成了数字世界的各种冲突和暴力，带来了一系列严重的后果，如本书前面章节所述。随着"互联网+""智能+"时代的来临，人们不断掌握各种信息技术的使用方法，并应用于日常工作、学习、生活等。尤其是年青一代，他们很多是"数字原住民"，从小就接触智能手机、平板电脑等信息设备。信息技术突破了原有社会规范和道德约束所依赖的社会基础和生产力基础，开辟了一个全新的、伦理规范和道德约束尚不完善的数字世界，让人们有了情绪发泄、欺凌他人的肆意妄为的空间，从而引发网络诈骗、信息骚扰、网络泄密等一系列社会问题，已经成为危害社会秩序、妨碍社会安全的重大因素。

（三）数字公民教育与每个人息息相关，受众面广，任重道远

数字公民教育的重点对象是各年龄段的学生，但仅培养学生还不够，成年人/社会各界人士都必须以身作则，在日常工作、生活中践行数字公民素养。可见，数字公民教育具有很强的普适性和社会性，只有全社会动起来，才能从根本上提升大众的数字公民素养，取得良好的预期效果。从另一个角度来看，施教者要有施教、做榜样的资格，其自身必须是合格的数字公民，能安全、负责任和合乎道德地使用技术。可见，数字公民教育与每个人（学生、教师、父母长辈、管理者、各种组织机构、企业培训师、研究者等）息息相关，每个人既是施教者，也是受教育者，他们相互学习，相互促进，共同进步。[1] 要在全民开展数字公民教育，取得良好的预期效果，需要有科学的顶层设计、强大的执行力和长期不懈的努力。否则，"培育合格数字公民"很可能只是一句空话，"全民素质提升"就会出现缺口。而一旦有缺口，在网络这一特殊媒介的推波助澜下，极易产生网络失范行为，如同多米诺骨牌效应一般迅速扩散，最终造成严重的后果和危害（如本书第一章案例），功亏一篑。

---

[1] 俞思瑾，郑云翔，杨浩，等：《国际数字公民教育研究的现状、热点及前沿分析》，载《开放教育研究》2018年第6期，第49～59页。

（四）目前国内对数字公民教育不够重视，相关法律规范空缺或执行困难

目前，中国尚未明确出台与数字公民教育相关的政策和法律文本，而社会组织在国内数字公民教育实践中的参与和贡献程度有限。尽管学界呼吁重视数字公民素养、加强数字公民教育，但面对日新月异的数字技术环境带来的更复杂的青少年成长与教育问题，中国在科学研究、教学实践和社会服务等领域还有很大的探索空间和发展潜力。尤其是国内对数字公民教育的探讨还仅局限在数字鸿沟和数字素养等方面，缺乏对数字公民意识、数字礼仪、数字权责等方面全方位的关注与探索，基础理论研究薄弱，在有关数字公民教育之理论体系的建构上还处于非常初级的阶段[①]；社会大众、教育工作者对数字公民教育的重要性认识还不够充分（甚至很多教育工作者没听说过），没有专门的政府机构或社会组织致力于数字公民教育理念的推广与传播；高质量数字公民教育资源的有效供给严重不足[②]，绝大多数学校没有开设专门课程讲授数字公民教育相关内容，更不用说协同社会力量给予支持和配合。个别学校即使开设了相关课程，其内容也缺乏针对性，或过于陈旧，不能与时俱进，达不到预期的效果。毕竟，仅仅通过日常教学中的零星渗透，或者不系统、不全面的网络媒介教育和网络安全教育，确实无法切实提升大众的数字公民素养。

虽然国家出台了相关的法律法规来规范网络行为，但由于监管难度较大、执行起来有困难，因此绝大部分网络不良行为没有得到应有的惩罚。最典型的莫过于"人肉搜索"，虽然《中华人民共和国网络安全法》和《最高人民法院、最高人民检察院关于办理侵犯公民个人信息刑事案件适用法律若干问题的解释》已经正式实施，但目前国内这一现象还十分常见，屡禁不止。"人肉搜索"不仅侵犯了他人隐私，还给当事人的正常工作生活造成巨大困扰和压力，最严重的后果是导致当事人自杀，这相当于无形杀手。除此以外，目前国家还缺乏完善的规章制度来应对各种网络失范行为，没有对网络上的个人隐私、人格尊严等起到很好的保护作用，相关法律法规还存在不少"真空地带"，使犯罪分子、违规肇事者有机可乘。

---

① 杨浩，徐娟，郑旭东：《信息时代的数字公民教育》，载《中国电化教育》2016年第1期，第9～16页。

② 杨浩，徐娟，郑旭东：《信息时代的数字公民教育》，载《中国电化教育》2016年第1期，第9～16页。

第二节 数字公民素养培养体系

综上所述，首先，当前数字社会信息泛滥，尤其是网络这一汇聚地，各种未经处理的信息弥漫在每个角落，隐患极大。其次，儿童过早、过长时间地接触电子设备，青少年是网络使用的主力军，他们均没有系统地受过数字公民教育，对各种网络问题毫无防范之心，极易成为数字世界的受害者。再次，数字公民教育与我们每个人都密切相关，但目前并未引起重视。在此背景下，我们应该尽快普及数字公民教育，努力提升全民的数字公民素养，让儿童和青少年这些未来的花朵具备保护自己的能力，让中年人这一劳动主力军能够批判性地思考、安全地行动、负责任地使用技术，让老年人享受信息技术带来的各种便利，安享晚年，不被数字技术所干扰和欺骗。而这正体现了数字公民教育的覆盖范围：全社会的每一分子。

鉴于此，本研究提出以"标本兼治、完美塑造"为培养理念，以"全民参与、各界协同"为培养方式，以"教育为主、三管齐下"为培养方针，以"循序渐进、终身受益"为培养路径的基于"三面向"的数字公民素养培养体系①，具体如下。

（1）面向在校学生。把学校（含幼儿园）作为数字公民素养提升的主阵地，将数字公民素养教育的内容纳入教育规划与育人目标中，充分发挥教育的引领作用。

该方案有利于解决手机用户和网民数量激增及低龄化带来的各种问题，同时是向儿童和青少年普及数字公民教育的最有效方式。这就需要将数字公民教育的内容纳入教育规划，在顶层设计的基础上研究并落实数字公民教育课程体系，包括（但不限于）幼儿园、中小学、大学等各级学校的数字公民培养目标分析、数字公民教育内容分解、数字公民教育课程质量标准、数字公民教育课程框架等。② 这里特别要注意课程体系的整体性和连贯性，根据不同年龄段学生的认知、能力、使用数字设备的经验等差异来设计合适的课程，包括课程教学目标、重难点、教学内容、教学活动、教学策略和教学评价等，以及相关资源建设与开发。其中，课程教学内容可以从数字公民教育

---

① 郑云翔，钟金萍，黄柳慧，等：《数字公民素养的理论基础与培养体系》，载《中国电化教育》2020年第5期，第70页。

② 穆建亚：《大学生网络公民教育：意义、内容与路径》，载《中国电化教育》2015年第3期，第63～66页。

的九大成分入手进行设计，也可以借鉴美国"常识教育"所提出的八大主题（互联网安全、隐私与安全、关系与沟通、网络霸凌和数字把戏、数字足迹与声誉、自我形象、信息素养、创意信用和版权）或本书提出的数字公民素养的 12 项二级内容指标，结合国情和地缘特色来进行重构。

以上是比较系统的解决方案，在实际应用中可能无法一步到位，可针对实际情况作灵活调整。例如，对学前教育和基础教育而言，在思想品德、信息技术等相关课程中融入数字公民素养的相关内容，引导幼儿和中小学生从一开始接触信息技术便遵守规范，有意识地培养良好的使用习惯，并认识网络道德对个人品德的重要作用；对高等教育而言，由于课程设置相对灵活、学生接受能力强，数字公民素养教育可以通过各种形式开展，如开设数字公民教育的选修课，或者在思政课程中融入数字公民教育的相关内容，或者以思政教育的方式融入相关专业课程中，使学生在学习专业知识的同时，潜移默化地完成向合格数字公民的转变。总而言之，学校是数字公民教育的主阵地，重点是帮助学生提高安全和规范使用信息技术的意识，掌握数字公民教育的普适性知识，以及养成正确的行为习惯。可以遵循"学前启蒙、中学巩固、大学精通"的培养策略，在学前和小学阶段重视意识培养，在中学阶段重视行为培养，在大学阶段则重视习惯养成和品格塑造。

（2）面向社会人士，充分发挥移动学习和非正式学习的优势，循序渐进地、有步骤有计划地推进数字公民教育，促进数字公民教育内容在各社会阶层的广泛传播，不断提升其数字公民素养。

该方案是向在校生以外的社会人士普及数字公民教育的有效方式，有助于使全民成为合格的数字公民，破解"受众面广、任重道远"的难题。这就需要充分发挥"互联网+"教育、移动学习和终身学习的优势，动员社会各界（学校、家庭、政府、培训机构、企业、非营利组织等）协同一致、互相配合，形成合力①，突破主题教育形式单一的限制，利用各种开放性教育资源（微课、视频公开课、"学习强国"、慕课、金课等）和案例，共同打造优质数字公民教育品牌，为管理人员、教育工作者、企业培训师和普通群众提供相关培训课程/资源，供他们随时随地学习，并通过主题研讨、项目协作等形成数字公民素养的网络学习空间和学习共同体。要做到这一点，同样需要国家或地方政府层面的顶层设计和多方调配，按部就班，共同打造数字公民教育创新创业生态圈。这一终身教育环节的重点是帮助各阶层人士深入

---

① 周小李，王方舟：《数字公民教育：亚太地区的政策与实践》，载《比较教育研究》2019 年第 8 期，第 3～10 页。

了解哪些行为应该做、哪些行为不该做，并努力达到举一反三、融会贯通，在日常工作和生活中不断克制自己、提升自我。

（3）面向外部环境（社交平台、法律法规等），为全民数字公民素养的提升保驾护航。

此方案可有效解决相关法律规范空缺和执行困难的问题。目前，各大社交网络平台是网络失范行为的频发地，从外因层面上看，这主要源于平台监管力度不足，以及相关法律法规有漏洞。鉴于此，本研究认为：一方面，社交平台可利用数据挖掘、机器学习等新兴技术对敏感的网络用语、带有攻击性的用户行为、过激的用户观点等进行监控、预测与过滤处理，瞄准网络失范行为的重灾区，力求从平台环境上进行有效监管与防范，从而保障较好的数字公民素养的形成；另一方面，根据数字公民素养的主要内容出台更细化的政策文件和法律法规，切实保障数字公民的合法权益不受侵犯，同时规范和约束他们在数字世界的言行。更重要的是，要确保这些政策和法规的严格执行，把提升数字公民素养和网络道德建设、精神文明建设结合起来，为全民数字公民素养的提升保驾护航。为了达到理想的实施效果，建议把这些文件、法规的相关内容纳入各年龄段的数字公民教育课程中，并将其作为数字法律和数字权责的核心内容，让每一位数字公民都熟悉并在行动中践行，不断循环、深入，直至达到合格数字公民的要求。

图4－1概括性显示了本研究提出的数字公民素养培养体系。可以看出：①本体系以塑造合格数字公民为目标和导向，通过技术监管和法律法规约束公民自身言行实现"治标"，通过数字公民教育提高其素养实现"治本"，充分体现了"标本兼治、完美塑造"的培养理念；②本体系通过协同各界力量对学生和社会各阶层人士进行针对性培育，充分体现"全民参与、各界协同"的培养方式；③本体系通过对各年龄段学生和社会人士进行持续的数字公民教育，配合社交平台技术监管和相关法律法规有效遏制不良行为，充分体现"教育为主、三管齐下"的培养方针；④本体系通过设计覆盖学前、中小学、大学及研究生阶段的课程体系，循序渐进地开展数字公民教育，将其贯穿于学生各个成长阶段，着眼于未来，使学生学会如何安全、负责任和合乎道德地使用技术，充分体现"循序渐进，终身受益"的培养路径。[①]

[①] 郑云翔，钟金萍，黄柳慧，等：《数字公民素养的理论基础与培养体系》，载《中国电化教育》2020年第5期，第70页。

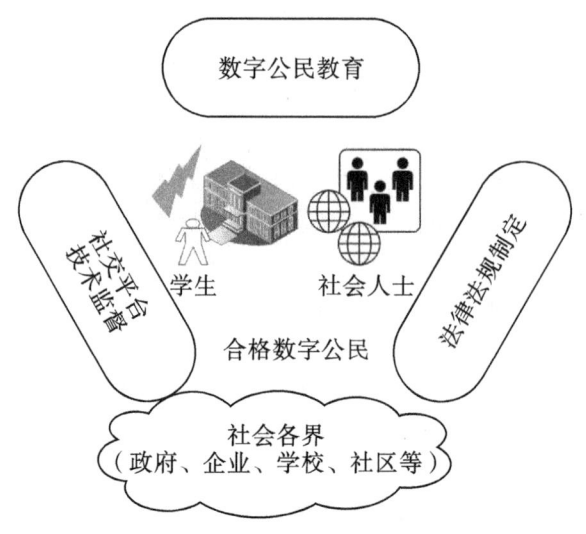

图4-1 数字公民素养培养体系框架

信息技术突破了原有社会规范和道德约束网络诈骗、网络骚扰、网络泄密等已经成为危害社会秩序、妨碍社会安全的重大因素。如何纠正网络空间的不正之风、治理数字世界的暴力问题、规范数字社会的各种言行，已成为摆在我们面前的一道难题。要解决这些问题，必须先剖析原因。笔者认为，原因是多方面的。首先是数字公民素养的缺失——虽然生活在信息时代，但人们并没有系统地学习过如何安全、规范、负责任地使用技术。滥用、误用、乱用信息技术的现象比比皆是，并因此产生很多负面影响。因此，人们需要在数字世界中学会如何保护自己和他人、如何教育自己和他人、如何尊重自己和他人，这些正是数字公民教育的研究范畴。其次，相关部门、管理机构监管不力、监控不严、反应缓慢，也在一定程度上助长了各种失范行为的泛滥之风。最后，相比现实世界，数字世界的法律规范和行为准则很不完善，相关法律法规还存在"真空地带"，违法成本很低，这就容易滋生各种问题，让犯罪分子、违法肇事者有机可乘。明显地，只有构建切实可行的、标本兼治的综合解决方案，才能从根本上解决数字世界中的各种问题。

总体上说，本培养体系以培养合格的数字公民为终极目标，既注重公民自身素养的提升（提高其自身免疫力），又注重数字世界的净化（采取预防和治理措施降低外部环境干扰），内外兼修、三管齐下，力求全方位保障数字公民教育的有效落实和持续推进，争取取得预期成效。由于数字公民教育是一个社会问题，这就决定了数字公民素养的培育是一个系统工程，必须统筹规划，按部就班地实施，不能一蹴而就。同时需要社会各界的长期大力支持和协同合作，方能有所成效。但目前国内对此还不够重视，此目标的实现任重道远。然而，数字公民素养缺失所带来的恶果与危害已有蔓延之势，我们必须快马加鞭，奋起直追，为全民健康和社会和谐做出贡献。本章构建的数字公民教育培养体系希望能引起国内相关部门、学者对本领域的重视，鼓励其为中国数字公民的培养、数字公民教育的研究和实施建言献策，以期通过社会各界的共同努力，为社会培养有责任、有担当、有涵养的合格数字公民。同时，通过数字公民素养带动核心素养全面提高，实现立德树人的根本目标与任务，从而最大限度地消除当前存在的滥用、误用和乱用技术的问题，让网络空间清朗起来，以构建和谐稳定、文明民主的现实社会和数字社会。

第三节　数字公民素养培养实践案例

一、国外实践

作为互联网的起源国，美国的数字公民教育起步较早，现已深入到学校、社区和家庭中。近年来，亚太地区也陆续开展了数字公民教育实践，例如澳大利亚的网络安全教育（Cyber Safety）项目、新加坡的网络健康（Cyber Wellness）课程、韩国的网络成瘾（Internet Addiction）项目等。相比之下，国内只有少数研究团队和非营利组织进行有益探索[①]。下面以美国为例，结合上述培养体系框架介绍其数字公民教育实践案例。

目前，美国的数字公民教育实践已取得了令人瞩目的成绩，初步建立了国家标准规范引领、学校家庭协同整合、社会力量积极参与的数字公民素养

[①] 杨浩，徐娟，郑旭东：《信息时代的数字公民教育》，载《中国电化教育》2016年第1期，第9～16页；徐顺：《基于社会认知理论的大学生数字公民素养影响因素及提升策略研究》，武汉，华中师范大学博士学位论文，2019年；俞思瑾，郑云翔，杨浩，等：《国际数字公民教育研究的现状、热点及前沿分析》，载《开放教育研究》2018年第6期，第49～59页；钱松岭：《数字公民之路》（https://mp.weixin.qq.com/s/BCxxAfzWiQJM05YikXxRVA）；张立新，姚婧娴：《数字化生存——数字时代的挑战与教育应对》，载《浙江师范大学学报（社会科学版）》2019年第4期，第1～8页。

培育体系。① 具体来说，包括三方面：①面向在校生，美国教育界和一些非营利性组织在国际教育技术协会的相关标准指导下实施数字公民教育，目前已全面普及到中小学课程教学中。如"常识媒体"提供 K-12 数字公民素养的互动课程、活动和课程训练。这些课程包括六个主题②："媒体平衡与幸福""隐私与安全""数字足迹与身份""网络欺凌、数字把戏与仇恨言论""新闻与媒体素养"，其课程资源包括视频、双语材料、课程幻灯片和其他可定制的资源。③ 近年来，他们开始注重把游戏运用于课程教学中，例如，美国联邦调查局针对儿童开发了一门免费的游戏化教育课程"Safe Online Surfing"（安全地上网冲浪），该课程采用了大量问答与反馈的游戏闯关形式以实现数字公民教育课程内容的教授，班上学生完成考试后，教师可以汇总成绩表格，提交并参与全国的月竞赛。月竞赛中，考试成绩最好的班级会获得 FBI-SOS 证书④。"常识媒体"面向美国六至八年级的学生开发了数字公民教育系列游戏"Digital Compass"（数字罗盘），主要围绕数字安全、数字礼仪、数字身份和媒介素养等主题，与其他系列配套资源一起为教师、学生和家长提供更加公正的信息、可靠的建议以及最新的工具。谷歌则推出了"Be Internet Awesome"（成为互联网的牛人）教育计划，借助"Interland"（内陆）游戏让青少年了解到更多有关数字公民的基本知识，与谷歌发布的其他系列配套资源一起，致力于满足各级各类学校、机构及家庭的学习需求。②面向社会人士，美国国际教育技术协会开发了许多数字资源和平台⑤，如"数字公民教育：管理者课程""数字公民教育：连通课程"等系列课程；Lynda 公司在其平台上提供了 30 多门有关数字公民教育的课程，指导学习者如何以恰当的、尊重他人的方式使用技术，其中"数字公民教育"课程包含

---

① 阮高峰，张冬冬，Leaunda Hemphill：《美国中小学数字公民素养教育现状及启示》，载《中国信息技术教育》2016 年第 19 期，第 17～21 页。

② Common Sense Education. Digital Citizenship Curriculum. https://www.commonsense.org/education/digital-citizenship/curriculum，2020-02-20.

③ 郑云翔，钟金萍，黄柳慧，等：《数字公民素养的理论基础与培养体系》，载《中国电化教育》2020 年第 5 期，第 70 页。

④ 王晓晨，蔡进，杨浩：《美国数字公民教育的游戏化学习课程建设及启示》，载《电化教育研究》2021 年第 7 期，第 122～128 页。

⑤ International Society for Technology in Education (ISTE). Digital Citizenship in Education. https://www.iste.org/learn/digital-citizenship，2020-02-20.

六个主题①:"数字足迹""数字礼仪""数字准入""在线权责""数字安全""数字商务"。② 此外,不少学者也自行研发了相应的学习平台和工具,以满足特定目标人群的数字公民素养学习需求。例如,Honda 设计了一个面向家长的数字公民素养教育项目,基于移动平台开发了数字公民素养的教学设计模型③;Lindsey 为教师设计了一个技术融合支持系统来支持教师开展数字公民素养教育,该系统围绕着数字公民素养教育设计了四个模块的内容④。

③面向外部环境,美国较早设立了相关法律法规来保障技术的安全与合法使用,例如《互联网用户隐私权利法案》(Consumer Privacy Bill of Rights Act)《儿童在线隐私保护法案》(Children's Online Privacy Protection Act)《信息安全与互联网自由法》等,还有国际教育技术协会的"国家教育技术系列标准"。⑤ 华盛顿州在2016年通过的数字公民立法,要求各学区应每年对其电子资源和互联网安全政策和程序进行审查,鼓励学生、家长、教师、图书馆员等其他人员参与有关安全技术使用、互联网使用、数字公民素养和媒体素养的教育;加利福尼亚州、得克萨斯州和其他一些州也已经提出或通过立法,呼吁对学生进行正式的教育,指导他们如何有效地使用信息技术,以维护学生的安全、隐私以及健康和福祉。此外,网络社交平台通过审查内容、删除评论等方式落实平台责任以营造良好的网络空间,通过分级、过滤等技术来监管和治理社交网络平台的各种不良信息,例如 Instagram 于2019年开始利用人工智能技术辅助进行网络欺凌检测⑥。

---

① Lynda. "Digital Citizenship". (https://www.lynda.com/Classroom-Management-tutorials/Digital-Citizenship/440956 - 2. html? srchtrk = index% 3a1% 0alinktypeid% 3a2% 0aq% 3aDigital + citizenship% 0apage% 3a1% 0as% 3arelevance% 0asa% 3atrue% 0aproducttypeid% 3a2)

② Common Sense Education. Digital Citizenship Curriculum. https://www.commonsense.org/education/digital - citizenship/curriculum,2020 - 02 - 20.

③ Honda, M. N. "It Takes a Village: A Web and Mobile Based Instructional Module on Digital Citizenship for Parents and Guardians". Presented at the 21st Annual Technology, Colleges and Community Workwide Online Conference, 2017.

④ Lindsey, LeeAnn. "Preparing Teacher Candidates for 21st Century Classrooms: A Study of Digital Citizenship". Arizona State University, 2015.

⑤ Common Sense Education. Digital Citizenship Curriculum. https://www.commonsense.org/education/digital - citizenship/curriculum,2020 - 02 - 20.

⑥ ABC News. "Instagram using new artificial intelligence to help stop bullying". (https://abcnews.go.com/GMA/Living/instagram-now-artificial-intelligence-stop-bullying/story? id = 67751631&cid = clicksource_4380645_null_headlines_hed)

二、国内实践

(一) 背景介绍

在数字时代下提升青少年的数字公民素养,是时代的要求,是提升国民素质、促进人全面发展的战略任务,也是中小学肩负的使命与担当。然而,目前国内中小学在数字公民教育领域暂未开设专门的课程,还缺乏对应的课程标准。本研究尝试依托学科教学,有意识地将数字公民教育融入相关学科的教学设计中并进行教学实践。具体来说,随着数字技术和互联网技术的高速发展,网络逐渐渗透到人们日常生活的方方面面,成为人们学习、工作和生活必不可少的工具。尤其是新冠疫情暴发期间,在"居家办公""停课不停学"等的政策引导下,人们的互联网使用率激增。然而互联网是一把双刃剑,不合理、不科学地使用网络可能会给人们的身心健康带来巨大威胁,特别是对出生在数字时代的青少年而言,他们作为互联网的生力军,也是网络成瘾的高危人群。

有学者通过调查研究发现,受新冠疫情影响,在调查对象群体中有将近一半的青少年存在网络成瘾的倾向[1]。还有研究人员对网络成瘾给青少年群体所带来的危害做了临床试验及分析,结果发现网络成瘾会对青少年的身体、心理、行为表现等方面都带来不可忽视的负面影响[2]。青少年由于身心发育尚未成熟,自制力相对较弱,面对缤纷多彩的网络世界容易深陷其中、无法自拔,例如在新冠疫情管控期间,由于线下活动受到限制,青少年花费了大量的时间在网络世界。如果没有及时加以干预,很容易出现沉迷网络的情况,严重者则会发展成网络成瘾。然而,许多家长往往只关注到数字时代下学生可能出现的身体健康问题[3],例如视力下降、驼背等,却忽视了不合

---

[1] Diotaiuti, P., Girelli, L., Mancone, S., et al. "Impulsivity and Depressive Brooding in Internet Addiction: A Study with a Sample of Italian Adolescents During COVID-19 Lockdown". *Frontiers in Psychiatry*, 2022, 13.

[2] 邵云云,许晟,陈佳:《青少年网络成瘾成因结局及干预效果》,载《中国学校卫生》2020年第2期,第316～320页。

[3] 汪凡:《初中生数字公民素养现状调查研究——以W市为例》,武汉,武汉大学硕士学位论文,2018年。

理使用网络也会对学生心理健康带来不良影响,缺乏对孩子在如何增强自制力、预防网络沉迷等方面的教育,不利于其健康成长。实际上,初中阶段的学生正处于身心发展的特殊时期,从心理学角度而言,这个阶段的学生正处于青春期。在认知方面,自我意识开始觉醒但发展并不完善,缺乏辨别和判断的能力,自制力相对较弱;在情绪方面,往往会因为一些小事引起情绪的剧烈波动,容易冲动行事。① 与此同时,社会对于人才素质的要求逐步提升,人才竞争愈发激烈,这使得学生不得不面对巨大的学业压力。正是在这些内在因素和外在因素的共同影响下,初中生更容易出现网络沉迷、网络成瘾等心理健康问题。而初一年级是学生从小学阶段进入初中阶段的过渡时期,学生的思想观念在这一时期容易发生变化,因此初一年级是开展心理健康教育的关键时期。只有从初一就开始加强心理健康教育,才能帮助学生以更健康的心理状态去拥抱初中生活,迎接未知的挑战。因此本研究依托初一心理健康课程,结合时代背景选取"网络沉迷"主题,设计开发相应数字公民教育课程(含各种教学资源),并开展教学实践,以提升初中生的数字健康素养水平。本研究借鉴国内外的教学案例②,专门设计并开发了适合学生的数字

---

① 孙永明:《试论初中生的心理特点》,载《镇江师专学报(社会科学版)》1991年第2期,第102～103页。

② 王晓晨,蔡进,杨浩:《美国数字公民教育的游戏化学习课程建设及启示》,载《电化教育研究》2021年第7期,第122～128页;Tsay, C. H. H., Kofinas, A., Luo, J. "Enhancing Student Learning Experience with Technology-Mediated Gamification: An Empirical study". *Computers & Education*, 2018, 121, pp. 1～17; Cheng, M. T., She, H. C, Annetta, L. A. "Game Immersion Experience: Its Hierarchical Structure and Impact on Game-Based Science Learning". *Journal of Computer Assisted Learning*, 2015, 31(3), pp. 232～253; Tapingkae, P., Panjaburee, P., Hwang, G. J., et al. "Effects of a Formative Assessment-Based Contextual Gaming Approach on Students' Digital Citizenship Behaviours, Learning Motivations, and Perceptions". *Computers & Education*, 2020, 159, p. 103998; Chen, C. M., Li, M. C., Chen, T. C. "A Web-based Collaborative Reading Annotation System with Gamification Mechanisms to Improve Reading Performance". *Computers & Education*, 2020, 144, p. 103697; Wang, K., Liu, P., Zhang, J., et al. "Effects of Digital Game-based Learning on Students' Cyber Wellness Literacy, Learning Motivations, and Engagement". *Sustainability*, 2023, 15(7), p. 5716; Lauricella, A. R., Herdzina, J., Robb, M. "Early Childhood Educators' Teaching of Digital Citizenship Competencies". *Computers & Education*, 2020, 158, p. 103989; Hertz, M. B. "How to Teach Internet Safety to Younger Elementary Students". (https://www.edutopia.org/blog/internet-safety-younger-elementary-mary-beth-hertz-archived)

化游戏，并依托课程检验，开展游戏化学习来提升初中生数字健康素养水平，从而为国内数字公民教育实践的落地提供参考与借鉴。

（二）课程教学设计

1. 学习者特征分析

（1）起点水平。初一学生大多对网络十分熟悉，普遍都使用过手机、电脑、平板等数字设备上网，比小学生有着更丰富的知识、更开阔的眼界。但他们对事物或观点的辨析能力、理解能力不足，自我控制能力相对较弱，不能很好地对发生在他们身上的事情或社会现象进行价值判断，容易陷入迷惘和彷徨。因此对什么是网络沉迷及其判断标准不是很明确，也容易忽视沉迷网络可能带来的危害。

（2）认知能力。初一学生的认知能力正处在皮亚杰的："认知发展阶段论"中的"形式运算阶段（11 岁以后）"，这个时期的学生的抽象思维得到了一定的提升，能够通过联想和想象构建情境，思维也变得更加活跃，对新鲜事物充满好奇心；初步具备对事物进行辩证思考的能力，能够从不同的角度和层面来看待问题。但是对事物或观点的分辨能力和理解能力不强，自制力相对较弱，容易受到外界因素的影响和干扰。

（3）学习风格。不同学生的学习风格不同，对于初一学生而言，这个阶段的学生大多喜好接收图形、动画、视频等形式的信息。这是因为这些形式能够直观地展示事物的形态、特征及变化，可以帮助他们理解抽象的概念和规律。除此之外，学生也乐于通过与老师或同学互动的形式来接受知识，喜欢通过实践来验证自己的想法。

2. 教学目标

（1）认识网络沉迷和网络成瘾，了解网络成瘾的基本判断标准及它可能给身心健康带来的危害。

（2）了解导致网络沉迷和网络成瘾的因素，理解游戏成瘾的心理机制。

（3）掌握预防网络沉迷及合理使用数字设备的方法，树立健康上网的价值观，提升数字健康素养水平。

3. 教学重难点

（1）教学重点。①认识什么是网络沉迷和网络游戏沉迷；②了解网络游戏成瘾的心理机制；③辩证地看待网络，形成健康的上网意识，不沉迷网络。

(2)教学难点。①了解网络游戏成瘾的心理机制;②辩证地看待网络的使用,形成健康的上网意识,不沉迷网络。

4. **教学内容**

本课程围绕数字公民素养中的"数字健康素养"展开,围绕"什么是网络沉迷""网络为何使人沉迷""健康上网我能行"这三个子主题进行了相应的教学内容设计,具体见表4-1。

表4-1 以"网络沉迷"为主题的数字公民教育教学内容

主题	教学内容
什么是网络沉迷	①网络沉迷和网络成瘾的概念; ②网络成瘾的基本判断标准; ③网络沉迷及网络成瘾可能带来的危害(荒废学业、影响身心健康、诱发违法犯罪)
网络为何使人沉迷	①导致网络沉迷及网络成瘾的因素(心理因素、生理因素、网络因素、同伴因素、家庭因素); ②网络游戏成瘾的心理机制(内因、外因)
健康上网我能行	①预防网络沉迷/网络成瘾的措施; ②合理使用数字设备的方法; ③与网络沉迷相关的政策法规

5. **教学资源**

本课程在课前、课中、课后阶段都设计了不同的教学资源,具体如图4-2所示。在课前阶段,主要使用前测问卷,用来了解学生日常生活中数字设备的使用情况及其上课前的数字健康素养水平。在课中阶段,主要使用多媒体课件、视频资源和数字化游戏,其中,多媒体课件的设计主要围绕教学目标,针对每个课时的教学内容进行合理编排;视频资源匹配教学内容,例如在第二课时的讲解部分穿插有关初中生网络成瘾的新闻报道视频,引出网络成瘾可能给初中生带来的危害;而数字化游戏则是教师课前结合教学目标和教学内容,以初中生日常生活中常见的情景为基础而开发的教学资源。在课后阶段,主要使用课后任务单及后测问卷,其中课后任务单可以让学生记录自己的数字设备使用情况,而后测问卷则可以对学生的数字健康素养水平、学习动机及学习投入度进行评测。

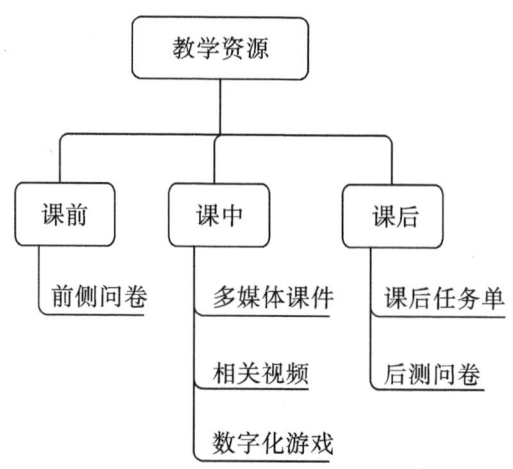

图 4-2 以"网络沉迷"为主题的数字公民教育教学资源

6. 教学评价

本课程主要通过形成性评价、过程性评价和总结性评价来判断学生的学习情况。其中,形成性评价主要通过前测问卷的作答情况进行评价;过程性评价则结合学生的课堂互动情况、课堂任务的完成情况及游戏任务的完成情况等进行综合评价;总结性评价主要通过后测问卷的作答情况进行评价。

要检验数字化游戏在初中生的数字公民教育中的应用效果,就需要检验数字化游戏在初中数字公民教育实践中对学生的学习起到的积极作用。由于学生的学习动机及学习投入度在很大程度上可以反映出应用了数字化游戏后学生的学习状态,进而反映出数字化游戏的应用效果,因此不仅需要了解学生在进行数字化游戏前后的数字健康素养水平的变化情况,还需要从学生的学习动机、学习投入度这两个方面进行综合考量。其中,在数字健康素养方面,主要从意识与观点、心理与表现、行为与行为倾向三个维度进行测量,各维度具体描述如表 4-2 所示。该部分所涉及的评价量表采用李克特量表的形式,参考问题媒体使用量表(Problematic Media Use Measure Short Form,PMUM-SF)[1]、网络成瘾测试(Internet Addiction Test,IAT)[2] 和智能手机成

---

[1] Domoff, S. E., Harrison, K., Gearhardt, A. N., et al. "Development and Validation of the Problematic Media Use Measure:A Parent Report Measure of Screen Media 'Addiction' in Children". *Psychology of Popular Media Culture*, 2019, 8 (1), pp. 2~11.

[2] Conti, M. A., Jardim, A. P., Hearst, N., et al. "Evaluation of Semantic Equivalence and Internal Consistency of a Portuguese Version of the Internet Addiction Test (IAT)". *Revista de Psiquiatria Clínica*, 2011, 39 (3), pp. 106~110.

瘾倾向量表（Smartphone Addiction Inventory-Short Form，SPAI-SF）[①]，共计29题，旨在从多维度全面、客观地了解学生的数字健康素养水平。后续对收集到的数据运用SPSS软件进行信效度分析，结果发现该问卷克隆巴赫α系数为0.835，大于0.7，这表明问卷的信度较高；KMO值为0.838，大于0.7，这说明问卷的效度较好，可以用来分析学生的数字健康素养水平。

表4-2 数字健康素养各维度描述

维度	描述
意识与观点	指是否有合理使用数字技术的意识，以及对于数字技术与健康的看法
心理与表现	指使用数字技术时的心理变化及表现
行为与行为倾向	指对过度使用数字技术能否做出理性的反应

学习动机方面，主要参考由心理学家Glynn等编制的学习动机量表[②]，共计6道题。采用李克特量表的形式，包括内在动机和外在动机两个维度，具体描述见表4-3，旨在检验数字化游戏的使用对学生学习动机的影响。后续对收集到的数据运用SPSS软件进行信效度分析，结果发现该问卷克隆巴赫α系数为0.800，大于0.7，这表明问卷的信度较高；KMO值为0.760，大于0.7，这说明问卷的效度较好，可以用于检验学生的学习动机。

表4-3 学习动机各维度描述

维度	描述
内在动机	指学生参与某项活动的动力及内驱力
外在动机	指在外在因素或压力的影响下学生参与活动的意愿程度

[①] Andrade, A. L. M., Spritzer, D. T., Scatena, A., et al. "Psychometric Properties of the Smartphone Addiction Inventory-Short Form (SPAI-SF) in Brazilian Adolescents". *Psychiatry Research*, 2023, 319, p. 115001.

[②] Glynn, S. M., Brickman, P., Armstrong, N., et al. "Science Motivation Questionnaire II: Validation with Science Majors and Nonscience Majors". *Journal of Research in Science Teaching*, 2011, 48 (10), pp. 1159～1176.

学习投入方面,主要参考学生版乌得勒支工作参与度量表(Utrecht Work Engagement Scale-student,UWES-S)①,从行为投入、认知投入、情感投入三个维度出发进行问卷编制,共计 12 道题。采用李克特量表的形式,各维度的具体内涵如表 4-4 所示,旨在检验数字化游戏的使用对学生学习投入的影响。后续对收集到的数据运用 SPSS 软件进行信效度分析,结果发现该问卷克隆巴赫 α 系数为 0.947,大于 0.7,这表明问卷的信度较高;KMO 值为 0.935,大于 0.7,这说明问卷的效度较好,可以用于分析学生的投入度情况。

表 4-4 投入度各维度描述

维度	描述
行为投入	指学生参与课堂活动及完成作业的投入程度
认知投入	指学生在参与课程过程中积极思考和解决问题的投入程度
情感投入	指学生对课程资源或学习经验的情感投入和依恋程度

7. 教学过程

依照教学目标和教学内容,本研究在专业教师的指导下完成了以"网络沉迷"为主题的课程教学设计,教学过程详见表 4-5。

表 4-5 以"网络沉迷"为主题的数字公民教育课程教学过程

主题	课时	教学过程
什么是网络沉迷	1	(1)从常见的心理健康问题出发,引出网络沉迷这一概念; (2)通过案例分析引导学生认识网络沉迷和网络成瘾; (3)采用"头脑风暴",让学生思考可以通过哪些方面判断网络成瘾; (4)教师带领学生对相关知识进行梳理和归纳
	2	(1)播放视频,引导学生思考网络沉迷可能带来哪些危害; (2)展示两组研究数据,以小组为单位进行读图分析,总结网络沉迷的危害; (3)通过案例分析,进一步体会网络沉迷对身心健康及生活的影响; (4)布置课后小任务,帮助学生了解自己对数字设备使用的情况

---

① Wickramasinghe, N. D., Dissanayake, D. S., Abeywardena, G. S. "Validity and Reliability of the Utrecht Work Engagement Scale-Student Version in Sri Lanka". *Bmc Research Notes*, 2018, 11 (1), p. 277.

续表

主题	课时	教学过程
网络为何使人沉迷	3	（1）播放视频，让学生总结视频中的现象，并引出问题：是什么因素导致网络沉迷甚至网络成瘾； （2）通过案例分析了解网络沉迷的具体行为，分析其中的影响因素； （3）让学生分享自己常玩的游戏具有什么特点，尝试分析网络游戏成瘾的心理机制，教师再对此进行总结讲解； （4）通过"快问快答"的方式让学生巩固所学知识，加深印象
健康上网我能行	4	（1）通过回顾旧知，帮助学生巩固所学的同时引出本课主题； （2）以情景模拟的形式，引导学生清楚如何预防网络沉迷及如何合理使用数字设备； （3）采用讲授法向学生介绍与网络沉迷相关的政策法规； （4）带领学生梳理总结本节知识，巩固所学
课程总结	5	（1）由教师带领学生回顾梳理前几次课所学的知识内容； （2）由教师讲解数字化游戏《"解救"计划》的基本操作和注意事项，发放游戏链接让学生自主进行游戏； （3）发放后测问卷，了解学生的学习情况

8. 游戏设计

作为游戏设计中非常重要的部分，游戏情节的设计应从初中生的身心发展特点出发，贴合学生的生活实际，给学生创设一个知识运用的情境，让学生意识到所学知识与自己的日常生活息息相关，并且知道所学知识对帮助自己成为一名合格数字公民具有重要意义。合理的游戏情节有助于学生进行知识建构，在同化和顺应的过程中不断丰富自己的认知结构，同时，生动有趣的游戏情节能够激发学生的好奇心，活跃课堂气氛，丰富学习体验。

（1）故事情节设计。本研究基于建构主义学习理论、ARCS动机模型理论以及心流理论，遵循情境性和寓教于乐原则，围绕"网络沉迷"主题设计了相关游戏情节，主要从初中生日常生活情景出发，采用故事叙述的方式推动游戏剧情的发展，例如《"解救"计划》游戏：学校一年一度的篮球赛马上就要开始，玩家作为刘凯的篮球队队友，发现刘凯还没到场，于是决定去刘凯家找他。到了他家，却只看到乱糟糟的客厅和书房，通过对这两个场景中的蛛丝马迹进行搜寻，结合刘凯近期的行为举止，分析刘凯可能网络成瘾了。后来玩家果然在卧室里找到了还沉迷在手机中的刘凯,为了帮他摆脱手机的控制,对其手机的每日游戏时长进行设置并告知其沉迷的危害,最终成功让刘凯放下手机。游戏的故事背景截图如图4-3所示。

图4-3 《"解救"计划》游戏故事背景

(2)游戏任务设计。游戏中的任务设置由浅入深、循序渐进,每一项小任务都对应着一定的教学目标和知识点,如表4-6所示。

表4-6 《"解救"计划》游戏任务列表

游戏任务		具体内容	对应教学目标	相关知识点
1	进入客厅寻找线索	【线索一】失眠药药瓶:刘凯最近睡眠不好一直在吃药	清楚沉迷网络/网络成瘾的危害	沉迷网络/网络成瘾给身体带来的危害:导致睡眠紊乱
2		【线索二】帽子和墨镜:这是刘凯近期的出门装备,他曾表示自己最近不想与他人交往		沉迷网络/网络成瘾给心理带来的危害:产生孤僻心理

第四章　如何培养数字公民素养

续表

游戏任务	具体内容		对应教学目标	相关知识点
3	进入书房寻找线索	【线索一】试卷：以往成绩很好的刘凯这次考试居然不及格	清楚沉迷网络/网络成瘾的危害	沉迷网络/网络成瘾给心理带来的危害；沉迷网络导致无心学习，使得学习成绩下降
4		【线索二】吃剩的泡面：刘凯最近经常胃痛，原来是因为没有好好吃饭	清楚沉迷网络/网络成瘾的危害	沉迷网络/网络成瘾给身体带来的危害；沉迷网络导致饮食不规律，使得身体素质下降
5		【线索三】还没关闭的电脑：发现桌面的游戏软件，双击进入	打开邮件：发现刘凯与网友沟通中用语粗俗，脾气暴躁	清楚沉迷网络/网络成瘾的危害	沉迷网络/网络成瘾给心理带来的危害；产生焦虑、烦躁的情绪
6			打开排行：发现刘凯已经连续三个月每天打游戏时间超过6小时	清楚网络成瘾的表现	网络成瘾的表现之一：每天使用网络的时间超过6小时，并且持续超过3个月
7	结合线索进行初步判断	刘凯已经网络成瘾（答题）	清楚网络成瘾的判断标准	网络成瘾的判断标准
8	进入卧室，发现刘凯被手机"困"住了，沉迷其中	打开刘凯手机，设置每日游戏时长限制	设置—屏幕使用时长—App限额—游戏—选择每天"30分钟"—添加	清楚预防沉迷网络的措施	合理使用数字设备的方法
9		告知刘凯网络成瘾的危害（答题）		清楚沉迷网络/网络成瘾的危害	沉迷网络/网络成瘾的危害：身体及心理的问题

续表

游戏任务	具体内容		对应教学目标	相关知识点
10	成功"解救"刘凯	回顾相关知识点（答题）		清楚沉迷网络/网络成瘾的概念、判断标准、危害及预防措施

数字公民素养的提升不能仅靠理论学习，还要让学生懂得如何将理论与实践相结合，将所学知识学以致用。因此，本游戏结合故事情节，在"解救"刘凯过程中加入了设置手机游戏时长限制的任务，如图4-4所示。旨在通过给学生提供模拟的智能手机界面，让学生在游戏过程中亲身体验设置游戏时长限制的整个流程，使其在完成游戏任务的同时，了解在数字时代下如何借助数字设备帮助自己预防网络沉迷，更好地使用数字设备。

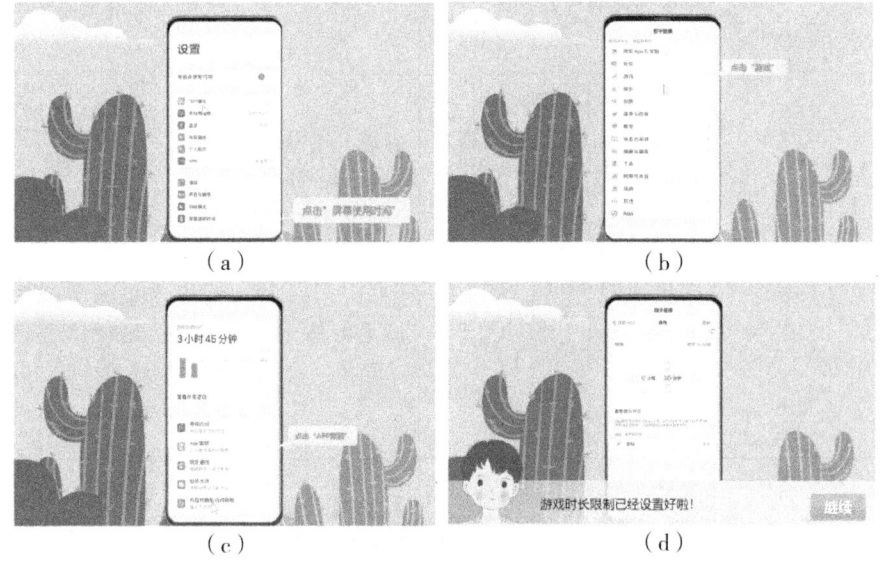

图4-4　在《"解救"计划》游戏中，完成"设置游戏时长"任务

（3）游戏反馈设计。为了帮助学生更好地完成游戏任务，我们在游戏设计中融入一定的反馈机制，通过及时反馈，让学生能够了解任务的完成情况以及学习目标的达成程度。例如，在寻找线索的任务中结合实际情况提醒学生该场景里共有多少条线索，目前已完成多少；当学生发现有用的线索时，会及时弹出窗口进行反馈；当学生做出错误选择时，则会通过弹窗告知学生正确答案及选择，如图4-5所示。

第四章 如何培养数字公民素养

（a）

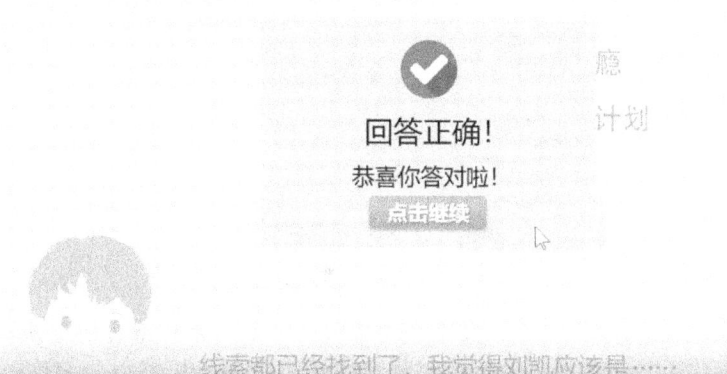

（b）

图4-5 《"解救"计划》游戏中的反馈

除此之外，在游戏最后还设置了星级评定及排行榜，对学生游戏任务的完成情况进行量化统计并排名，帮助学生了解自己在游戏中的表现以及对知识点的掌握情况，激发学生的好胜心和竞争意识，激励其在后续学习中继续努力，争取有更好的表现，同时让教师直观了解学生的游戏完成情况和教学目标的达成度，如图4-6所示。

(a)

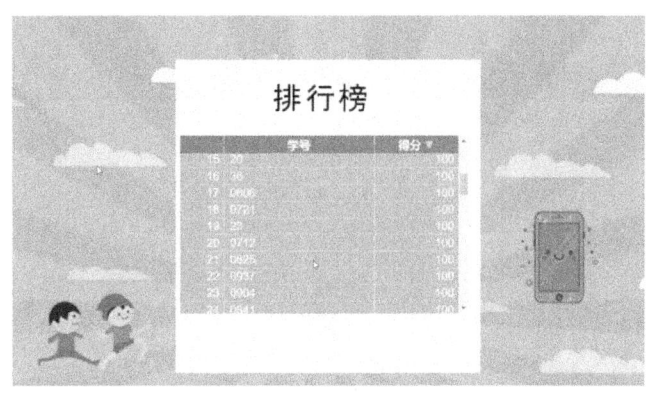

(b)

图 4-6 《"解救"计划》游戏排行榜

（4）游戏支架设计。教学中的"支架"是指辅助学生学习的各种工具和手段，而在数字化游戏中为学生提供支持和帮助的游戏元素则被称为"游戏支架"。数字化游戏作为辅助数字公民教育的资源之一，其核心在于教育，需要确保学生在进行游戏的同时达成数字公民教育的教学目标。由于数字化游戏对学生而言往往具有一定挑战性，因此游戏支架能够帮助学生更好地完成游戏任务，不至于因游戏难度太大而感到泄气。本游戏主要采用引导提示策略，通过游戏中的各种元素给学生启发和提示。具体设计了两种形式的游戏支架，分别是提示型游戏支架和提问型游戏支架。在具备一定挑战性的游戏任务中融入了提示型游戏支架，例如在寻找线索任务中，倘若学生在 30 秒内仍然未能发现有用的线索，游戏界面右上角则会弹出"灯泡"图标，学生可以根据自己的需要选择是否点击"灯泡"查看提示，如图 4-7 所示。除此之外，为了帮助学生巩固所学知识点，本游戏在各角色互动时融入了提问型游戏支架，采用问答的形式帮助学生对该情节涉及的知识点进行复习巩固，深化学生对知识点的理解与记忆。

图 4-7　《"解救"计划》游戏中游戏提示

（三）应用实践与效果检验

1. 研究对象与研究假设

本研究选取广州市 H 中学学业成绩相近的 2 个班共 154 名初一年级学生作为研究对象，开展数字化游戏的实验教学。两个班的学生分别设为实验组和对照组，其中实验组共 77 人，对照组共 77 人，两组学生的基本情况如表 4-7 所示。

表 4-7　学生基本情况

班级	男生人数	女生人数	总人数
实验组	36	41	77
对照组	40	37	77

本研究提出以下三点假设：①数字化游戏的应用有助于更好地提升学生的数字健康素养水平；②数字化游戏的应用能够激发学生的学习动机；③数字化游戏的应用能够提高学生学习的投入度。

2. 研究结果与讨论

为了探究实验效果,本研究对教学实践过程中所收集到的前后测数据进行了整理分析。前后测问卷均在任课教师的辅助下,通过"问卷星"平台发放给学生。其中,前测问卷共发放154份,回收154份,有效问卷154份,回收率100%;后测问卷共发放154份,回收154份,有效问卷154份,回收率100%。借助 SPSS 计量统计软件和 Excel 办公软件对前后测问卷进行统计分析。

1)数字健康素养水平。使用柯尔莫戈洛夫-斯米诺夫检验(简称"K-S 检验")对实验组和对照组的数字健康素养总分及其子维度前后测结果进行正态性检验,结果如表4-8所示。当 $P>0.05$ 时,则基本上可以判断该样本呈正态分布;反之,当 $P<0.05$ 时,则可以判断该样本呈非正态分布。根据检验结果,将分别采用参数检验和非参数检验进行分析。

表4-8 数字健康素养前后测数据正态性 K-S 检验

组别		维度	统计量	df	Sig.
实验组	前测	数字健康素养总分	0.095	77	0.080
		意识与观点	0.135	77	0.001
		心理与表现	0.117	77	0.011
		行为与行为倾向	0.139	77	0.001
	后测	数字健康素养总分	0.114	77	0.015
		意识与观点	0.140	77	0.001
		心理与表现	0.087	77	0.200
		行为与行为倾向	0.102	77	0.046
对照组	前测	数字健康素养总分	0.090	77	0.199
		意识与观点	0.139	77	0.001
		心理与表现	0.150	77	0.000
		行为与行为倾向	0.122	77	0.006
	后测	数字健康素养总分	0.110	77	0.022
		意识与观点	0.140	77	0.001
		心理与表现	0.131	77	0.002
		行为与行为倾向	0.126	77	0.004

（1）组间前测数据分析。结合 K-S 检验情况，对两组学生的前测数字健康素养总分数据进行独立样本 T 检验，结果如表 4-9 和表 4-10 所示。

表 4-9 前测数字健康素养总分统计量

维度	组别	样本量	均值	标准差
前测数字健康素养总分	实验组	77	85.61	14.122
	对照组	77	83.90	13.405

表 4-10 前测数字健康素养总分独立样本 T 检验

维度		方差方程的 Levene 检验		均值方程的 t 检验		
		F	Sig.	t	df	Sig.（双侧）
前测数字健康素养总分	假设方差相等	0.425	0.515	0.773	152	0.441
	假设方差不相等			0.773	151.590	0.441

通过分析表 4-9 和表 4-10 可以看到，实验组和对照组的课前测数字健康素养总分均值分别为 85.61 和 83.90，经过方差齐性检验后得到 $F=0.425$，$P=0.515>0.05$，认为两样本总体方差相等；经过独立样本 T 检验后，$t=0.773$，$P=0.441>0.05$，说明两组学生的课前数字健康素养不存在显著性差异。再分别对三个子维度进行非参数 Mann-Whitney U 检验，结果如表 4-11 所示。

表 4-11 前测数字健康素养子维度 Mann-Whitney U 检验

维度	组别	样本量	中位数（P25，P75）	Z 值	P 值
前测意识与观点	实验组	77	20.00（17.00，21.00）	-.504	.614
	对照组	77	19.00（18.00，21.00）		
前测心理与表现	实验组	77	39.00（34.00，42.00）	-1.109	.267
	对照组	77	38.00（32.50，42.00）		
前测行为与行为倾向	实验组	77	32.00（30.00，35.00）	-.197	.843
	对照组	77	31.00（29.00，33.50）		

通过对表 4-11 进行分析可以看到，在"前测意识与观点"维度，$Z=-0.504$，$P=0.614>0.05$，在"前测心理与表现"维度，$Z=-1.109$，$P=0.267>0.05$，而"前测行为与行为倾向"维度上，$Z=-0.197$，$P=0.843>0.05$，这说明两组学生课前在这三个维度上均不存在显著差异，符合实验开展的前提条件。

（2）组内前后测数据分析。接下来，分别对实验组和对照组的前后测数字健康素养总分及各子维度进行配对分析，在配对前需要对差值进行正态性检验，结果如表 4-12 所示。

表 4-12　数字健康素养各维度前后测差值正态 K-S 检验

组别	维度	统计量	df	Sig.
实验组	数字健康素养总分前后测差值	0.087	77	0.200
	意识与观点前后测差值	0.111	77	0.020
	心理与表现前后测差值	0.150	77	0.000
	行为与行为倾向前后测差值	0.186	77	0.000
对照组	数字健康素养总分前后测差值	0.090	77	0.000
	意识与观点前后测差值	0.185	77	0.000
	心理与表现前后测差值	0.248	77	0.000
	行为与行为倾向前后测差值	0.186	77	0.000

根据对数字健康素养各维度前后测差值正态检验的结果，采用配对设计的符号秩和检验，得到结果如表 4-13 所示。

表 4-13　组内前后测数据配对分析

维度	组别	中位数（P25，P75）		差值中位数	Z 值	P 值
		前测	后测			
数字健康素养总分前后测差值	实验组	88.0 (77.0, 95.0)	100.0 (93.0, 108.5)	-14.00	-7.484a	0.000
	对照组	86.0 (77.0, 95.0)	96.0 (86.0, 103.0)	-5.00	-7.974a	0.000
意识与观点前后测差值	实验组	20.0 (17.0, 21.0)	26.0 (24.0, 28.0)	-6.00	-7.580a	0.000
	对照组	19.0 (17.0, 21.0)	22.0 (19.0, 25.0)	-1.00	-8.148a	0.000
心理与表现前后测差值	实验组	39.0 (34.0, 42.0)	42.0 (38.5, 45.0)	-4.00	-6.267a	0.000
	对照组	38.0 (33.0, 42.0)	41.0 (38.0, 45.0)	-2.00	-6.878a	0.000

续表

维度	组别	中位数（P25，P75）		差值中位数	Z 值	P 值
		前测	后测			
行为与行为倾向前后测差值	实验组	30.0 (26.0, 32.0)	32.0 (30.0, 35.0)	-3.00	-6.607a	0.000
	对照组	29.0 (26.0, 32.0)	32.0 (29.0, 34.0)	-1.00	-6.988a	0.000

通过对表4-13进行分析，可以看到实验组和对照组的数字健康素养总分及各子维度前后测差值配对检验后 $P=.000<0.05$，说明实验组和对照组前后测各项数据均存在显著差异；根据差值中位数，实验组在数字健康素养总分上的提升程度相较于对照组更高，说明数字化游戏的应用对学生数字健康素养水平的提升有一定的积极作用。

（3）组间后测数据分析。然后再对后测的相关数据进行分析，同样除了要分析整体的后测数字健康素养情况，还要分别对后测意识与观点、后测心理与表现、后测行为与行为倾向三个子维度的数据进行检验。由于数据为非正态分布，因此采用非参数 Mann-Whitney U 检验，结果如表4-14所示。

表4-14 后测数字健康素养及其子维度 Mann-Whitney U 检验

维度	组别	样本量	中位数（P25，P75）	Z 值	P 值
后测数字健康素养总分	实验组	77	100.00 (93.00, 108.50)	-4.371	0.000
	对照组	77	91.00 (86.00, 95.00)		
后测意识与观点	实验组	77	26.00 (24.00, 28.00)	-8.719	0.000
	对照组	77	20.00 (19.00, 22.00)		
后测心理与表现	实验组	77	42.00 (38.50, 45.00)	-1.890	0.059
	对照组	77	40.00 (38.00, 44.00)		
后测行为与行为倾向	实验组	77	32.00 (30.00, 35.00)	-2.253	0.024
	对照组	77	31.00 (29.00, 33.50)		

可以看到，在后测数字健康素养总分方面，经过 Mann-Whitney U 检验后得到 $Z=-4.371$，$P=0.000<0.05$，这说明经课堂学习后，实验组和对照组在数字健康素养总分方面存在显著差异；在"后测意识与观点"维度，经过 Mann-Whitney U 检验后得到 $Z=-8.719$，$P=0.000<0.05$，这说明课后实验组和对照组在"意识与观点"维度存在显著差异；在"后测心理与表

现"维度，$Z = -1.890$，$P = 0.059 > 0.05$，这说明课后实验组和对照组在"心理与表现"维度不存在显著差异；在"后测行为与行为倾向"维度，$Z = -2.253$，$P = 0.024 < 0.05$，这说明课后实验组和对照组在"行为与行为倾向"维度存在显著差异。综上所述，数字化游戏的应用，整体而言有助于学生数字健康素养的培养，其中对于数字健康素养的意识与观点、行为与行为倾向方面有显著的积极影响，但是在心理与表现方面的影响不显著。

2）学习动机。首先检验两组学生前后测的学习动机数据是否符合正态分布。根据 K-S 检验分析结果（见表 4 - 15），实验组与对照组的内在动机和外在动机数据显著性均小于 0.05，说明数据的分布不是正态分布，为此需要采用非参数检验的方法进行分析。

表 4 - 15 学习动机数据正态性 K-S 检验

组别	维度	统计量	df	Sig.
实验组	内在动机	0.171	77	0.000
	外在动机	0.132	77	0.002
对照组	内在动机	0.173	77	0.000
	外在动机	0.148	77	0.005

然后对实验后两组学生的学习动机数据进行非参数 Mann-Whitney U 检验，分别从内在动机和外在动机两个维度进行考量，结果如表 4 - 16 所示。

表 4 - 16 学习动机各维度 Mann-Whitney U 检验

维度	组别	样本量	中位数（P25，P75）	Z 值	P 值
内在动机	实验组	77	12.00（11.00，14.00）	-3.232	0.001
	对照组	77	11.00（9.00，12.00）		
外在动机	实验组	77	12.00（10.00，14.00）	-1.753	0.011
	对照组	77	11.00（10.00，13.00）		

可以看到，在"内在动机"维度上，经过 Mann-Whitney U 检验后得到 $Z = -3.232$，显著性 $P = 0.001 < 0.05$，说明课后实验组与对照组的内在动机具有显著性差异，且实验组的中位数为 12，对照组的中位数为 11，说明实验组的内在动机大于对照组，且差异具有统计学意义。而在"外在动机"维度上，$Z = -1.753$，显著性 $P = 0.011 < 0.05$，同样说明课后实验与对照组的外在动机具有显著性差异，实验组学生的外在动机高于对照组，且差异具有统计学意义。

3) 学习投入。首先检验两组学生前后测的学习投入数据是否符合正态分布。根据 K-S 检验分析结果（见表 4-17），当 $P>0.05$ 时，则基本上可以判断呈正态分布；反之，当 $P<0.05$ 时，则可以判断该样本呈非正态分布。

表 4-17 学习投入数据正态性 K-S 检验

组别	维度	统计量	df	Sig.
实验组	情感投入	0.138	77	0.001
	行为投入	0.131	77	0.002
	认知投入	0.123	77	0.006
对照组	情感投入	0.107	77	0.029
	行为投入	0.126	77	0.004
	认知投入	0.134	77	0.002

由于数据呈非正态分布，因此对实验后两组学生的投入度数据进行非参数 Mann-Whitney U 检验，分别从情感投入、行为投入和认知投入三个维度进行考量，结果如表 4-18 所示。

表 4-18 学习投入子维度 Mann-Whitney U 检验

维度	组别	样本量	中位数（P25，P75）	Z 值	P 值
情感投入	实验组	77	14.00（12.00，18.00）	-1.815	0.027
	对照组	77	13.00（12.00，16.00）		
行为投入	实验组	77	15.00（13.00，17.00）	-.957	0.399
	对照组	77	15.00（13.00，17.00）		
认知投入	实验组	77	15.00（13.00，18.00）	-.468	0.640
	对照组	77	15.00（13.00，17.00）		

可以看到，在"情感投入"维度上，经过 Mann-Whitney U 检验后得到 $Z=-1.815$，$P=0.027<0.05$，说明课后实验组在情感投入方面与对照组存在显著性差异，且实验组在情感投入方面高于对照组；在"行为投入"维度上，$Z=-0.957$，$P=0.399>0.05$，说明课后实验组与对照组在行为投入方面不存在显著差异；在"认知投入"维度上，$Z=-0.468$，$P=0.640>0.05$，说明课后实验组与对照组在认知投入方面不存在显著差异。综上所述，数字化游戏的应用对提高学生的情感投入有显著的积极影响，但在行为投入和认知投入方面的影响不显著。

（四）讨论与分析

通过对数据的整理分析，我们可以得出以下结论。

（1）将数字化游戏应用于初中数字公民教育有助于培养学生数字健康素养。通过对实验组及对照组前后测数据进行对比分析发现，在教学结束后，实验组学生的数字健康素养水平整体上是优于对照组的，且在"意识与观点"和"行为与行为倾向"这两个维度上存在显著差异。但在"心理与表现"维度上两组差异不显著，究其原因可能是心理与表现层面的培养需要经过长期的培养与训练，单靠数字化游戏或者单靠一门课程难以起到很好的效果。总体而言，本研究表明数字化游戏的应用对培养学生的数字健康素养有一定的积极影响。

（2）将数字化游戏应用于初中数字公民教育有助于提高学生的学习动机。通过对实验组及对照组前后测数据的对比分析发现，实验组学生的内在和外在动机水平都显著高于对照组，这表明数字化游戏的应用对学生的学习动机有一定的提升作用。

（3）将数字化游戏应用于初中数字公民教育能够提升学生的情感投入度。通过对数据进行分析可以看到，实验组学生在情感投入方面显著高于对照组，但是在行为投入和认知投入方面两组没有显著差异。究其原因，一方面可能是因为受新冠疫情影响，学生只能在家上网课，在家长的监督下他们玩游戏使用的设备和网络难以得到保障，游戏过程中遇到问题也无法及时得到解决，这对学生的行为投入可能带来一定的负面影响；另一方面，由于游戏的设计兼顾了学生的平均水平，部分酷爱玩游戏的学生用时比预计更短，这在一定程度上减少了学生在认知方面的投入。

综上所述，本实验的结果表明：数字化游戏应用于初中数字公民教育有助于学生数字健康素养的培养，尤其是在意识与观点、行为与行为倾向这两方面，并且能够在一定程度上提升学生的内在动机、外在动机和情感投入度。

（五）总结

本案例以"网络沉迷"为主题，探索如何在基础教育中实施数字公民素养（数字健康素养）的培养。借鉴了国际前沿经验，教学设计融入了数字化游戏，在提升学生学习动机和情感投入的基础上帮助学生提高数字健康素养。本案例根据不同年龄段学生的认知、能力、使用数字设备的经验等差异来设计课程，在初中心理健康教育中融入数字公民素养的相关内容，完成了课程教学目标、重难点、教学内容、教学活动、教学策略、教学评价和教学过程的设计，以及相关资源（含数字化游戏）的设计与开发。其中，在确定课程教学内容时，笔者根据中学生心理健康中常被忽视的网络成瘾和游戏成瘾问题，与数字公民教育九大成分中的数字健康相结合，并兼顾学校特色对教学内容进行重构。同时，为了丰富课程教学方式并且与国际数字公民教育实践接轨，笔者设计并开发了《"解救"计划》这一款数字教育游戏，成功将其运用于初中数字公民教育课程中，取得了预期的效果。本案例的实践证明，把数字化游戏应用于初中数字公民教育是有效的，在初中常规课程（如心理健康、道德与法治、信息科技等课程）中融入数字公民素养的相关内容，引导中小学生安全、合法、符合道德规范地使用信息技术，也是行之有效的。

第五章　数字公民教育提升全民数字素养与技能

第一节　概　　述

2023年2月，中共中央、国务院印发《数字中国建设整体布局规划》（简称《规划》）①，提出数字中国建设的整体框架。这是党中央顺应全球数字化、网络化、智能化这一时代发展趋势所做出的重要战略部署，对全面建设社会主义现代化国家具有重要意义和深远影响。综观《规划》，无论是夯实数字中国建设基础、全面赋能经济社会发展，还是强化数字中国关键能力、优化数字化发展环境，都离不开具有高素养和高水平技能的数字人才。在全社会、全产业的数字化转型浪潮中，我们必须加快提升自身的数字素养与技能，才能抢占发展主动权，为数字中国建设做贡献。

早在2021年11月，中共中央网络安全和信息化委员会办公室（简称"中央网信办"）印发《提升全民数字素养与技能行动纲要》②（简称《行动纲要》），对提高全民数字素养与数字技能这一战略目标和工作任务作部署安排。根据《行动纲要》，数字素养与技能是数字社会公民学习、工作、生活应具备的数字获取、制作、使用、评价、交互、分享、创新、安全保障、伦理道德等一系列素质与能力的集合，它是新时代下公民在数字世界生存与发展所需展现出来的各种素质与能力的集合。在数字中国的背景下，数字技术贯穿社会生产的各个环节，达到与经济、文化、社会等的深度融合③，这必然刺激对全社会数字化技能人才的迫切需求。因此，构建覆盖全民、城乡融合的数字素养与技能发展培育体系，将有利于广大民众掌握这些必备素养与

---

① 新华社：中共中央　国务院印发《数字中国建设整体布局规划》（https://www.gov.cn/xinwen/2023-02/27/content_5743484.htm）。

② 中央网络安全和信息化委员会：《提升全民数字素养与技能行动纲要》（http://www.cac.gov.cn/2021-11/05/c_1637708867754305.htm）。

③ 新华社：中共中央 国务院印发《数字中国建设整体布局规划》（https://www.gov.cn/xinwen/2023-02/27/content_5743484.htm）。

技能，积极参与各行业的数字化转型建设，确保网络强国和数字中国目标的顺利实施。

与此同时，数字中国建设最终体现为增进人民福祉、促进共同富裕，即推动高质量数字化发展成果惠及全民，提高人民生活水平，增强人民幸福感，促进人的全面发展（物质生活富裕、精神生活富有）。《规划》明确指出，要构建普惠便捷的数字社会，提升教育、医疗、社会治理等重点民生领域的数字化水平。在未来，消弭数字鸿沟，推动全民共享数字社会建设成果，必然要求广大群众具备相应的数字素养与技能，从而有效支撑国民对数字资源、数字化服务的充分利用，有助于数据要素价值的充分释放，确保国民成为高质量数字化发展成果的受益者。

关于数字素养与技能的培育，国家尚未出台相关细则，学术界目前也仅有少量学者给予了一定的关注。如商宪丽等基于对欧盟八大实践要素的剖析和国内数字素养与技能培育实际，提出国内面向全民数字素养与技能培育的一些实施对策[1]；黄如花从提高服务能力的角度论述高校图书馆应努力推动全民数字素养与技能水平的提升[2]；李锋等对《义务教育信息科技课程标准（2022年版）》进行分析，凸显其对学生数字素养与技能的提升[3]。通过对数字素养与技能定义和培养目标的分析，笔者发现其与国际热点数字公民素养（digital citizenship）十分接近。鉴于此，本研究在探讨两者关系的基础上提出可借助实施数字公民教育的东风，用数字公民素养的培育促进全民数字素养与技能的提升，从而有效推进数字中国建设和《行动纲要》的全面落实。

第二节 数字公民教育提升全民数字素养与技能：理论和实践的双重逻辑

数字公民素养，是数字时代下技术使用者利用各种数字技术进行学习、工作和生活所需具备的关于安全、合法、符合道德规范地使用技术的价值观

---

[1] 商宪丽，张俊：《欧盟全民数字素养与技能培育实践要素及启示》，载《图书馆学研究》2022年第5期，第67～76页。

[2] 黄如花：《提升全民数字素养与技能 提高高校图书馆服务国家战略的能力》，载《图书馆论坛》2022年第3期，第14～16页。

[3] 李锋，李冬梅，魏雄鹰，等：《发展关键能力提升数字素养与技能——〈义务教育信息科技课程标准（2022年版）〉的内容设计与实施建议》，载《教师教育学报》2022年第4期，第55～62页。

念、必备品格、关键能力和行为习惯。数字公民教育则是以培养信息时代的合格数字公民、提升数字公民素养为目的而实施的教育①。从数字公民教育的九大成分②、数字公民素养的主要内容③来看，数字公民素养与《行动纲要》中的数字素养与技能高度契合，下面分别从理论和实践两个层面进行探讨。

一、理论层面："契合"之必然性

（一）价值取向上的分析

无论是数字素养与技能，还是数字公民素养，其最终目的都是育人，即通过教育、引导、培训等方式培养适合时代发展、社会进步的高素质人才——合格数字公民。两者同属价值范畴，具有相同的价值取向——育人，即促进个人在数字空间的全面发展。

（二）核心内容上的分析

《行动纲要》围绕数字素养与技能的定义、目标、内容等进行了详细的阐述，本研究对照数字公民素养的目标和内容④，把《行动纲要》的主要任务点与所涉及的数字公民素养关联起来，如表5-1所示。

---

① 郑云翔，钟金萍，黄柳慧，等：《数字公民素养的理论基础与培养体系》，载《中国电化教育》2020年第5期，第69～79页。

② Ribble, M. *Digital Citizenship in Schools: Nine Elements All Students Should Know* (London: International Society for Technology in Education, 2015).

③ 郑云翔，钟金萍，黄柳慧，等：《数字公民素养的理论基础与培养体系》，载《中国电化教育》2020年第5期，第69～79页；郑云翔，黄柳慧，钟金萍：《数字公民素养的要素定义和内容分解》，载《科教导刊（下旬）》2020年第18期，第162～164页；杨浩，徐娟，郑旭东：《信息时代的数字公民教育》，载《中国电化教育》2016年第1期，第9～16页；余慧菊，杨俊锋：《数字公民与核心素养：加拿大数字素养教育综述》，载《现代教育技术》2019年第7期，第5～11页。

④ 郑云翔，钟金萍，黄柳慧，等：《数字公民素养的理论基础与培养体系》，载《中国电化教育》2020年第5期，第69～79页；郑云翔，黄柳慧，钟金萍：《数字公民素养的要素定义和内容分解》，载《科教导刊（下旬）》2020年第18期，第162～164页。

第五章 数字公民教育提升全民数字素养与技能

表 5-1 《行动纲要》主要任务点与涉及的数字公民素养

《行动纲要》主要任务点	涉及的数字公民素养
三、(一) 1. 优化完善数字资源获取渠道	数字准入素养
2. 丰富数字教育培训资源内容	数字素养
3. 推动数字资源开放共享	数字准入素养
专栏1 公民数字参与提升工程	数字准入素养
(二) 8. 开展数字助老助残行动	数字准入素养、数字素养,专门针对老人群体
专栏2 数字社会无障碍和适老化改造提升工程	数字准入素养,专门针对老人群体
(三) 9. 提高产业工人数字技能	数字素养,专门针对社会人士,特别是各种劳动力
10. 提升农民数字技能	数字素养,专门针对农民
11. 提升新兴职业群体数字技能	数字素养,专门针对非传统工人——在线劳动者
12. 开展妇女数字素养教育与技能培训	数字素养,专门针对妇女
13. 提升领导干部和公务员数字治理能力	数字素养,专门针对领导干部和公务员
专栏4 领导干部和公务员数字素养提升工程	
(四) 14. 提升学校数字教育水平	数字素养,专门针对各级各类师生群体
15. 完善数字技能职业教育培训体系	数字素养,专门针对职业教育
专栏5 退役军人数字素养与技能提升工程	数字素养,专门针对退役军人
(六) 提高数字安全保护能力	数字安全素养、数字商务素养
(七) 21. 引导全民依法规范上网用网	数字法律素养、数字通信素养、数字礼仪素养
22. 提高全民网络文明素养	数字权责素养、数字礼仪素养、数字健康素养
23. 强化全民数字道德伦理规范	数字权责素养

说明:专栏3与数字公民素养不太相关,故略。

从表5-1可知,《行动纲要》对数字素养与技能提出的各项要求,所设置的主要任务或重点工程都可以对应数字公民素养的九大成分;而数字公民素养所倡导的合格数字公民所应具备的价值观念、品格、关键能力与行为习惯，都在数字素养与技能中有所体现。

值得注意的是，数字素养与技能中的"数字素养"，是除了数字技能的其他一切素质与能力，即与数字技术使用相关的伦理道德、规范准则、行为习惯等。这刚好与数字公民素养中的"数字素养"（不断地学习技术）[1] 相反，如表 5-2 所示。

表 5-2　数字素养与技能和数字公民素养的对应关系

数字素养与技能内容		数字公民素养内容
数字素养（与数字技术使用相关的伦理道德、规范准则、行为习惯等）	对应	数字准入、数字礼仪、数字商务、数字通信、数字安全、数字法律、数字权责、数字健康素养
数字技能		数字素养

尽管如此，两者从核心内容上看还是十分匹配的。而且，《行动纲要》创造性地把数字素养内涵中与数字技能相关的部分分离出来，同时把素养类放在首要的位置（"素养"在前，"技能"在后），使用"数字素养与技能"这一术语，体现了党和国家对数字公民适应数字社会要求的重心变化。这一思想和用意在数字公民素养上也体现得淋漓尽致，因此可以认为，数字素养与技能的核心内容与数字公民素养无异。

（三）培养目标上的分析

《行动纲要》的目标是培养具有数字意识、计算思维、终身学习能力和社会责任感的数字公民。通过上述分析可知，其培养目标实质就是培养合格数字公民，即全方位地"武装"使用技术进行生活、工作、学习和创新的公民。从人的全生命周期角度考虑，"数字素养与技能"更符合中国提升国民素质与促进人的全面发展的规律和要求[2]。可见，数字素养与技能、数字公民素养的培养目标是一致的。

---

[1]　杨浩，徐娟，郑旭东：《信息时代的数字公民教育》，载《中国电化教育》2016年第 1 期，第 9～16 页。

[2]　网信中国：《中央网信办负责同志就〈提升全民数字素养与技能行动纲要〉答记者问》，见武汉市互联网信息办公室（http://www.whwx.gov.cn/wxdt/202111/t20211108_1828959.shtml）。

（四）覆盖面上的分析

毫无疑问，《行动纲要》针对的是全体使用技术进行生活、工作、学习和创新的人，这与数字公民素养的受众面①完全一致。在技术不断渗透、网民规模日益扩大的当代②，数字素养与技能、数字公民素养的覆盖面就是全民。

综上所述，无论是数字素养与技能，还是数字公民素养，两者都围绕生活、工作、学习等场景中"数字技术的安全、合法、符合道德规范地使用"这一核心问题，在价值取向、核心内容、培养目标、覆盖面上均无差异，两者实际是一回事。《行动纲要》中的数字素养与技能，可理解为数字公民素养。

二、应用实践层面："契合"之可行性

应用层面上，数字公民素养与人们如何把技术运用于生活、工作和学习息息相关。已有研究通过相关应用与实践表明，针对某要素实施数字公民教育，可以提升学习者对应的数字公民素养水平。如 Lozano-Díaz 等对教育专业的大学生进行关于网络交互的数字公民教育实践，发现他们在可持续发展相关内容上展现了积极的承诺和数字行为水平。③ Alazemi 等将数字公民元素融入语言课堂，发现在互动在线模式下它们会显著影响高中一年级学生的国际英语写作成绩④。Tapingkae 等通过教育游戏对初中生开展网络欺凌有关的数

---

① 郑云翔，钟金萍，黄柳慧，等：《数字公民素养的理论基础与培养体系》，载《中国电化教育》2020 年第 5 期，第 69～79 页；俞思瑾，郑云翔，杨浩，等：《国际数字公民教育研究的现状、热点及前沿》，载《开放教育研究》2018 年第 6 期，第 49～59 页。

② 中国互联网络信息中心：第 51 次《中国互联网络发展状况统计报告》（https://cnnic.cn/n4/2023/0302/c199-10755.html）。

③ Lozano-Díaz, A., Fernández-Prados, J. S. "Educating Digital Citizens: An Opportunity to Critical and Activist Perspective of Sustainable Development Goals". *Sustainability*, 2020, 12 (18), p. 7260.

④ Alazemi, A., Sa'di, I., Al-jamal, D. "Effects of Digital Citizenship on EFL Students' Success in Writing". *International Journal of Learning, Teaching and Educational Research*, 2019, 18, pp. 120～140.

字公民教育，该方式有效增强了学生的在线尊重等行为①。此外，还有一些前期研究工作也充分探讨了数字公民素养对解决网络暴力、网络欺凌问题的重要支撑作用。例如，钟金萍等证实了融合数字公民素养能更完整、更准确地分析网络欺凌的影响因素②，并且使用混合式语言特征分析方法对微博网络暴力评论进行了分析③，结合数字公民素养可以规范网民的数字社交礼仪④，细化文明上网公约，从而避免网络暴力。这些研究成果通过应用与实践探索，证实了引入数字公民素养、实施数字公民教育，均可产生积极的效果。

综上所述，利用数字公民教育提升全民数字素养与技能符合理论和实践的双重逻辑：从理论上说，数字公民素养就是《行动纲要》中的数字素养与技能，两者具备契合之必然；从应用实践上说，已有利用数字公民教育促进数字素养与技能提升的应用案例，两者具备契合之可能。因此，可以通过实施数字公民教育，提升全民数字素养与技能。

第三节　如何实施数字公民教育，提升全民数字素养与技能

数字公民教育是为了培养合格数字公民而实施的教育，它面向全社会使用技术的人，包括幼儿、中小学生、大学生及其他社会人士等。由于各阶层身份、认知、技术需求、经验能力不尽相同，因此针对不同群体（甚至是同一群体的不同成长阶段）实施不同的数字公民教育，应该有所侧重、因材施教⑤。这就需要以系统论、协同论为指导，通过构建合作共赢框架引导各社

---

① Tapingkae, P., Panjaburee, P., Hwang, G. J., et al. "Effects of a Formative Assessment-Based Contextual Gaming Approach on Students' Digital Citizenship Behaviors, Learning Motivations, and Perceptions". Computers & Education, 2020, 159, p. 103998.

② Zhong, J., Zheng, Y., Huang, X., et al. "Study of the Influencing Factors of Cyberbullying Among Chinese College Students Incorporated With Digital Citizenship: From the Perspective of Individual Students". Frontiers in Psychology, 2021, 12, p. 621418.

③ Zhong, J., Qiu, J., Sun, M., et al. "To Be Ethical and Responsible Digital Citizens or Not: A Linguistic Analysis of Cyberbullying on Social Media". Frontiers in Psychology, 2022, 13, p. 861823.

④ 邱静：《微博网络暴力语言特征分析及其数字礼仪应用研究》，广州：华南师范大学硕士学位论文，2022年。

⑤ 郑云翔，钟金萍，黄柳慧，等：《数字公民素养的理论基础与培养体系》，载《中国电化教育》2020年第5期，第69～79页。

会主体协同合作,发挥各自优势,实现资源共享、协同创新,推动全民数字公民教育的创新发展,为社会培养合格数字公民。下面根据国外的数字公民教育经验,结合中国国情,从实施原则、实施模式和实施路径这几个方面回答"如何实施数字公民教育,提升全民数字素养与技能"这一问题。

一、实施原则

(一)重点突出

"数字素养与技能",顾名思义,"素养"在前,"技能"在后,体现了重心的变化。未来的高素质人才,不仅要掌握各种先进技术(技能),更重要的是能安全、合法、符合道德规范地使用技术造福人类。因此,在实施数字公民教育的时候,首先应当转换观念,不再仅以技术教授、技能培训为主,而是"以德为先"——重点在于凸显社会价值,即数字社会的"德"。换句话说,实施数字公民教育,关键在于素养的提升,而非技能的习得,这也与林可等人提到的课程建设启示一致。① 只有这样,才有利于人的数字智商(DQ)形成,才能培养出适应未来的高素质人才,助力网络强国和数字中国目标的实现。②

(二)因材施教

数字公民教育面向全民开展,宜采用因材施教、因人而异的原则,按需开展。其中,学前和小学阶段注重意识培养,中学阶段注重行为培养,大学阶段注重习惯养成和品格塑造。③ 可发挥"互联网+教育"的优势,充分利用各种开放教育资源,引导学习者尽早熟悉信息技术的使用规范与行为准则,掌握数字公民教育的普适性知识,养成正确的行为习惯,形成不同阶层的学习共同体,互相促进,共同进步。

---

① 林可,贺园园:《美国常识组织"数字公民身份"课程的经验与启示》,载《中国校外教育》2022年第5期,第98～111页。
② 王佑镁,赵文竹,宛平,等:《数字智商及其能力图谱:国际进展与未来教育框架》,载《中国电化教育》2020年第1期,第46～55页。
③ 郑云翔,钟金萍,黄柳慧,等:《数字公民素养的理论基础与培养体系》,载《中国电化教育》2020年第5期,第69～79页。

（三）问题导向

数字公民教育是立德树人在数字社会的重要体现，与技术的运用息息相关，天生带有思想政治教育元素。这就决定了数字公民教育必须坚持问题导向，这是"讲好道理"的前提与基础。这就要求我们在教学中必须注意与现实紧密结合、与时代同频共振，把"大道理"转化为"小故事"，用"身边人"讲述"身边事"。特别是对青少年而言，在进行数字公民教育时坚持问题导向原则不仅有利于他们进入情境、发现问题，更有利于他们进行独立思考、解决问题，获得经验和教训。这是青少年数字公民素养培养的必由之路[1]，也符合习近平总书记对思政课的要求：实施启发性教育，引导学生发现问题、分析问题、解决问题，在不断启发中让学生水到渠成地得出结论。

（四）点面结合

数字公民教育是动态的、与时俱进的，会随着数字技术的不断发展而演化出新的内容。因此，很难在短期内使数字公民素养获得全面提升。基于此，笔者认为落实数字公民教育实践应该点面结合，包括以下几个层面的含义：①教育内容的点面结合。即掌握数字公民素养九大成分的基本内容要点（"面"），并在此基础上兼顾个人发展（"点"），在某个或某几个要素上做适当拓展（例如，对公众号运营人员来说，可适当拓展数字礼仪、数字权责方面的内容）。②实施对象的点面结合。数字公民教育的受众是全民，但不同社会身份、不同阶层的素养必然有所差异。因此，应区分哪些是全民均需掌握的基础性知识（"面"），哪些是特殊群体才需要掌握的拓展性知识（"点"），从而在兼顾基础的前提下对特定个体给予针对性考虑。③地域范围的点面结合。数字公民教育是全民普惠性教育，理应由国家和地方协作互补、共同推进。其中国家有关部门负责研制并推行数字公民教育基础版（"面"），各地有关部门在此基础上拓展，利用各地特色研制出数字公民教育的地方特色版（"点"）并实施，合力共育具有良好数字公民素养的高素质人才。

---

[1] 于颖，谢仕兴，于兴华：《青少年数字素养培养的必由之路：问题解决》，载《中国电化教育》2022年第6期，第56～63页。

二、实施模式

数字公民教育的参与主体包括政府、企业、大学、中小学、家庭、学术机构、非营利组织等,形成校企、院校、产研、产学研等多层次、跨地区的合作模式。基于对国内外数字公民教育现状及特点的认识,以及对数字公民教育实施过程中参与主体的变化与主体关联的认知,本研究尝试提出数字公民教育 HOUSES 实施模式,如图 5-1 所示。

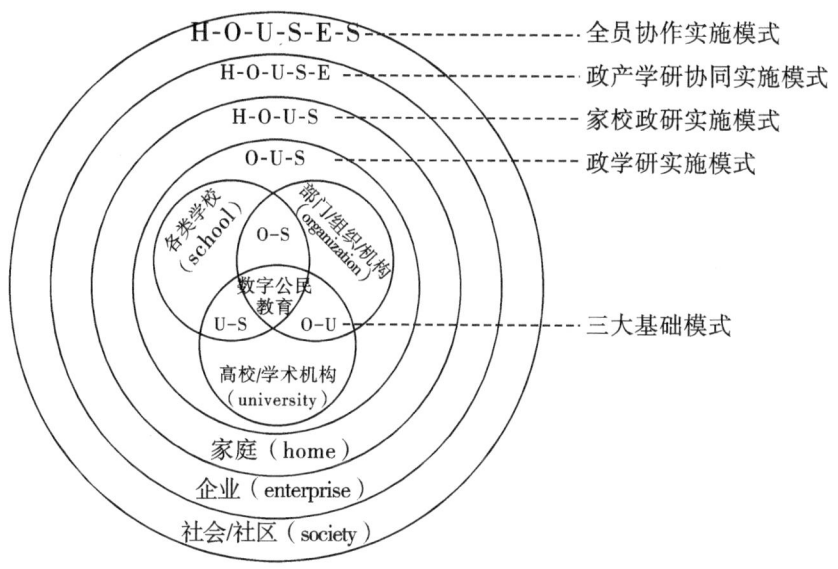

图 5-1 数字公民教育 HOUSES 实施模式

HOUSES 是一个嵌套的多主体协同实施框架,其中 H 是 home,主要指家庭;O 是 organization,主要指政府部门(如网信办)、非营利组织、培训机构等;U 是 university,主要指高校和学术机构(如研究所);第一个 S 是 school,主要指各类学校;E 是 enterprise,主要指企业;第二个 S 是 society,主要指社会、社区、协会等。HOUSES 框架从"U-S、O-S、O-U"的基础模式出发,逐步形成一个相对完备的数字公民教育生态圈。其中"U-S"表示高校或学术机构与各类学校合作,即高校专家学者牵头开展教研与教学实践,在学校教育中实施数字公民教育;"O-S"表示政府部门、组织或机构与各类学校合作,即由政府部门、组织或机构牵头,在辖区学校或合作学校中进行数字公民教育的试点应用;"O-U"表示政府部门、组织或机构与高校、学术机构合作,双方共同推进数字公民教育的本土化落地。

总体而言，U-S、O-S、O-U模式是对数字公民教育本土化发展初期的三种主要推动形式的概括，适用于数字公民教育理念推广和试点应用的阶段。在该阶段，高校和学术专家在思想引领、概念普及与知识传播方面发挥作用，政府部门和机构组织通过制定有益于数字公民教育的方针政策，为高校与各类学校牵线搭桥。当试点实践取得成功后，必然需要更多社会力量的加入，从而扩大数字公民教育的应用广度和深度，拓宽其应用范围，让更多的人受益。这包括家庭、企业、社区等的深度参与与协作，从而形成以下四种实施模式。

（1）OUS模式。OUS模式是在U-S基础上加入政府部门、组织或机构（organization）而形成的政学研实施模式。其中政府部门的政策扶持和标准的颁布，是中小学校不遗余力落实数字公民教育的信心保证，也是教师进行课程改革的动力源泉。相对O-S来说，学术专家的介入有助于带来学术界前沿的研究成果和科学指导。而相对于O-U来说，因为学校教育是数字公民教育的主阵地[1]，所以各类学校的加入毫无疑问是数字公民教育从理论到实践跨越的必由之路。

（2）HOUS模式。HOUS模式是在OUS模式基础上加入家庭力量（home）而形成的家校政研实施模式。这种模式强化了家庭在数字公民教育中的地位和作用，通过制订具体计划，有效组织家长及孩子加强关于校外使用技术的风险教育和道德教育，形成良好的家庭氛围，巩固学校教育所学的知识与技能。例如，"常识媒体"开发的K-12的数字公民教育课程提供了家庭活动配套资源[2]。在该模式中，家长以身作则，努力提升自身的数字公民素养，然后在言传身教中给孩子正面影响，使孩子在学校和家里都能言行合一，向成为合格数字公民的目标不断迈进。家校政研实施模式有利于数字公民教育理念、知识和技能的有效落实，避免"在校一个样，回家另一个样"的应付式学习，为孩子数字公民素养的提升创造良好的外部环境。

（3）HOUSE模式。HOUSE模式是在HOUS模式基础上加入企业（enterprise）而形成的政产学研协同实施模式。这种模式引入了企业的力量，为数字公民教育的具体实施提供了大力支持，如经费及设计与开发课程资源（特别是教育游戏资源）等。这能大大减轻政府部门的负担，为家长、学生提供丰富多元的学习资源和服务。例如，哈佛大学伯克曼克莱因中心联合企业、政府机构为管理人员、教师、学生和家长构建了一个数字公民在线资源

---

[1] 郑云翔，钟金萍，黄柳慧，等：《数字公民素养的理论基础与培养体系》，载《中国电化教育》2020年第5期，第69～79页。

[2] Common Sense Media. "Digital Citizenship Curriculum". Common Sense Education. (https://www.commonsense.org/education/digital-citizenship/curriculum)

平台，整合了青少年生活领域（如媒介素养、隐私、在线安全等主题）的资源。HOUSE 模式下的各利益相关者都需要对数字公民教育的投入与产出做出准确评估，以努力提升人才培养质量与成效。

（4）HOUSES 模式。HOUSES 模式是在 HOUSE 模式基础上加入社会、社区、协会（society）等形成的全员协作实施模式。这种超级模式下，各方在顶层设计和规划下协同合作，从政策保障、资金支持、师资配备、课程资源、方式方法、教学实践、评价反馈、创新应用等方面为数字公民教育的全方位落地保驾护航，打造数字公民教育生态系统，促进各要素在生态系统中有序流动，共同为数字公民教育本土化做贡献。从 U-S、O-S、O-U 的基础模式到 HOUS、HOUSE 的拓展模式，再到 HOUSES 的完善模式，其参与主体不断扩大，生态体系不断完善。在 HOUSES 框架的指导下，各要素主体相互支持、相互影响，共同推动数字公民教育在动态平衡中不断向前发展。可见，多主体协同的 HOUSES 实施框架本质是要构建一个促进数字公民教育本土化发展的利益共同体，勾勒出数字公民教育发展的共同愿景，搭建一个各主体协同合作、交流互动的一体化平台，以推动数字公民教育的精准落地。

三、实施路径

数字公民教育的落地应以立德树人培养体系为统领，以多样化的创新培养方式为手段，以多途径的监管与反馈机制为保障，以开放协同的数字公民教育生态圈为依托，全面提升全民的数字公民素养。

（一）始终坚持立德树人理念，以德为先，完善数字公民素养培养体系

数字公民教育的本质是立德树人，因此在实践中必须始终坚持以德为先。这与当前以技能训练和技术开发为核心的信息技术（科技）课程、人工智能课程有本质的区别。这就要求我们必须以技术的安全、符合法律和道德规范地使用技术为根本指导思想，以素养提升而非技能提升为目标，完善已有的数字公民素养培养体系[①]。具体来说，分学段（学前、小学、中学、大学、终身）细化每个阶段的培养体系，各阶段内有的放矢、重点突出，各阶

---

① 郑云翔，钟金萍，黄柳慧，等：《数字公民素养的理论基础与培养体系》，载《中国电化教育》2020 年第 5 期，第 69～79 页。

段间螺旋上升、层层递进。可借鉴"学前启蒙、中学巩固、大学精通、终身融会贯通"的培养原则进行整体规划，把数字公民教育培养目标进行适当分解，然后把课程内容根据逻辑关系、难易程度、适合度等划分到不同学段中，形成各自的课程内容框架，再结合培养目标和培养内容制定合适的培养方式和策略，从而促进数字公民教育落地实施。

（二）创新培养方式，通过课程、培训、讲座、在线资源（自学）等形式，满足社会各阶层人士的学习需要

由于数字公民教育受众为全民，必须结合培养目标进行针对性设计，兼顾不同阶层和不同类型民众的多元化特征，尊重个体差异，满足其学习需要。具体来说：①针对幼儿，注重启蒙（意识培养），可以以家庭教育为主，利用各种在线资源（如安全教育课程、在线讲座）向家长和幼儿普及错误使用技术的潜在风险。还可以借助培训机构的力量，在素养拓展课程中开设数字公民教育的相关课程。②针对中小学生，注重巩固（行为培养），可以把学校教育、家庭教育和社区教育作为主要手段，三位一体共同确保相关内容的普及[1]。这是数字公民素养培养的核心关键期，可以利用课程（如在道德与法治课程中纳入网络道德、数字伦理等内容[2]）、主题班会、社团活动等形式让他们从小就学会规范地使用技术，并认识网络道德对个人品德的重要作用。③针对大学生，注重精通（习惯养成和品格塑造），可以充分利用各种灵活的培养方式不断巩固和提升，以助其形成习惯，塑造良好的品格。例如，可以通过选修课、通识课程等方式普及相关知识与技能，或以思政课的方式融入数字公民素养的相关内容，甚至在思政课中强化数字公民素养的内容[3]。④针对社会人士（含教师、家长），注重融会贯通、与技术发展同频，可通过在线讲座、在线资源（如"学习强国"）等方式使其学习新技术的规范使用，增强数字伦理道德。由于国家开放大学终身教育平台和国家智慧教

---

[1] 李晓静，刘祎宁，冯紫薇：《我国青少年数字素养教育的现状问题与提升路径——基于东中西部中学生深度访谈的NVivo分析》，载《中国电化教育》2023年第4期，第32～41页。

[2] 吴砥，朱莎，王美倩：《学生数字素养培育体系的一体化建构：挑战、原则与路径》，载《中国电化教育》2022年第7期，第43～49页。

[3] 王淑娉，陈海峰：《数字化时代大学生数字素养培育：价值、内涵与路径》，载《西南民族大学学报（人文社会科学版）》2021年第11期，第215～220页。

育公共服务平台都已启用,无论哪一类人群都可以随时随地随需进行自主学习、终身学习,最大化发挥优质学习资源的辐射作用[1]。

(三)建立多途径的监管、评价与反馈机制,确保学习者把理论贯彻到行动实践中去

数字公民素养不是纸上谈兵,不能仅依靠理论学习和测试,必须建立有效的监管、评价与反馈机制,全方位地对学习者的学习效果进行持续监测和跟踪,确保他们把理论贯彻到行动实践中去。例如,①数字身份管理:发挥高校、社会、第三方监督机构的作用,建立数字公民身份数据库[2],对数字公民身份进行统一管理。②文明用语检测:利用网络社交平台的各种智能过滤机制,对用户的网络社交用语进行实时检测与监管。③网络沉迷管制:利用手机管家的"青少年模式"或相关防沉迷 App,实现对未成年人使用数字设备和网络的监管。④数字公民画像:通过构建全民数字公民素养指标体系刻画数字公民画像,实时显示该用户的相关指数,不断激励其向着合格数字公民的方向进步。

(四)构建数字公民教育实践共同体,打造数字公民教育生态圈,促进各方通力协作,持之以恒地为数字公民教育事业奋斗终身

数字公民教育实践是一项系统工程,需要各主体长期不懈地通力协作、努力推进,构建数字公民教育实践共同体,打造数字公民教育生态系统,促进各要素在生态系统中有序流动,同时积极吸引社会公众力量。其中,中小学、高校、协会等追踪国际前沿动态,积极开展关于数字公民教育的理论与实践工作,协助政府部门做好顶层设计、制定实施框架和相关标准,以规范引领并确保数字公民教育正确、有序地开展。企业一方面为数字公民教育的顺利开展提供强有力的经费支持、软硬件支持,另一方面也为师资力量培育、优秀案例辐射等提供支撑平台;家庭、培训机构等为数字公民教育的校外延伸提供有力保障,确保"立德树人"理念落到实处。

---

[1] 王路炯,邹鲜:《数字化转型背景下职业教育群体数字能力提升的目标、路径与特点——以德国为例》,载《中国电化教育》2023 年第 5 期,第 80~86 页。

[2] 周海涛,朱元嘉:《提升大学生数字素养的创新路径》,载《中国电化教育》2023 年第 5 期,第 49~55 页。

第四节　数字公民教育提升
数字素养与技能的实践

中国的数字公民教育正处于起步阶段，面临标准缺乏、师资紧缺、资源不足等困难，特别是针对在校学生的实践案例并不多见。因此，需要政府部门做好顶层设计，构建数字公民素养培养体系，借助社会各界力量协同合作，持之以恒，方能有所突破。本研究依托当前的数字公民教育实践，结合上述实施原则、模式和路径，阐述通过数字公民教育推进数字素养与技能提升的应用案例，以期为本领域研究提供参考。

一、基础教育中的数字公民教育实践

基础教育包括幼儿教育和中小学教育，其中对于幼儿来说，这一阶段以家庭教育为主、培训机构素养拓展为辅，利用趣味性强的教育游戏或在线资源，向家长和幼儿普及错误使用技术的潜在风险，让幼儿初步具备一定的防范意识。相关实践案例包括：利用动画、数字游戏、增强现实（augmented reality，AR）等数字媒体开展教学，为幼儿提升数字公民素养提供机会[1]；以"陌生人威胁"为主题，以课堂讨论、情景表演、海报创作与分享等丰富形式在幼儿园开展数字公民教育实践[2]等。下面重点论述利用数字公民教育推进中小学生数字素养与技能提升的实践案例。

（一）面临困难

当前，国内中小学数字公民教育实践案例匮乏，究其原因，主要是课程标准较少涉及数字公民素养的核心要点，以及优质案例、专业教师紧缺等各种因素叠加造成的。虽然信息科技课程已成为义务教育阶段的独立学科，但其内容主要以教授基本技能为主，缺乏社交礼仪、在线购物等相关内容的教

---

[1] Lauricella, A. R., Herdzina, J., Robb, M. "Early Childhood Educators' Teaching of Digital Citizenship Competencies". *Computers & Education*, 2020, 158, p. 103989. (https://doi.org/10.1016/j.compedu.2020.103989)

[2] Hertz, M. B. "How to Teach Internet Safety to Younger Elementary Students". (https://www.edutopia.org/blog/internet-safety-younger-elementary-mary-beth-hertz-archived)

育，无法实现态度和价值观层面的引领①，这在一定程度上影响了中小学校参与数字公民教育实践的积极性。

（二）具体实施方案

在本研究的实践探索中，笔者参考了部分国外实践成果②，结合本国国情③，首先，构建了中小学数字公民教育课程内容框架（见表5-3），以便从全局把握中小学数字公民教育的课程内容，做好顶层设计。

表5-3 中小学数字公民教育课程内容框架

主题	适用阶段			
	小学低年级	小学高年级	初中	高中
数字健康与幸福	数字技术与健康		技术成瘾	不当内容识别
	·数字健康、数字幸福的概念 ·技术的利与弊 ·平衡技术使用，保持健康 ·学会驾驭数字技术，拥抱幸福		·技术成瘾的严重性与危害 ·技术成瘾的类型、识别 ·网络成瘾的类型、识别 ·游戏成瘾：原理、应对 ·社交媒体成瘾：原理、应对	·不当内容及危害 ·暴力内容的来源、识别 ·虚假内容的来源、识别 ·违法内容的来源、识别

---

① 李晓静，刘祎宁，冯紫薇：《我国青少年数字素养教育的现状问题与提升路径——基于东中西部中学生深度访谈的NVivo分析》，载《中国电化教育》2023年第4期，第32～41页。

② 余慧菊，杨俊锋：《数字公民与核心素养：加拿大数字素养教育综述》，载《现代教育技术》2019年第7期，第5～11页；俞思瑾，郑云翔，杨浩，等：《国际数字公民教育研究的现状、热点及前沿》，载《开放教育研究》2018年第6期，第49～59页；Common Sense Media. "Digital Citizenship Curriculum". Common Sense Education. (https://www.commonsense.org/education/digital-citizenship/curriculum)；周小李，王方舟：《数字公民教育：亚太地区的政策与实践》，载《比较教育研究》2019年第8期，第3～10页；Brandau, M., Dilley, T., Schaumleffel, C., et al. "Digital Citizenship among Appalachian Middle Schoolers: The Common Sense Digital Citizenship Curriculum". *Health Education Journal*, 2022, 81 (2), pp. 157～169.

③ 刘晓琳，曹伍军，张立国：《中国数字公民素养研究应该关注什么课题？——基于国际研究热点和前沿的启示》，载《现代远距离教育》2020年第4期，第81～89页；王佑镁，赵文竹，宛平，等：《应对数字社会挑战：数字智商及其在线教育体系》，载《现代远程教育研究》2020年第1期，第61～67页。

续表

主题	适用阶段			
	小学低年级	小学高年级	初中	高中
媒体与信息		辨别在线内容 ·区分事实与观点 ·判断内容是否可靠	网络谣言 ·网络谣言的概念、危害、法律 ·网络谣言的产生原因，预防手段 ·如何应对网络谣言	媒体与个人 ·社交的概念、类型及特点 ·媒体对个人的影响，个人媒体的责任 ·信息茧房的识别与应对	媒体与社会 ·社交媒体如何影响政治 ·社交媒体如何影响文化生活 ·媒体中的信息传播原理
数字消费与决策		理智的数字消费者 ·数字技术是如何改变人们的消费习惯的 ·数字消费类型 ·电子货币与数字货币的概念 ·健康的数字消费观	在线购物 ·识别正规的购物网站 ·安全支付 ·售后、返利 ·新型网购：拼团、砍价、直播	游戏消费 ·游戏中的隐形消费 ·做精明的游戏玩家 ·游戏与人生	维护数字权益 ·数字世界中侵犯消费者权益的行为 ·如何维护数字权益 ·在线广告与营销 ·如何识别不同媒体中的广告
数字足迹及管理	分享的界限 ·保护个人信息的重要性 ·个人信息的类型、范围 ·个人信息的分享程度/界限	密码与安全 ·密码的概念、作用 ·密码的种类 ·如何设置安全的密码 ·保护生物密码	隐私保护 ·隐私的概念与界定 ·隐私的安全价值 ·隐私的经济价值 ·人肉搜索		管理数字足迹 ·数字足迹的定义 ·大数据与数字足迹 ·管理个人的数字足迹

续表

主题	适用阶段			
	小学低年级	小学高年级	初中	高中
数字技能	认识数字工具	搜索与浏览	验证与评价	数据管理	数字参与规范
	・互联网的概念及意义 ・常用的数字技术工具、类型 ・如何正确下载安全的应用程序	・搜索引擎的概念、作用、使用风险 ・如何安全、正确地获取信息	・网络信息的类型、形式 ・验证网络信息的策略	・数字垃圾、内存的概念 ・管理数据的方法 ・数据的备份与恢复	・数字参与的概念、意义 ・青少年的数字参与行为及规则
创意与版权		认识版权	保护知识产权		数字内容创作
		・版权的概念、内涵、意义 ・常见的侵犯版权的行为 ・合理使用的规则	・知识产权的概念、范围 ・保护个人知识产权的方法 ・维权的方法与途径		・原创、模仿与抄袭 ・正确创作数字内容的方法
数字身份与形象	数字世界中的礼仪	数字公民身份与责任	数字声誉与形象	言论自由	守护网络环境
	・礼仪对数字世界的作用 ・网络社交礼仪的规则	・数字公民的概念、意义 ・数字公民的责任	・数字声誉的概念、作用 ・如何打造积极的数字形象	・言论自由的概念、范围 ・刻板印象、偏见与仇恨言论 ・如何正确地进行网络表达	・旁观者在抵制网络欺凌中的作用 ・如何干预网络欺凌

续表

主题	适用阶段			
	小学低年级	小学高年级	初中	高中
在线风险与防护	网络欺诈	隐私泄露	黑客与病毒	网络欺凌
	·互联网的安全隐患 ·网络欺诈的种类、危害 ·网络钓鱼的概念与预防 ·网络交易的陷阱与预防 ·网络交友的陷阱与预防	·数据安全的概念、重要性 ·个人隐私泄露的场合、原因 ·如何预防和应对隐私泄露	·黑客与漏洞扫描 ·木马/病毒的概念、类型 ·保护数字设备不受入侵	·网络欺凌的定义、原因、危害 ·网络欺凌的种类、特征识别 ·遭受网络欺凌的应对措施

其次,在与实验学校教师充分交流的基础上,选择在"道德与法治""信息技术(科技)""心理健康教育"等课程中融入数字公民教育。即在这些课程的关联模块中,增加/替换与数字公民教育内容相关的部分,以引导学生从小就养成良好的习惯。例如,在广州市越秀区某小学的教学实验中,笔者结合小学四年级"道德与法治"(上册)第三单元"信息万花筒"中的"网络新世界"这一章的内容,围绕"如何在网络世界中礼貌地与人交往"这一问题,设计了"正确认识网络礼仪""礼貌的语言""网络中的礼仪""正确参与网络游戏"四个课时的教学内容,在覆盖课本原有章节知识要点的基础上,着重强调个人利用网络进行学习和娱乐(社交、游戏)中所需遵循的规范与准则,引导学生在网上也要讲文明、懂礼貌。这一内容属于表5-3的"数字身份与形象"主题,也是本领域的国际前沿议题①。可见,通过替换原有模块并增加相关内容的方式,可以探索基础教育与数字公民教育的有机融合。

(三)效果分析与反思

目前,该小学的第一轮教学实践已完成,笔者通过不相等实验组控制组前后测准实验研究来评价该课程的教学效果。结果发现,实验组在数字礼仪

---

① 王佑镁,赵文竹,宛平,等:《应对数字社会挑战:数字智商及其在线教育体系》,载《现代远程教育研究》2020年第1期,第61～67页。

知识和学习动机两方面与对照组存在显著差异，在访谈中绝大部分师生对本课程教学都很满意，收获良多。后期，笔者将继续开展若干轮教学实践，对各届学生的数字礼仪素养进行持续关注，从而实现通过数字公民教育（本案例主要是数字礼仪）推进中小学生数字素养与技能（本案例主要是"依法规范上网用网"和"网络文明素养"）的提升。

本实践遵循上述实施原则，其中"重点突出"体现在"以德为先"，聚焦网络礼仪这一与网络道德密切相关的主题（而不是工具的使用）；"因材施教"体现在与小学现有课程相结合，注重学生已有认知水平，符合原有课标并适当拓展；"问题导向"体现在基于真实情境问题"如何在网络世界中礼貌地与人交往"贯穿整个课程；"点面结合"体现在以网络礼仪为切入点，与道法课程结合形成学校特色。同时，本实践明显属于"OUS"政学研实施模式，其中"O"主要是该校所属区教育局，是他们的牵线和政策支持，从科研处"课程改革创新实践"专项课题中给予课题立项支持，使得该校积极推进数字公民教育有了信心保证，也使得中小学教师进行课程改革有了动力源泉。由于本实践仅处于起步阶段，尚未寻求企业的帮助，后续可考虑加入 E（企业）和 H（家庭），构成 HOUSE 模式，拓展多方协作机制，合作产出具有特色的数字公民教育课程。另外，在番禺区某中学的教学实验中，笔者结合初中一年级"心理健康"课程设计了"预防网络沉迷"这一数字公民教育模块，也取得了良好的教学效果[①]，具体可参见本书第四章第三节。

二、高等教育中的数字公民教育实践

对于高等教育而言，由于此阶段的课程设置相对灵活、学生有较多的技术使用经验，可通过开设选修课、融合思政课程，或以课程思政的方式使学生在学习专业知识的同时，潜移默化地完成向合格数字公民的转变。目前，国内关于数字公民教育的本科课程并不多见，与本领域相关的优质教育资源不足。在本研究的实践探索中，笔者整合了国外优秀教学案例、非营利组织提供的优质资源，再结合中国国情，对课程教学内容进行本土化设计，在"师范教育课程"的"素养拓展"模块下开设选修课"数字时代素养教育"，

---

① Wang, K., Liu, P., Zhang, J., et al. "Effects of Digital Game-Based Learning on Students' Cyber Wellness Literacy, Learning Motivations, and Engagement". *Sustainability*, 2023, 15（7）, p.5716.

让师范生了解数字时代所需的相关素养,重点阐述数字公民素养,从而使学生学会如何更好地在数字世界生存和发展。具体地围绕"在数字时代下培养什么样的数字公民"这一时代命题,从价值观念、必备品格、关键能力和行为习惯四个方面介绍数字公民素养每个要素,同时介绍国内外相关研究现状,让学生对数字公民素养在学习和生活中的体现有完整、深入的了解,同时提升识别和规避相关风险和危害的能力。本课程灵活采用教师讲授、案例分析、主题讨论、分组辩论赛、微课自学、任务驱动(案例收集、大作业等)等教学方式和手段,以满足课堂教学(面授/在线)的需要。图5-2至图5-5展示了本课程教学平台(砺儒云课堂)的教学资源情况。

本课程已连续开展8个学期,通过案例收集与评析、课程知识测试、自建问卷调查等方式评价教学效果。统计数据表明,大学生对数字公民素养有了全面深入的了解,特别是九大要素的行为表现,及其在日常生活中的展现,这对他们了解何为合格数字公民有莫大的帮助。此外,本课程通过让学生自行收集大量真实案例,并进行分析与讨论,使他们从身边故事中领悟如何规范地使用信息技术。这些方式均有助于培养学生的合格数字公民意识、识别与防范网络风险能力、数据安全保护能力、文明用语使用意识等,从而实现利用数字公民教育推进大学生数字素养与技能的提升。

图5-2 "数字时代素养教育"课程教学平台"砺儒云课堂"主页面

第五章　数字公民教育提升全民数字素养与技能

图 5-3　"数字时代素养教育"课程教学资源（1）

图 5-4　"数字时代素养教育"课程教学资源（2）

图 5-5　"数字时代素养教育"课程教学资源（3）

本实践同样遵循上述实施原则，其中"重点突出"体现在"以德为先"，聚焦数字时代下培养什么样的数字公民；"因材施教"体现在基于大学生已有认知水平和素养，利用选修课的方式基于九大要素开展完整的数字公民教育；"问题导向"体现在基于真实问题"大学生如何在数字时代更好地生存与发展"这个时代命题开展课程，同时在每个要素的讲授过程中均先列举其所解决的关键问题、所覆盖的生活场景，以便让学生有所感悟；"点面结合"体现在全面概述九大要素的基础上，针对大学生群体容易出现的失范行为（学术不端、游戏沉迷等）进行重点论述。从实施模式上看，本实践属于 U-S 模式，由高校专家学者在大学各院系开设教学实践，以提升师范生的数字公民素养。

三、面向社会大众的数字公民教育实践

与在校生不同，包括教师、家长等在内的社会人士无法统一步调进行学习，因此主要依靠各种在线学习平台和数字资源进行自主学习。为此，可通过构建专门的数字公民素养提升平台（如北京 360 公司的网络空间安全教育

云平台），以及通过终身教育平台和智慧教育公共服务平台开设相关课程（如预防游戏成瘾系列课程），举办科普活动（如"数字金融知识科普活动"）或公益讲座（如"应对网络大疫情，做合格数字公民"抗疫系列讲座）等形式，开展教学培训活动，充分发挥课程辐射作用，打造数字公民教育实践共同体。同时，充分调动社会力量，建立多方联动的数字公民教育体系，推动重点院校、科研机构、社会组织等面向公众开放课程、案例等数字资源，丰富数字公民教育培训资源供给，推动优质资源开放共享、公平可及和普惠包容。

应用编

第六章 融合数字公民素养的社交媒体成瘾影响因素探索

第一节 社交媒体使用与数字公民素养

一、社交媒体概述

社交媒体（Social Media）又名社会化媒体，是一种赋予用户极大参与空间的新型在线媒体[①]，允许用户创造和交流内容[②]。伴随着技术的变革，社交媒体的发展从早期以社群为显著特征的 BBS（网络论坛）到以个体为中心的博客，再到 Facebook（脸书）、腾讯 QQ、Twitter（推特）、微博和微信等"全民社交"媒体，其信息传播的特点突出表现为不受时空限制的即时性和"人与人、人与内容、人与媒介"之间的互动性，以及大数据支持的智能化趋势。可以从以下四个角度理解社交媒体的概念：媒介属性（外在属性）、社会属性（本质属性）、Web 2.0（技术属性）和使用者生成（内容属性）[③]。因此，社交媒体不仅是一种用于传播信息的媒介，用户可以通过使用社交媒体即时获取外界信息、生成内容，还是一种社交网络媒介，用户可以通过交互来建构和维持自己的社会关系。

二、社交媒体使用与数字公民素养的关系

全球化和泛在的社交媒体联系，使得传统上与特定民族国家的地缘政治现

[①] Coman, C., Păun, M. "The Image of the Public Institutions and New Technologies". *Romanian Journal of Journalism and Communication*, 2010 (4), pp. 45～53.

[②] Kaplan, A. M., Haenlein, M. "Users of the World, Unite! The Challenges and Opportunities of Social Media". *Business Horizons*, 2010, pp. 59～68.

[③] 吴江秋、陈静瑜：《社交媒体发展综述》，载《哈尔滨师范大学社会科学学报》2017年第6期，第140～142页。

实密不可分的"公民身份"发生了变化，基于各媒体平台的交互与协作早已成为人们社交活动与公民生活中不可缺少的一部分。如前所述，社交媒体的不当使用、技术的误用和滥用问题已经引起社会各界的广泛关注。从根本上说，这是数字公民素养不足造成的：人们没有系统接受过关于如何安全、合法、负责任地使用技术的教育，对何为合格数字公民缺乏足够的认识。因此，人们容易在网络这一缺乏有效监管的虚拟世界中展现不一样的自我，或者肆意放纵，特别是在社交媒体这个大众平台上。实际上，社交媒体使用与数字公民素养具有极大的内在联系，例如，徐顺等调查了772名大学生的社交媒体能力后发现，六项社交媒体能力中有五项可以作为预测个人数字公民素养的指标，从而为探讨社交媒体能力与数字公民素养之间的关系提供了经验证据[1]；Kim等研究发现大学生的归属需求与其使用社交媒体的程度正相关，这说明使用社交媒体可促进大学生的社交参与，研究同时提供了社交媒体对社会行为的积极影响的实证证据[2]，这些都为社交媒体使用与数字公民素养关系的研究打下了坚实的基础。

通过将社交媒体与数字公民教育的九大成分和主要内容进行关联很容易发现，社交媒体的使用与"数字通信""数字礼仪""数字权责"等成分密切相关，与"数字法律""数字健康""数字安全""数字素养"等成分相关。因此，可以从数字公民素养的角度深入探讨社交媒体使用行为，特别是失范行为。当前，使用社交媒体时的失范行为已经成为世界各国重点关注的全球性社会问题之一，特别是针对青少年的网络暴力、网络欺凌、社交媒体成瘾、交友诈骗等。诚然，数字公民素养的缺失不是造成这些社会问题泛滥的唯一原因，但从内因、外因的角度来看，确实也是重要原因之一。因此，可以在数字公民教育框架下，融合数字公民素养深入探讨这些失范行为的成因，并提出针对性的预防对策。再结合外因的作用和保障，可望遏制这些失范行为的发生，有效解决社交媒体使用过程中的这些潜在问题，降低其危害，促进数字世界的和谐与稳定。本研究以社交媒体成瘾、社交媒体中的网络欺凌和网络暴力这几个比较突出的全球性问题为例，通过文献研究、问卷调查、数据分析等方法，在数字公民教育框架下进行有益探讨和细粒度分

---

[1] Xu, S., Yang, H. H., MacLeod, J., et al. "Social Media Competence and Digital Citizenship among College Students". *Convergence: The International Journal of Research into New Media Technologies*, 2018, pp. 1~18.

[2] Oh, S., Kim, S. "College Students' Use of Social Media for Health in the USA and Korea". *Information Research An International Electronic Journal*, 2014, 19 (4), p. 21.

析，以揭示这几个问题背后隐藏的本质和规律，然后提出相应的防范对策建议。

第二节 成瘾概述

（一）数字上瘾

许多未成年人在数字技术上花费了太多时间，他们对屏幕的依赖被比作瘾君子对毒品的依赖。不少家长和教育者对此忧心忡忡，而如何定义这些行为尚未形成共识。"上瘾"是指生活某个重要方面遭受严重损害，然而实际上罕有证据表明儿童和青少年因过度依赖电子设备而遭受此类影响，或因此面临严重的不断加剧的健康风险。截至目前，并无有力证据表明，伴随过度使用数字技术所产生的某些长期严重负面后果是单由技术使用直接导致的。甚至并无多少研究深入探索过度的技术使用可能导致哪些问题。而且，几乎没有迹象显示，个别极端案例有形成一种社会问题的趋势。但是，作为儿童行为变化的亲历者，父母的恐慌是出于对儿童整体福祉的合理关切。这些关切和担忧理应得到认真对待和解决。

过去20年的多项研究表明，如果儿童把数字技术当作应对现实生活中困难的一种自我治疗手段，就可能产生问题。例如，当一个孩子感受到悲伤或压力时，他（她）可能会靠上网来分散注意力，而网络游戏或者社交网站能够提供沉浸式的体验，帮助其转移注意力。结果令人喜忧参半，积极的一面是孩子的感受暂时好转了，而消极的一面是真正的问题并没有得到解决。长此以往，这种应对方式会形成习惯，除非根本问题得到解决。研究人员倾向于认为，想要成功地克服这种有负面影响的数字使用问题行为，需要找出并解决导致这种使用习惯的根本性原因，而强行减少"屏幕时间"只是表面的干预，难以治本。

其实，将过度使用数字技术贴上"上瘾"的标签很可能只是为了表达一种担忧。这种担忧来自其对家庭关系的影响。对大多数使用网络的年轻人而言，"屏幕使用时间"在两代人之间引发的争论可能成为代际矛盾的新导火线。关于"屏幕时间多少是过多"可谓众说纷纭，引发"家庭大战"在所难免。在这方面，家长和照料者面临着一个棘手且重要的任务——平衡好其自身和儿童对数字技术的使用。对使用数字技术的不同观点可能会引发家庭争执，这种结果本身会被某些家长和研究者当作上网"成瘾"的论据，而争执实际上往往可能来源于孩子应如何支配时间这一问题上的代际分歧。

值得注意的是，使用"上瘾"类词汇来描述对儿童频繁使用数字技术的担忧是有风险的。对于那些受到此类问题行为严重困扰的人群而言，随意使用这一术语可能淡化了他们的真实困境；而对于偶尔过度使用数字技术，但最终并没有受到伤害的人群而言，这类词汇又夸大了风险。事实上，用临床医学概念描述儿童的日常行为无助于他们培养健康的数字技术使用习惯。

将有关"屏幕使用时间"的讨论与"上瘾"关联起来甚至会造成伤害。例如，在一些国家，由于使用了"网瘾"这一概念，将儿童关进矫治中心的行为被合理化了，尽管没有充分的证据支持这种矫治做法的有效性。有媒体报道显示，这些矫治中心的员工使用的管教方式包括体罚和电击。

为适应不断增长的数字技术使用需求，父母需要调整教育孩子的方式，研究人员需要调整研究方法，决策者需要调整制定政策和建议的方式。一些人呼吁减少"屏幕使用时间"，但是到目前为止，缺乏证据表明"屏幕使用时间"对儿童的生活或网络体验质量造成了显著的负面影响，因此这种干预的有效性目前尚无有力证据支撑。关于如何引导孩子使用互联网，更积极的共识是：加强沟通，采取正向、支持性的养育方式，而非一味限制，这样才最有希望增加儿童的网络机遇，同时将风险最小化。

（二）网络成瘾

中华人民共和国国家卫生健康委员会在 2018 年 9 月发布《中国青少年健康教育核心信息及释义（2018 版）》[①]，对网络成瘾的定义及其诊断标准进行了明确界定：网络成瘾指在无成瘾物质作用下对互联网使用冲动的失控行为，表现为过度使用互联网后导致明显的学业、职业受影响及社会功能受损。其中，持续时间是诊断网络成瘾障碍的重要标准，一般情况下，相关行为需至少持续 12 个月才能被确诊。根据《网络成瘾临床诊断标准》，网络成瘾分为网络游戏成瘾、网络色情成瘾、网络关系成瘾、网络信息成瘾、网络交易成瘾 5 类。

---

① 中华人民共和国国家卫生健康委员会：《中国青少年健康教育核心信息及释义（2018 版）》（http://www.nhc.gov.cn/wjw/zccl/201809/820dd3db393c43c1a230817e2e4b9fd5.shtml. 2018 – 09 – 25）。

网络成瘾症状表现有以下几种。[①]

（1）对网络的使用有强烈的渴求或冲动感。

（2）减少或停止上网时会出现浑身不适、烦躁、易激惹、注意力不集中、睡眠障碍等戒断反应。这些戒断反应可通过使用其他类似的电子媒介，如电视、掌上游戏机等来缓解。

（3）下述5条至少符合1条：①为达到满足感而不断增加使用网络的时间和加大投入的程度；②使用网络的开始、结束及持续时间难以控制，经多次努力后均未成功；③固执使用网络而不顾其明显的危害性后果，即使知道网络使用的危害仍难以停止；④因使用网络而减少或放弃了其他兴趣、娱乐或社交活动；⑤将使用网络作为一种逃避问题或缓解不良情绪的途径。

网络成瘾的病程标准为平均每日连续使用网络时间达到或超过6个小时，且符合症状标准已达到或超过3个月。

（三）社交媒体成瘾

社交媒体成瘾，也常常被称作社交媒体依赖、社交媒体沉迷或社交媒体的问题性使用等，是一种技术异化现象。在学术研究中，指代"社交媒体成瘾"的说法不一，尚无官方、统一的说明与界定，而关于其是否归属于精神疾病也暂无相关条例出台。比较公认的是安德森等对社交媒体成瘾的解释[②]，本研究总结其基本特征有：①意识上，过度关注、动机强烈；②行为上，过度使用；③结果上，扰乱正常的生活状态、损害个人身心健康等。

目前暂无科学规范的社交媒体成瘾诊断标准，但从已有的网瘾诊断标准可以看到，社交媒体使用的持续时间是诊断该成瘾的重要指标。因此，本研究认为，当个体具有较强的社交媒体意识和过度使用社交媒体的行为表现，如社交媒体使用时长达到或超过一定时间阈值，或将导致社交媒体成瘾，对自身、他人及社会造成不良影响。目前已有成熟量表来测量社交媒体成瘾水平，故本研究不刻意划定社交媒体成瘾的人群，而是通过社交媒体成瘾水平量表的数据统计分析结果，将参与调查人群分为高、低社交媒体成瘾水平组，以供后续研究，也尽可能避免自填式问卷带来的不确定性等。

---

① 中华人民共和国中央人民政府：《我国首个〈网络成瘾临床诊断标准〉通过专家论证》（https://www.gov.cn/jrzg/2008-11/08/content_1143277.htm. 2008-11-08）.

② Schou Andreassen, C., Pallesen, S. "Social Network Site Addiction—An Overview". *Current Pharmaceutical Design*, 2014, 20 (25), pp.4053～4061.

第三节 社交媒体成瘾研究现状

学者彭松基于 Web of Science 数据库对社交媒体研究现状与趋势进行可视化分析，发现相关研究于 2010 年以后才开始大量涌现，并逐渐在全球范围内呈现高速发展的跨学科研究态势，而用户社交媒体使用行为与偏好是未来一段时间的研究热点[①]。此外，学者刘东回顾了近十年国内外社交媒体研究，将其归为十类：动机、自我概念、人格、人际关系、心理健康、社会资本、社会支持、成瘾、睡眠和学业成绩。[②] 可见，针对社交媒体的研究主题多样且趋于细化和深化，不同研究的研究视角与研究方法各异，但仍然存在值得进一步探究的研究点。

依据马斯洛需求层次理论，个体发展存在社会交往的需要，而社交媒体打破了人与人之间参与社会交往活动的时空和时间的限制，这使得线上参与社交被大众普遍采纳和接受。基于此，社交媒体的应用场景变得越来越广泛，人们的行为习惯、自我意识或自我认识亦随之发生改变。当现实生活被淡漠对待，人们的自我认识偏差导致行为偏差，过度关注自我的个体越来越多地在社交媒体中积极地展现自我并寻求反馈，社交媒体成瘾成为社交媒体技术的异化现象，直指全民社交媒体时代的痛点。这关乎每一个人的身心健康，引人深思。通过对相关领域进行文献调研，本节梳理了社交媒体成瘾的国内外研究现状，包括以下四个方面。

（一）社交媒体成瘾的问题表现

据调查，成瘾者一般会出现"过分关注、逆反心理、负面情绪缓解及对社交活动失去兴趣"的症状，而青少年社交媒体成瘾的可能性会伴随社交媒体使用群体的扩大而增大，并给青少年的学习成绩及社交能力带来显著负面影响。[③] 该观点与 Englander 等的研究结论相符，即社交媒体与学生学业成绩

---

① 彭松：《基于 Web of Science 数据库的社交媒体研究现状与趋势的可视化分析》，载《图书馆》2018 年第 4 期，第 85～92 页。

② 刘东：《社交媒体研究的十年回顾：2007—2017》，载中国心理学会《第二十届全国心理学学术会议—心理学与国民心理健康摘要集》，2017 年，第 1 页。

③ 《海外书情》，载《对外传播》2014 年第 7 期，第 64 页。

呈负相关，网络最终导致糟糕的学习业绩。① 值得注意的是，大学生社交媒体依赖现象变得越来越常见，大学生社交媒体倦怠心理也悄然出现，为解释社交倦怠和社交依赖何以共存，Jhony Choon Yeong Ng 等深入探讨了大学生社交媒体使用动机，包括获取行为、发布行为和互动行为动机，并研究了社交媒体导致碎片化所带来的消极影响。②

（二）社交媒体成瘾的成因

根据使用与满足理论的解释，个体通过使用社交网络来满足社会交往、娱乐、信息和自我呈现等社会与心理需求③。Chuang Wang 等认为，社交媒体成瘾机制是从形成使用社交媒体的习惯开始的，使人们对社交媒体的使用情感从感知乐趣、感知易用性和感知有用性发展到感知不可替代性，进一步产生负面影响，最终形成依赖④。王重重等经过研究发现，使用社交媒体时间越长，对其的依赖水平越高。随着社交媒体与大学生生活的不断融合，大学生逐渐形成日常使用社交媒体的习惯，并表现出明显的媒介依赖行为。⑤ 另有研究认为，个体会通过使用社交媒体来逃避现状、缓解心理压力，这是产生社交媒体依赖的重要原因。而 Timothy D. Wilson 则认为社交媒体依赖的形成是由于个体倾向于获取外界信息，因为比起独处有些人更愿意接受外界刺激甚至是消极的刺激。⑥ 此外，还有大量研究表明大学生的各种精神病理会导致其过度使用社交媒体。高秋凤等探讨了抑郁如何影响个体社交媒体的过度使用，研究发现，FOMO（Fear of Missing Out，错失焦虑）在社交媒

---

① Englander, F., Terregrosa, R., Wang, Z. "Internet Use among College Student: Tool or Toy?" *Educational Review*, 2010, 62 (1), pp. 85～96.

② Jhony Choon Yeong Ng, 乔何, 谭清美：《碎片化的枷锁：基于扎根理论的社交媒体使用研究》，载《宜宾学院学报》2018 年第 7 期，第 25～33 页。

③ Bright, L. F., Kleiser, S. B., Grau, S. L. "Too much Facebook? An Exploratory Examination of Social Media Fatigue". *Computers in Human Behavior*, 2015 (44), pp. 148～155.

④ Chuang Wang C., Lee, M. K. O, Hua, Z. "A Theory of Social Media Dependence: Evidence from Microblog Users". *Decision Support Systems*, 2015, 69, pp. 40～49.

⑤ 王重重，张瑞静：《大学生社交媒体使用动机与媒介依赖》，载《新闻世界》2015 年第 11 期，第 88～90 页。

⑥ Jhony Choon Yeong Ng, 乔何, 谭清美：《碎片化的枷锁：基于扎根理论的社交媒体使用研究》，载《宜宾学院学报》2018 年第 7 期，第 25～33 页。

体成瘾的过程中起着重要作用①。

从行为强化理论的视角来看，在社交媒体的使用过程中，个体可以通过点赞、评论和转发等操作参与互动，获得积极反馈，这些互动强化了社交媒体使用行为。综合考虑以上纷繁复杂的原因，姜永志等基于家庭、学校和社会教育整合视角，阐述了家庭、学校和社会教育在塑造和培养个体人格、行为习惯、情绪情感、自我意识、社会交往能力和媒介素养等方面具有重要作用，这不仅是具体化的教育引导策略，也从比较宏观的层面为解释社交媒体成瘾的原因提供了思路。②

（三）社交媒体成瘾的影响因素

Andreassen 等经调查研究发现，容易导致社交媒体成瘾的特征表现包括：低年龄、低学历和低收入，较弱的自尊心，以及性格自恋、单身、学生群体等。③ Karakose 等则调查研究发现，高中生对 Facebook 的成瘾程度与其使用时间呈正相关。④ 另有研究证实大学生情绪调控能力不足会导致社交媒体成瘾。⑤ 而 Ndasauka 通过调查发现，享受娱乐性是人们使用社交网站的一个重要动机，这对成瘾研究有重要启示，有意思的是，大学生所具备的网络社交技巧越多，其成瘾水平越高。⑥

---

① 高秋凤：《负面情绪会增加社交媒体的使用：FOMO 的中介作用》，载中国心理学会《第二十一届全国心理学学术会议摘要集》，2018 年，第 2 页。

② 姜永志，白晓丽：《青少年问题性移动社交媒体使用的教育引导——基于家庭、学校和社会教育整合视角》，载《教育科学研究》2019 年第 6 期，第 65～70 页。

③ Andreassen, C. S., Pallesen. S., Griffiths, M. D. "The Relationship Between Addictive Use of Social Media, Narcissism, and Self-esteem: Findings from a Large National Survey". *Addictive Behaviors*, 2017, 64, pp. 287～293.

④ Karakose, T., Yirci, R., Uygun, H., et al. "Relationship between High School Students' Facebook Addiction and Loneliness Status". *Eurasia Journal of Mathematics, Science & Technology Education*, 2016, 12 (9), pp. 2419～2429.

⑤ Hormes, J. M., Kearns, B., Timko C. A. "Craving Facebook? Behavioral Addiction to Online Social Networking and its Association with Emotion Regulation Deficits". *Addiction*, 2014, 109 (12), pp. 2079～2088.

⑥ Ndasauka, Y. "Mis-Promise of Technology: A Cross-Cultural Investigation of Social Networking Addiction in China, Malawi and UK". (Ph. D. dissertation) University of Science and Technology of China, 2016.

第六章　融合数字公民素养的社交媒体成瘾影响因素探索

王景调查了大学生的微博使用现状，发现性别、年龄/年级对大学生微博成瘾、微博使用的社会交往动机无显著影响，而时间管理倾向、自我控制与大学生微博成瘾存在显著的负相关。[①]但李彪等在相关研究中发现，女性、受教育程度低的人群比较容易产生社交媒体依赖。[②]江会标采用问卷调查中国微信用户使用现状，发现"方便性"和"满意度"促使用户形成使用微信的习惯，最终导致用户有了微信成瘾症状；学历越高，则越不容易成瘾。[③]此外，李艳等调查研究发现，大学生使用微信的意识、习惯和能力是影响成瘾的因素[④]，这对后续研究具有启示意义。

（四）社交媒体成瘾的测量工具

国外的卑尔根Facebook成瘾量表、Facebook依赖度调查问卷、社交网站成瘾量表和成瘾倾向量表是比较权威的测量工具[⑤]。国内学者姜永志总结现有研究中社交媒体成瘾测量工具的特点，从社会现实出发，编制了自适应的青少年问题性移动社交媒体使用评估问卷。[⑥]

综上，国内外社交媒体成瘾影响因素研究主要从性别、年龄/年级、心理/人格特质及使用行为习惯等方面着手，研究采用的测量量表比较成熟，但是在性别和年龄/年级等个人基本信息上的研究结果具有差异性，所涉及的具体社交媒体软件也各不相同。而且，国内外社交媒体成瘾研究的对象多为大学生，该群体是伴随数字时代的发展而成长起来的"95后"和"00后"，具备社交媒体使用者的典型特征，有很好的研究价值。因此，研究大学生社交媒体成瘾的客观条件充足。

---

① 王景：《大学生微博成瘾与时间管理倾向、自我控制的相关及干预研究》，开封，河南大学硕士学位论文，2015年。

② 李彪，杜显涵：《反向驯化：社交媒体使用与依赖对拖延行为影响机制研究——以北京地区高校大学生为例》，载《国际新闻界》2016年第3期，第20～33页。

③ 江会标：《用户微信成瘾研究——影响因素与作用机制》，哈尔滨，哈尔滨工业大学硕士学位论文，2016年。

④ 李艳，姚佳佳，许丹莹：《大学生微信成瘾水平及影响因素调查》，载《现代远程教育研究》2017年第6期，第64～74页。

⑤ Andreassen, C. S. "Online Social Network Site Addiction: A Comprehensive Review". Current Addiction Reports, 2015, 2(2), pp. 175～184.

⑥ 姜永志：《青少年问题性移动社交媒体使用评估问卷编制》，载《心理技术与应用》2018年第10期，第613～621页。

第四节　融合数字公民素养的社交媒体成瘾：以大学生为例

一、研究背景与意义

(一) 社交媒体成瘾是严峻的社会性问题

现今,"人机融合正在深度地进行着"。人们享受技术的利好,也经受着技术对人的反向异化。正如社交媒体确实突破了时空的局限,帮助人们满足快速便捷地通信、交易和学习等的需求,也反过来限制了人们在使用何种社交媒体、何时何地使用以及如何使用等方面的自由。社交媒体成瘾是典型案例,在"多巴胺引导行为"模式下,社交媒体以点赞、转发和分享等互动方式在潜移默化中抢占了人们注意力的高地,使得长时间、频繁使用社交媒体趋于常态化,严重时会产生依赖甚至成瘾。社交媒体成瘾的直接后果包括影响人的规律作息,出现"屏幕脸"或"屏幕眼",滋生抑郁、焦虑和孤独等情绪情感问题等。

随着"低头族"现象变得越来越普遍,留守儿童的网络游戏成瘾问题越来越凸显,有关未成年人花光家里积蓄只为打赏网络主播的新闻频上头条,社交媒体成瘾现象备受关注。早在 2014 年,可口可乐公司推出了一支广告,介绍了一款专治社交媒体成瘾的产品——Social Media Guard[①];2019 年 10 月,谷歌公司推出"数字健康实验"项目[②],旨在帮助人们解决过度使用手机的问题;此外,从人体工程学角度合理打造电竞椅等现实案例屡见不鲜。除了越来越多的商业公司关注到技术成瘾,许多官方组织也正做出各种努力,制定并出台相关条例。2018 年 9 月颁布的《中国青少年健康教育核心信息及释义(2018 版)》明确了网瘾的定义及其诊断标准;2019 年 5 月,"游

---

① 《治疗社交媒体上瘾症,可口可乐有奇招》(https://socialbeta.com/t/coke-social-media-guard.html)。

② 《谷歌推"数字健康实验"让用户的技术使用受控》(https://www.sohu.com/a/349142921_99956743)。

戏成瘾"被世界卫生组织正式确认为一种精神疾病①。综上，社交媒体成瘾已经成为一个非常严峻的社会性问题。

（二）大学生社交媒体成瘾问题不容忽视

从"常识媒体"发布的《社交媒体，社交生活》（Social Media, Social Life）报告可以看出，青少年的社交媒体用户量快速增长，其每日社交媒体使用频率不断攀升。作为数字社会的中坚力量，以大学生群体为典型代表的青少年特别容易暴露在社交媒体成瘾所带来的数字健康威胁中。这是因为，大学生具备较强的自主意识和独立精神，对成年社会的适应能力不断提升，社会责任感也逐步增强，他们是青少年群体中使用社交媒体的主力军。但是，由于涉世未深、心智尚未完全成熟、未形成科学的"三观"，大学生容易在不知不觉中对社交媒体上瘾，对自己、他人和社会造成负面影响。

（三）社交媒体成瘾直指数字公民素养的核心要义

数字公民的数字身心健康是构成数字公民教育的重要一环，数字公民的数字健康不仅受到数字准入、数字权责与法律等因素的影响，还集中体现了数字公民能否合理、有效地参与数字交流活动。根据《中国青少年健康教育核心信息及释义（2018版）》，青少年若要保持身心健康就要控制使用电子产品的时间。长时间过度使用社交媒体容易导致社交媒体成瘾，严重损害个体的身心健康。因此，社交媒体成瘾属于数字公民素养中数字健康的范畴。个体从社交媒体使用到社交媒体成瘾，均受到数字准入、数字交流、数字权责与法律等方面的影响，社交媒体成瘾直指数字公民素养的核心要义。

（四）数字公民教育是解决社交媒体成瘾的重要途径

当前，世界各国、各地区围绕数字公民教育制订并推广了符合本地区、本国情况的教育计划，包括澳大利亚新南威尔士州的数字公民教育计划（NSW Department of Education Digital Citizenship program）、新西兰政府的网络安全计划（NetSafe）、澳大利亚政府的网络智能计划（Cyber-smart Program）和新加坡政府的网络健康计划（Cyber-wellness Program）等，这些计划从宏

---

① 刘昶荣：《游戏成瘾也是病》，载《中国青年报》2019年第7期第6版。

观层面为规范公民使用数字技术提供了重要制度保障。除此之外,有关社交媒体使用的数字健康课程也纷纷上线,例如,北美 EverFi 网站的"Digital Wellness & Safety"(数字健康和安全)课程、美国"常识媒体"网站上的"Media Balance & Well-Being"(媒体平衡与健康)课程和英国互联网安全中心关于网络使用的课程资源等。可见,数字公民教育是解决社交媒体成瘾的重要途径。

(五)技术使用规范化已成为国家政策导向

2018 年,教育部颁布的《关于做好预防中小学生沉迷网络教育引导工作的紧急通知》为帮助青少年重新审视网络的作用及其运用方式做出重要指引[1];2019 年,《新时代公民道德建设实施纲要》从道德建设角度为防范数字公民网络沉迷指引方向[2]。在国家视野下,数字公民教育在中国的发展逐渐进入标准化时期。正如国际教育技术协会对"数字公民"的要求——倡导并践行安全、合法、负责任地使用信息技术。显然,技术的进步从来不是也不应该是为了主导人类,技术的规范化使用已成为国家政策的导向。应运而生的数字公民教育,使得每一位数字公民能在技术迭代中冷静地"活着"。

(六)提升数字公民素养,助力实现全人教育

在中国学生全面发展应具备的六大核心素养中,"健康生活"素养在生命、人格和自我管理上给学生提出具体要求[3],与社交媒体成瘾问题解决的指向非常契合。但是核心素养着眼于实现全人教育的发展;而数字公民素养旨在回应合格数字公民应该具备的品格和关键能力。因此,融合数字公民素养来研究社交媒体成瘾更具针对性。此外,数字公民教育在促使学生正确认识社交媒体成瘾风险的同时,也有助于提升其核心素养,为实现全人教育的发展助力。

---

① 教育部:《教育部关于做好预防中小学生沉迷网络教育引导工作的紧急通知》(教基厅函〔2018〕21 号),2018-04-20。

② 《中共中央 国务院印发新时代公民道德建设实施纲要》,载《人民日报》2019 年 10 月 28 日第 1 版。

③ 核心素养研究课题组:《中国学生发展核心素养》,载《中国教育学刊》2016 年第 10 期,第 1~3 页。

第六章 融合数字公民素养的社交媒体成瘾影响因素探索

在此背景下开展融合了数字公民素养的大学生社交媒体成瘾研究,既可以从理论上探寻大学生社交媒体成瘾问题的切入点与支撑点,又可以在数字公民素养框架下从实际调查中具体分析导致大学生社交媒体成瘾的影响因素,在融合理论与实践的过程中探讨预防和控制成瘾的有效手段和建议,为数字公民教育和社交媒体的研究与应用奠定基础,这无疑具有重要的现实意义和价值。

在理论上,融合数字公民素养的大学生社交媒体成瘾研究能够为社交媒体成瘾领域的研究提供理论给养,从数字公民教育的视角拓宽研究思路、丰富研究内容,根据数字公民素养的内涵来确定大学生社交媒体成瘾现状的调查结构框架,剖析大学生社交媒体成瘾的影响因素,为研究结果赋予时代意义。在充实和完善社交媒体领域相关理论体系的同时,也深入推进了数字公民教育的研究进程。

在实践上,本研究首先参考已有研究的成熟量表/问卷,开发了融合数字公民素养的大学生社交媒体使用情况调查问卷,为后续研究编制或使用工具提供参考与借鉴。其次,根据调查所得的个人基本情况、社交媒体意识、社交媒体行为、社交媒体能力和社交媒体成瘾水平,了解大学生社交媒体成瘾的现实状况,分析其形成原因和影响因素,并探索行之有效的预防控制方法。本研究不仅能为大学生的数字化生存提供重要的实践参考,而且有助于教育工作者科学决策、精准施策,有助于研究工作者透过成瘾现象把握规律,有助于大学生提升数字公民素养、降低成瘾风险并促进身心健康,最终使其能够有效应对社交媒体成瘾带来的现实威胁与挑战。

二、研究问题与假设

经文献研究可知,有关大学生社交媒体成瘾的研究并不少见,但已有研究大多选择某一心理/人格特质或行为表现入手,显得较为零散、不成体系。有鉴于此,本研究致力于系统而全面地深入探讨大学生社交媒体成瘾问题,剖析其影响因素,并从中得到有关防控成瘾的方法与建议。如前所述,大学生社交媒体成瘾是数字公民教育缺失导致的一种不良结果,因此,可从数字公民教育的角度整体把握社交媒体使用与个人生活的平衡,从而提升大学生数字公民素养、降低大学生社交媒体成瘾的风险。基于以上,本研究提出以下研究问题。

(1) 融合数字公民素养的大学生社交媒体成瘾的影响因素有哪些?
(2) 融合数字公民素养的大学生社交媒体使用情况如何?

(3) 怎样基于数字公民素养来预防和控制大学生社交媒体成瘾？

针对问题（1），首先通过梳理文献得出可能会影响社交媒体成瘾的因素，包括性别、受教育程度、学业成绩、学校数字接入条件、家庭功能、人格/心理特质、自我控制、自我认知意识、获取信息/享乐/社交意识、社交媒体使用行为习惯和网络社交技巧等，并以数字公民素养的基本要义为出发点，将影响因素系统地概括为个人基本情况、社交媒体意识、社交媒体行为和社交媒体能力四个层面，以此调查融合数字公民素养的大学生社交媒体使用情况。

针对问题（2）和问题（3），以数字公民素养作为分析框架，做出如下H1至H6的假设，并从数字公民教育的视角探讨预防大学生社交媒体成瘾的建议。

H1：数字接入条件越便利，大学生社交媒体成瘾水平越高。

解释：大学生在家里或在学校接触社交媒体的机会越多，就越容易出现社交媒体成瘾。

H2：数字公民身份意识越强，大学生社交媒体成瘾水平越低。

解释：大学生在使用社交媒体过程中，对自身数字公民身份塑造的意识越强，越能做到自我督促、以身作则和榜样示范，他们会遵循数字世界行为准则与道德，时刻规范自己在数字世界的一言一行，养成良好的社交媒体行为习惯。

H3：数字健康意识越薄弱，大学生社交媒体成瘾水平越高。

解释：一些大学生不了解或者不重视长时间、高频次使用社交媒体给个人身心健康所带来的各种负面影响，有意或无意地过度使用社交媒体。

H4：数字权责与法律意识越淡薄，大学生社交媒体成瘾水平越高。解释：一些大学生不了解社交媒体使用行为准则与规范，没能恰当地行使自己在数字世界的权利并承担责任，甚至将数字世界完全等同于现实世界的法外之地，认为自己在数字世界拥有绝对的自由，这容易促使大学生过度使用社交媒体，以寻求其在现实世界所得不到的满足感，甚至导致社交媒体成瘾。

H5：数字通信/沟通等数字交流行为表现程度越强，大学生社交媒体成瘾水平越高。

解释：一些大学生频繁使用社交媒体参与社交，包括聊天和娱乐休闲等，长久以往，趋利性或"用进废退"原则使得缺乏自控力的大学生从习惯于使用社交媒体转变成依赖使用甚至出现社交媒体成瘾。

H6：社交媒体能力越高，大学生社交媒体成瘾水平越高。

解释：大学生通常能熟练操作社交媒体，有较强的社交媒体使用能力，从而过多地参与到数字世界中的各类活动，容易导致社交媒体成瘾。

根据以上假设，本研究从开展问卷调查的实际需求出发，按照个人基本情况、基于数字公民素养的社交媒体意识、社交媒体行为和社交媒体能力四个维度，系统地总结影响社交媒体成瘾的因素，进而凝练防控社交媒体成瘾的建议。

三、研究工具

调查大学生社交媒体使用情况是研究大学生社交媒体成瘾问题的起点，也是分析、把握大学生社交媒体成瘾影响因素与防控的关键。研究使用"问卷星"面向全日制学校在读大学生展开问卷调查，并利用 SPSS 软件对调查结果进行数据统计与分析，深入把握大学生社交媒体成瘾水平和影响因素，为全面剖析大学生社交媒体成瘾问题奠定坚实的基础。

融合数字公民素养的大学生社交媒体使用情况调查问卷是结合已有研究的成熟量表/问卷，根据实际需要稍做调整，并通过梳理文献自行编制了一部分题项，经专家意见和有效预测试整合而成的。作为本研究的测量工具，该调查问卷包括"个人基本情况、基于数字公民素养的社交媒体意识、基于数字公民素养的社交媒体行为、基于数字公民素养的社交媒体能力和社交媒体成瘾水平"五个部分。各个部分所对应参照的数字公民素养及问卷设计如表 6-1 所示。

表 6-1 融合数字公民素养的大学生社交媒体使用情况调查问卷

问卷维度	问卷指标	参照
（一）个人基本情况	性别、年级、专业、学业成绩、学校数字化学习环境、家庭功能	数字准入
（二）基于数字公民素养的社交媒体意识	数字公民身份意识、数字健康意识、数字权责与法律意识、社交媒体使用意识	数字健康、数字权责、数字法律和数字公民身份意识
（三）基于数字公民素养的社交媒体行为	社交媒体使用时长、社交媒体使用频率、数字参与行为偏好与强度、社交习惯、自我控制	数字交流、数字商务和数字素养
（四）基于数字公民素养的社交媒体能力	技术使用、内容解析、内容生成、预期反馈	数字素养
（五）社交媒体成瘾水平	耐受性、突显性、冲突性、反复性、戒断性、情绪改变	—

（1）大学生社交媒体使用基本情况。调查内容具体包括大学生的性别、年级、专业、学业成绩、学校数字化学习环境和家庭功能等，涉及个人基本信息、学校和家庭层面中可能会影响大学生社交媒体成瘾的因素。学校生活时间占据了大学生所有生活时间中的最大比重，"数字化学习环境"主要调查学校能给学生提供的数字接入条件；而父母关系、父母教养方式等家庭因素已被证实为大学生社交媒体成瘾的重要影响因素，本研究参考APGAR家庭功能问卷①，调查大学生的家庭关系、父母管控方式及其父母对社交媒体使用的态度等。

（2）基于数字公民素养的社交媒体意识。经文献梳理，本部分涉及数字公民身份意识、数字健康意识、数字权责与法律意识和社交媒体使用意识，问卷的设计参考了数字公民素养问卷和社交网络状态量表（Social Networking Status Scale）。其中，数字公民素养问卷②有17个题项，包含数字礼仪（3题）、数字权责（4题）、数字健康（3题）、数字商务（3题）和数字安全（4题）这几个维度，采用李克特五点量表法，经有效预测试后已用于调查马来西亚高等教育学校大学生的数字公民素养现状；社交网络状态量表有25个题项，已有研究将其用来测试土耳其年轻人社交媒体成瘾的因素③，具有可靠信效度。本部分的问题也采用李克特五点量表法，以此探讨大学生基于数字公民素养的社交媒体意识水平。需要特别指出的是，为方便分析和阐述，本研究将数字健康意识维度、数字权责与法律意识维度进行反向设计，使得事前假设的量表中各维度与社交媒体成瘾水平的关系具有同向相关性，即二者意指"缺乏数字健康意识"和"缺乏数字权责与法律意识"。

（3）基于数字公民素养的社交媒体行为。大学生的社交媒体使用时长、社交媒体使用频率和偏好、社交习惯和自我控制（反向）共同构成本部分的问卷调查指标。其中，"自我控制"维度参考社交媒体使用自我控制量表④，

---

① 王若晗，东宇，谭荣英，等：《青少年网络成瘾倾向与家庭环境的关系研究》，载《护理研究》2019年第11期，第1832～1836页。

② Sahari, N. M., Tunku, A. T. B., Madziah, Z. A., et al. "Psychometric Properties of a Digital Citizenship Questionnaire". *International Education Studies*, 2016, 9（3），p.71.

③ Kirik A., Arslan A., Çetinkaya A., et al. "A Quantitative Research on the Level of Social Media Addiction among Young People in Turkey". *International Journal of Sport Culture and Science*, 2015, 3（3），pp.108～122.

④ Du, J., Van Koningsbruggen, G. M., Kerkhof, P., et al. "A Brief Measure of Social Media Self-Control Failure". *Computers in Human Behavior*, 2018, 84, pp.68～75.

第六章 融合数字公民素养的社交媒体成瘾影响因素探索

该量表由 3 道题构成,采用李克特五点量表法,具有良好的内部一致性($\alpha=0.87$)和重测信度($\alpha=0.88$)。

(4) 基于数字公民素养的社交媒体能力。该部分直接引用成熟量表——大学生社交媒体能力量表(Social Media Competence Scale),此量表采用李克特五点量表法,从技术使用(technical usability)、内容解析(content interpretation)、内容生成(content generation)和预期反馈(anticipatory reflection)四个维度来调查大学生社交媒体能力[1],共计 28 道题,经信效度检验后被有效用于实际研究。

(5) 社交媒体成瘾水平。经文献梳理,本研究选用成熟量表——卑尔根 Facebook 成瘾量表(BFAS),共有 18 个题项,包含耐受性(tolerance)、突显性(salience)、冲突性(conflict)、反复性(relapse)、戒断性(withdrawal)、情绪改变(mood modification)6 个维度[2],采用李克特五点量表法,具有良好信效度。

在数据分析工具的选择上,本研究主要使用 SPSS 软件,配合使用 SPSSAU在线平台,对预试问卷和正式问卷所收集的数据进行分析处理:①信效度检验;②描述性统计分析;③独立样本 T 检验和方差分析;④相关分析和多元回归分析等,深入探究大学生不同个体基本情况、基于数字公民素养的社交媒体意识、基于数字公民素养的社交媒体行为和社交媒体能力对其社交媒体成瘾的影响作用,从而把握大学生社交媒体成瘾的影响因素与防控。

为检验三个量表所测得结果的稳定性和内部一致性,本研究不仅利用 SPSS 分析了三个量表的克隆巴赫 α 系数,也进一步统计了每个量表各个维度(或称分量表)的信度系数。由于各量表都为李克特五点量表,因而采用非标准化的 α 系数作为信度检验指标值。一般认为,α 系数在 0.800 以上的量表具有较理想的信度,测量误差值较小。同时,每个分量表的信度指标值在 0.500 以上,则信度尚可;若在 0.500 以下,则信度欠佳,最好删除。经测算,基于数字公民素养的数字公民身份意识量表的内部一致性 α 系数值为 0.910,大学生社交媒体能力量表的内部一致性 α 系数值为 0.943,大学生社

---

[1] Zhu, S. Yang, H. H., Xu, S., et al. "Understanding Social Media Competence in Higher Education: Development and Validation of an Instrument". *Journal of Educational Computing Research*, 2020, 57 (8), pp. 1935~1955.

[2] Andreassen, C. S., Torsheim, T., Brunborg, G. S., et al. "Development of a Facebook Addiction Scale". *Psychological Reports*, 2012, 110 (2), pp. 501~517.

交媒体成瘾水平量表的内部一致性 α 系数值达到 0.948，均接近 1，说明三个量表的信度都很好。

在效度方面，如前所述，整份问卷都经学者专家检视，并根据十位大学生的试填情况，在内容、结构和表述等方面做了相应调整与修改，从而得到专家效度。其中，"基于数字公民素养的社交媒体意识"量表（Cronbach α = 0.910，KMO = 0.932）改编自已有研究的成熟问卷，"基于数字公民素养的社交媒体能力"量表（Cronbach α = 0.943，KMO = 0.894）和"社交媒体成瘾水平"量表（Cronbach α = 0.948，KMO = 0.900）直接引用了已有研究的成熟量表，经过对预试问卷的项目分析后，进一步提高了量表的适切与可靠程度。

四、研究样本

根据被试者自填问卷的随机抽样方法，本研究使用"问卷星"面向全日制高等教育学校的大学生展开调查，涉及哲学、经济学、法学、教育学、文学、历史学、理学、工学、医学和艺术学等十多个专业，覆盖广东省、江西省、山东省、福建省和浙江省等数十个省份及地区，共计收回 921 份问卷，其中有效问卷 833 份，有效回收率 90.45%。

问卷的派发由有关学校教师与同学负责，尤其是科任教师、辅导员和参与过学生会/社团工作的同学，他们有选择性地在学生群、同学群和好友群等网络社群转发，收集不同专业门类的大学生问卷数据。同时，通过"教育技术学"公众平台推送问卷，从地域维度扩大数据的覆盖面。同时，问卷设置了一个微信号只能填写一次的规则，有效保障了回收问卷的质量与数量。

五、融合数字公民素养的大学生社交媒体使用情况分析

（一）描述性统计分析

为具体调研大学生社交媒体使用情况，本研究统计了以下信息。

（1）个人基本信息：如表 6-2 所示，研究对象中男女大学生比例接近 1∶2，这与教育学专业学生占本次调查样本数据比重最大（48.38%）、师范类学校女生较多有关。研究对象的年级涵盖大学一年级至研究生三年级，所学专业门类众多，学生学业成绩分布情况较为均匀。

第六章 融合数字公民素养的社交媒体成瘾影响因素探索

表6-2 样本个人信息统计（正式问卷）

统计项	类别	频数	百分比/%
性别	男	269	32.29
	女	564	67.71
年级	大一	109	13.09
	大二	68	8.16
	大三	146	17.53
	大四	209	25.09
	研一	111	13.33
	研二	71	8.52
	研三	119	14.29
专业	哲学	15	1.80
	经济学	33	3.96
	法学	37	4.44
	教育学	403	48.38
	文学	45	5.40
	历史学	19	2.28
	理学	110	13.21
	工学	66	7.92
	农学	3	0.36
	医学	8	0.96
	军事学	1	0.12
	管理学	37	4.44
	艺术学	10	1.20
	其他	46	5.52
学业成绩	前10%以内	188	22.57
	前10%～30%	312	37.45
	前30%～50%	204	24.49
	其他	129	15.49

(2) 数字准入情况：学校数字化学习环境。从图6-1可知，大学生在学校能接入校园网络/个人网络（80.79%），并能方便地获取网络学习资源（51.98%）已是较为普遍的现象，而且所在学校也比较重视数字校园/智慧校园的建设（60.02%），校园网/个人用网信号较为稳定（55.58%）。但是，学生所知的由学校图书馆组织的有关信息素养系列讲座（36.37%）和与数字技术主题相关的理论或实操型课程（24.49%）并不多。

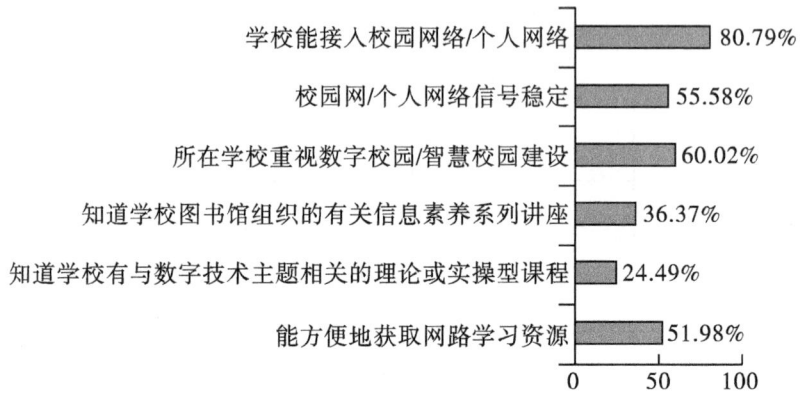

图6-1 大学生数字化学习环境调查情况

(3) 数字准入情况：家庭功能。如图6-2、图6-3和图6-4所示，整体而言，大学生的家庭关系一般为"很和睦"（54.74%）或"较和睦"（31.09%），父母对其管控程度"一般"（41.66%）或"比较严格"（27.13%），而在社交媒体使用态度上父母更多地倾向于"比较赞成"（39.98%）和"非常赞成"（30.01%）。

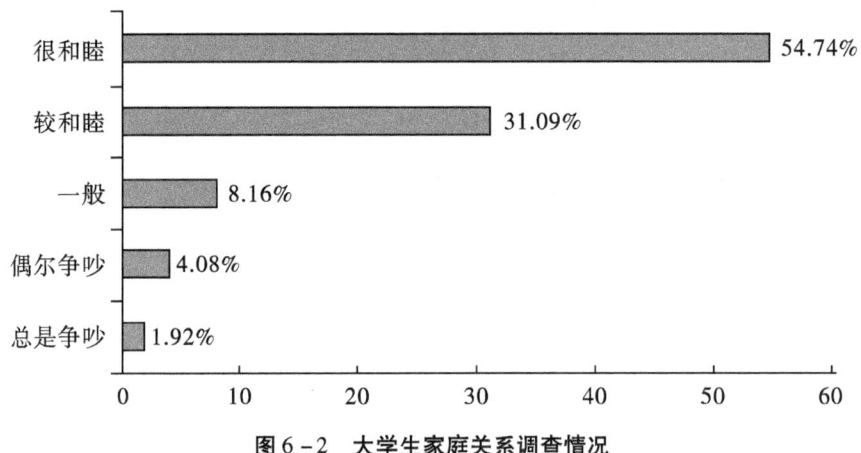

图6-2 大学生家庭关系调查情况

第六章 融合数字公民素养的社交媒体成瘾影响因素探索

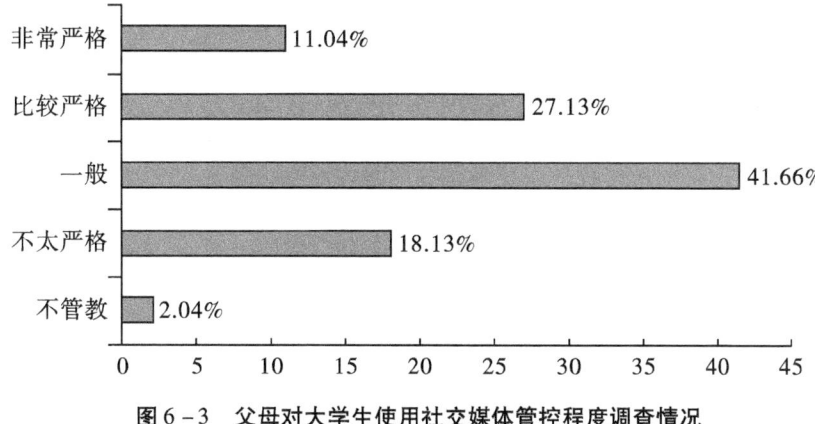

图 6-3 父母对大学生使用社交媒体管控程度调查情况

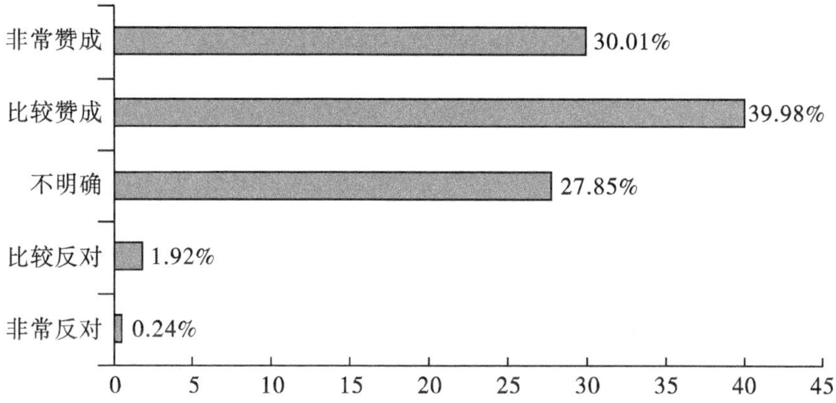

图 6-4 父母对大学生使用社交媒体的态度调查情况

此外，本研究根据问卷填写者的 IP 地址，对大学生所在地理位置做了如图 6-5 所示的统计。由图可得，参与本次调查的大学生来自经济发展情况各异的不同地区，研究结果能够较为全面地反映客观事实。

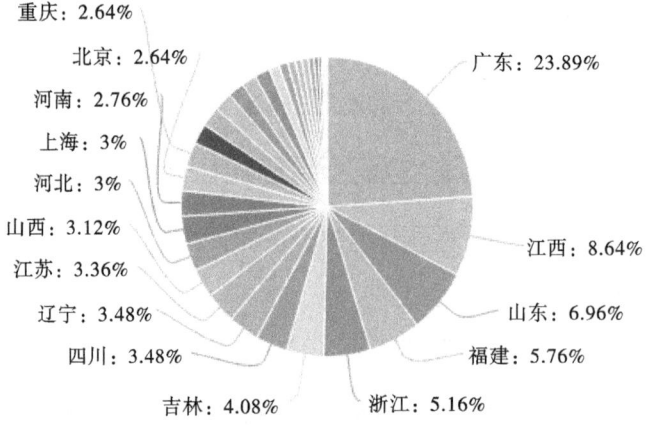

图6-5 参与调研的大学生所在地理位置分布

(二) 大学生社交媒体意识水平分析

本研究对大学生基于数字公民素养的社交媒体意识各维度及总分进行了统计分析,数据统计分析结果如表6-3所示。由表可知,833名大学生的社交媒体意识得分率均值为74.41,处于百分制的中高水平。其中,数字权责与法律意识维度的得分率较低(67.65%),而数字公民身份意识、数字健康意识和社交媒体使用意识三个维度的得分率相近,分别为76.19%、78.22%和75.03%。可见,大学生有较强的数字健康意识、数字公民身份意识和社交媒体使用意识,但数字权责与法律意识不足。此外,不同大学生在基于数字公民素养的社交媒体意识总分及四个维度的得分上差距较大,表明大学生基于数字公民素养的社交媒体意识水平参差不齐。

表6-3 基于数字公民素养的大学生社交媒体意识统计表(1)

维度	最小值	最大值	标准差	得分均值	得分率/%
数字公民身份意识	3.00	15.00	2.34982	11.4286	76.19
数字健康意识	3.00	15.00	2.05960	11.7323	78.22
数字权责与法律意识	2.00	10.00	1.97775	6.2653	67.65
社交媒体使用意识	15.00	55.00	6.85827	41.2641	75.03
社交媒体意识总分	38.00	95.00	10.19027	70.6903	74.41

具体来看，如表6-4所示，大学生比较在意数字身份形象，具有较强的社交意识、认知意识、享乐意识和自我表露意识。具体而言，如通过社交媒体参与社交、获取信息、休闲娱乐和积极展示等，这与社交媒体使用动机理论有关。但是大学生较少考虑自己的社交媒体使用时间，对过度使用所造成的危害没有足够的认识，享受社交媒体权利的同时却缺乏应有的责任感，数字法律观念淡薄。因此，本研究推测，大学生社交媒体意识越强，其社交媒体成瘾水平越高。

表6-4 基于数字公民素养的大学生社交媒体意识统计表（2）

维度	题项序号	样本数量	均值	标准差
数字公民身份意识	9	833	3.93	0.901
	10	833	3.77	0.885
	11	833	3.72	0.920
数字健康意识	12	833	3.97	0.926
	13	833	3.87	1.055
	14	833	3.89	0.819
数字权责与法律意识	16	833	3.45	1.041
	17	833	2.82	1.257
社交意识	18	833	3.82	0.867
	19	833	3.95	0.833
	20	833	3.80	0.904
认知意识	22	833	3.81	0.813
	23	833	3.94	0.810
享乐意识	24	833	3.82	0.839
	25	833	3.30	1.108
	26	833	3.55	0.977
自我表露意识	27	833	3.78	0.836
	28	833	3.84	0.834
	29	833	3.67	0.871

(三) 大学生社交媒体行为习惯分析

1. 大学生社交媒体使用行为

从表6-5可知，在社交媒体使用时长方面，超80%的大学生每日社交媒体使用时长为0～6小时，使用7小时甚至更多的学生人数较少（14.8%）；而约有75.5%的大学生每日因工作使用社交媒体时长只有0～2小时。在社交媒体使用频率上，每日使用次数超过10次的大学生超过一半（55.6%），"总是"使用社交媒体的人数（35.9%）超过总人数的三分之一。这些数据有力呈现了当代大学生与社交媒体紧密联结的状态，非工作目的而长时间、高频使用社交媒体是大学生日常生活的常态。此外，加入10个及以上网络社群的大学生数量（478人）是加入0～3个网络社群（56个）的10倍，可以看到，直接通过网络社群或社交媒体来产生人与人之间的联结已经变得普遍。

表6-5 大学生社交媒体使用行为

统计项	类别	频数	百分比/%
使用时长/日	0～3小时	361	43.3
	4～6小时	349	41.9
	7小时甚至更多	123	14.8
工作使用时长/日	0～2小时	629	75.5
	3～4小时	123	14.8
	4小时甚至更多	81	9.70
使用次数/日	0～5次	177	21.2
	6～10次	193	23.2
	11～20次	164	19.7
	总是	299	35.9
网络社群数量	0～3个	56	6.70
	3～6个	198	23.8
	7～10个	101	12.1
	10个以上	478	57.4

2. 大学生社交媒体使用习惯

（1）大学生社交媒体参与行为。如图6-6所示，仅有5.76%的大学生活跃在各个网络社群内，并经常与其他成员互动，而大多数人仅在部分网络社群内比较活跃（40.82%），或较少发言和互动（30.37%）。与社交媒体使用时长与频率相比，大学生参与网络社群的积极性并不高。从图6-7可知，大学生经常参与点赞、转发和讨论/发弹幕的人数仅占4.8%。

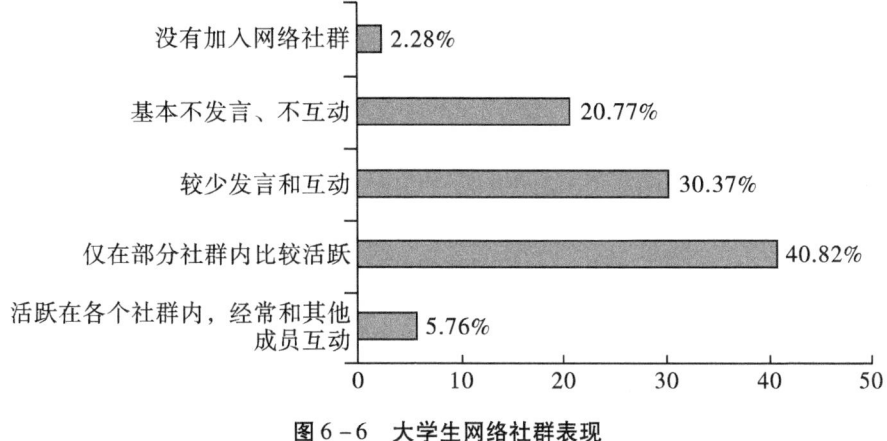

图6-6 大学生网络社群表现

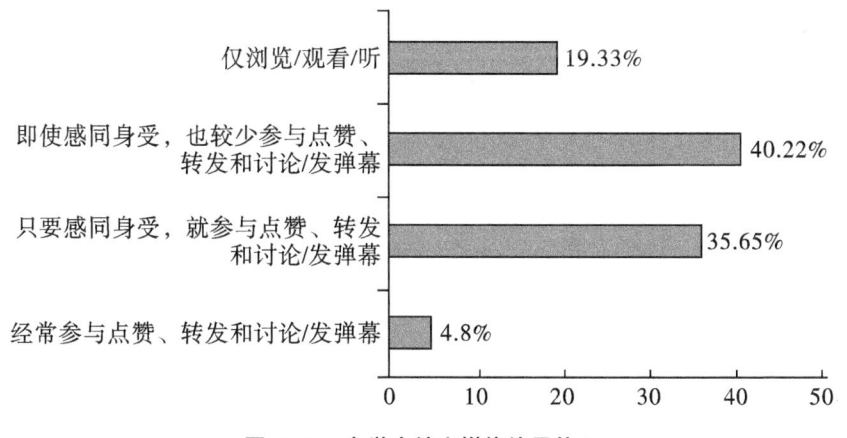

图6-7 大学生社交媒体使用状况

（2）大学生社交媒体使用偏好。如图6-8所示，在大学生较常使用的社交媒体软件中，使用社交类软件的人数高居榜首，其次是影音类（35%）和商务类（20.9%），而选择以健身为主的生活类软件的人数较少（6%）。据统计，大学生通常使用社交类软件"聊天"，用影音类和摄影类软件"娱乐""抗干扰"和"消磨时间"，用资讯类软件了解新闻等，用商务类软件

"购物",并用生活类软件规划和记录自己的健身时间等(如图6-9至图6-14所示)。

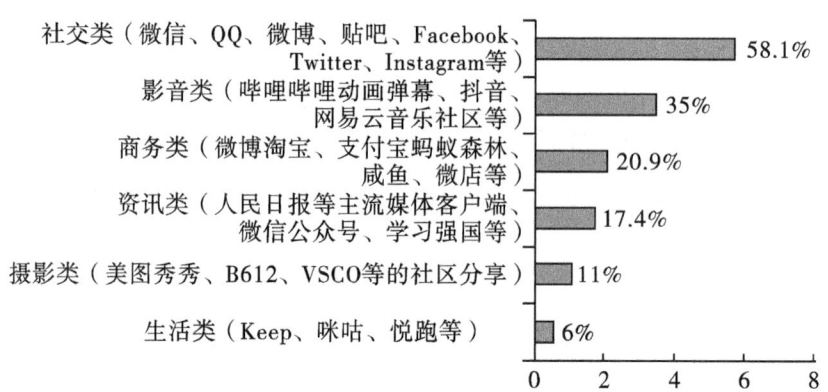

图6-8 大学生社交媒体使用偏好

图6-9 社交类　　　　　　　　　图6-10 影音类

图6-11 商务类 　　　　　　　　　图6-12 资讯类

第六章　融合数字公民素养的社交媒体成瘾影响因素探索

图 6-13　摄影类　　　　　　　　图 6-14　生活类

（3）积极的自我呈现行为。由图 6-15 可知，为了得到关心、支持等积极回应，大学生常"在社交媒体上发布自己对某事物的看法"或"在社交媒体上发布照片"，有时也会"在社交媒体上发布困扰自己的问题"或"在社交媒体上发布让自己感到自豪的事情"。其中，最常见的是大学生通过社交媒体发表自己的观点，久而久之，微博、微信朋友圈和 QQ 空间等逐渐形成一块自我呈现的"自留地"，并成为人与人相互了解的一个重要窗口。从数字公民教育的角度来看，这也是大学生对其数字公民身份塑造的一种表现，通俗而言，即社交媒体中的"人设"。

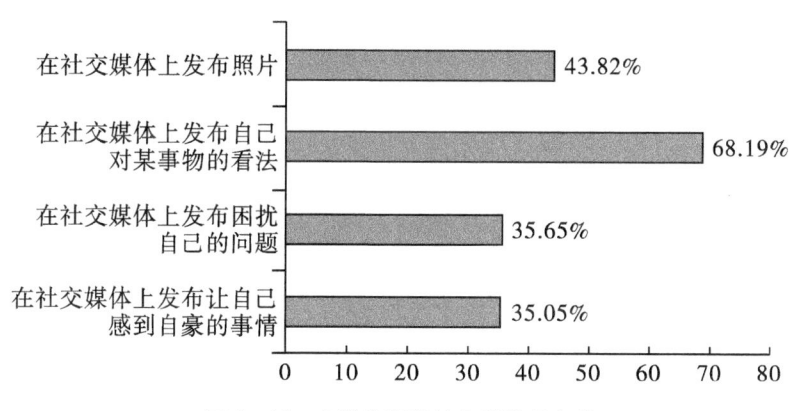

图 6-15　大学生积极的自我呈现方式

（4）大学生社交习惯。如图 6-16 所示，在对社交习惯的调查中，选择"在社交媒体上的社交与面对面社交相当"的人数占比最大（46.22%），而选择"在社交媒体上的社交比面对面社交频繁"的大学生数量（30.49%）比选择"在社交媒体上的社交比面对面社交少"的（23.29%）多 7.2%，可见，面对面结合社交媒体参与社交活动的现象比较普遍。

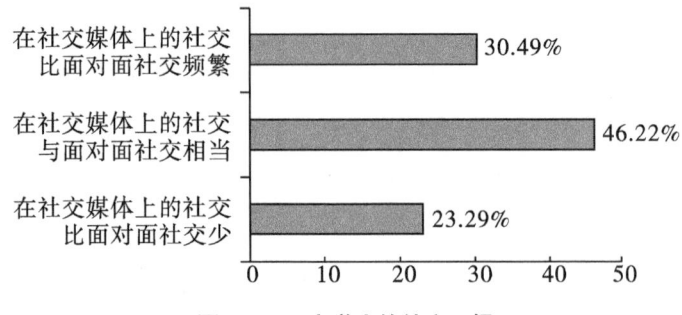

图 6-16　大学生的社交习惯

（5）大学生自我控制行为。如图 6-17 和图 6-18 所示，当与其他目标发生冲突时，大学生"有时"（38.78%）甚至"经常"（27.01%）屈服于使用社交媒体；当时间利用效率低下时，大学生仍会"有时"（41.54%）甚至"经常"（26.77%）屈服于自己使用社交媒体的欲望。

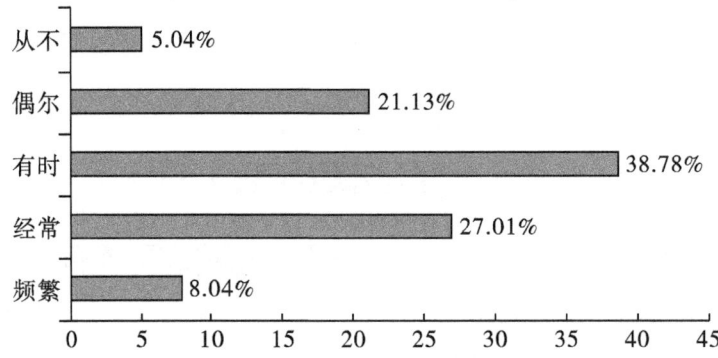

图 6-17　当与其他目标冲突时，大学生屈服于使用社交媒体的频率

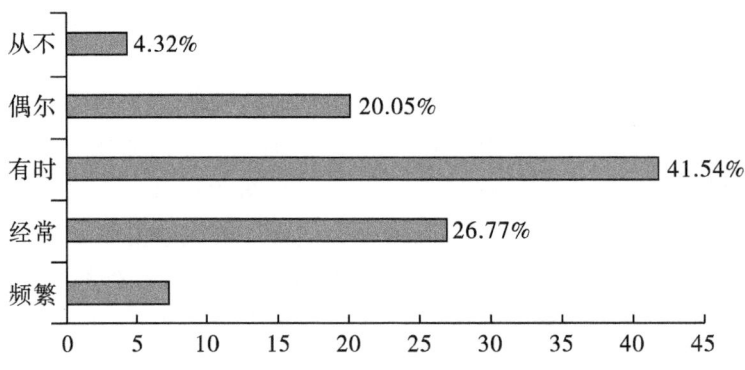

图 6-18　当时间利用效率低下时，大学生屈服于使用社交媒体的频率

(四) 大学生社交媒体能力水平分析

本研究对大学生基于数字公民素养的社交媒体能力的各维度及总分进行了统计分析,结果如表6-6所示。由表可知,833名大学生的社交媒体能力得分率均值为75.39%,处于百分制的中高水平。其中,"预期反馈"维度的得分率较低(68.56%),而"技术使用"和"内容解析"两个维度的得分率稍高,分别为78.48%和76.05%,均达到75%以上的水平。与基于数字公民素养的社交媒体意识水平类似,不同大学生基于数字公民素养的社交媒体能力总分及四个维度的得分差距较大,这表明大学生基于数字公民素养的社交媒体能力水平参差不齐。

表6-6 基于数字公民素养的大学生社交媒体能力统计(1)

维度	最小值	最大值	标准差	得分均值	得分率/%
技术使用	7.00	25.00	3.30539	19.6206	78.48
内容解析	14.00	35.00	4.12264	26.6170	76.05
内容生成	11.00	35.00	4.49244	25.4238	72.64
预期反馈	15.00	39.00	4.87232	27.4226	68.56
社交媒体能力总分	62.00	135.00	14.31806	101.7827	75.39

具体来看,如表6-7所示,大学生基本都清楚社交媒体上的基本操作(发布、转发、评论、点赞、关注等),基本具备利用社交媒体收集数据、创建内容等"技术使用"能力;对于所接触到的各种社交媒体内容,大学生的理解、分析、比较和评估等"内容解析"能力也较强;与前两种能力相比,大学生在原创开发、贡献评论和多人协作与沟通等"内容生成"能力上稍显不足;此外,大学生发布内容和评论之前较能考虑到他人想法和情绪,但并非一定要在具备某一领域知识后才参与社交媒体讨论,"预期反馈"能力中每道题的得分均值较高、得分率却最低。这说明,大学生平均社交媒体能力较强,未来可多从"内容生成"能力和"预期反馈"能力两个层面考虑如何全面提升。整体而言,本研究的数据统计分析结果与朱莎等用此问卷对华

中地区 622 名大学生所做的调查分析结果①基本一致,特别的是,大学生的"内容生成"能力相较于之前的已经有了一定提高。

表6-7 基于数字公民素养的大学生社交媒体能力统计(2)

维度	题项序号	样本量	均值	标准差
技术使用	41	833	3.89	0.797
	42	833	3.85	7.89
	43	833	3.91	0.760
	44	833	4.00	0.770
	45	833	3.96	0.767
内容解析	46	833	3.79	0.749
	47	833	3.84	0.760
	48	833	3.83	0.739
	49	833	3.85	0.716
	50	833	3.76	0.770
	51	833	3.67	0.762
	52	833	3.89	0.749
内容生成	53	833	3.55	0.908
	54	833	3.52	0.863
	55	833	3.53	0.842
	56	833	3.64	0.801
	57	833	3.70	0.793
	58	833	3.75	0.832
	59	833	3.73	0.773

---

① Zhu, S., Yang, H. H., Xu, S., et al. "Understanding Social Media Competence in Higher Education: Development and Validation of an Instrument". *Journal of Educational Computing Research*, 2020, 57 (8), pp. 1935～1955.

续表

维度	题项序号	样本量	均值	标准差
预期反馈	60	833	3.87	0.833
	62	833	3.64	0.862
	63	833	3.74	0.795
	64	833	3.77	0.808
	65	833	3.79	0.808
	66	833	3.85	0.778
	67	833	3.76	0.796
	68	833	3.71	0.795

(五) 大学生社交媒体成瘾水平分析

大学生社交媒体成瘾水平各维度及总分的数据统计分析结果如表6-8所示。由表可知，本次参与调查的833名大学生的社交媒体"成瘾水平"得分均值为58.52，处于百分制的中等偏高的水平。其中，各维度的得分率较为平均，且都达到百分制中60%以上。与基于数字公民素养的社交媒体意识量表和大学生社交媒体能力量表类似，不同大学生社交媒体成瘾水平总分及四个维度的得分差距较大，这表明大学生社交媒体成瘾水平各异。

表6-8 大学生社交媒体成瘾水平 I

维度	最小值	最大值	标准差	得分均值	得分率/%
耐受性	3.00	15.00	2.23349	10.3457	68.97
突显性	3.00	15.00	2.42061	9.9988	66.66
冲突性	3.00	15.00	2.54439	9.4154	62.77
反复性	3.00	15.00	2.76329	9.4370	62.91
戒断性	3.00	15.00	2.94441	9.2077	61.38
情绪改变	3.00	15.00	2.44205	10.1164	67.44
成瘾水平	20.00	89.00	12.79958	58.5210	65.02

具体来看，如表6-9所示，大学生使用社交媒体的"耐受性""突显性""反复性"和"情绪改变"特征明显，例如，实际使用社交媒体的时间

表6-9 大学生社交媒体成瘾水平 II

维度	题项序号	样本量	均值	标准差
耐受性	69	833	3.43	0.901
	70	833	3.71	0.805
	71	833	3.21	0.991
突显性	72	833	3.48	0.912
	73	833	3.17	0.976
	74	833	3.35	0.942
冲突性	75	833	3.23	0.984
	76	833	3.25	0.997
	77	833	2.94	1.066
反复性	78	833	3.03	1.051
	79	833	3.16	1.019
	80	833	3.25	1.016
戒断性	81	833	3.21	1.058
	82	833	2.94	1.097
	83	833	3.06	1.069
情绪改变	84	833	3.26	0.989
	85	833	3.44	0.907
	86	833	3.42	0.905

较长，花了较多的注意力放在社交媒体上，难以减少使用时间和频率，以及习惯于通过使用社交媒体来转移不良情绪等。与此同时，大学生也会由于过度使用社交媒体而耽误其他活动，或者在禁止使用社交媒体时感到心情糟糕，表现出较强的"冲突性"和"戒断性"特点。但是，参与本次调查的大学生仍然比较重视同伴、家人或朋友，这些与使用社交媒体之间没有很强的"冲突性"，也较少因不能使用社交媒体而达到发怒的程度。这说明，社交媒体技术异化已悄然出现在大学生群体中，只不过社交媒体成瘾水平尚未构成较大危险点，但这种潜移默化的影响不容忽视。与大学生微信成瘾研

究结果[①]类似,目前,大学生社交媒体成瘾或微信成瘾水平处于中等甚至偏高一点的水平,但成瘾还未导致严重危害。

(六)小结

本研究通过问卷调查了解大学生社交媒体使用情况,经数据统计分析可知以下四点。

(1)个人基本情况层面,在校大学生普遍能方便地接入稳定的网络,从而获取网络学习资源;并且参与本次调查的大学生家庭关系比较和睦,父母对其管控不会很严格,也比较支持其使用社交媒体。

(2)社交媒体意识层面,大学生整体的社交媒体意识较强,具体表现为有较强的数字公民身份意识和社交媒体使用意识,以及较薄弱的数字健康意识和数字权责与法律意识。

(3)社交媒体行为层面,大学生每日社交媒体使用时间一般在6小时以内,而每日因工作使用社交媒体的时长只有0~2小时;有超过半数的大学生每日使用社交媒体次数超过10次,所加入的网络社群在10个及以上,但大多数人只在部分网络社群内比较活跃。其中,社交类软件比较受大学生青睐,他们常在上面发表自己的看法;尽管大学生不会过多地使用社交媒体参与社交,但仍然不太能控制自己的行为,比较容易屈服于使用社交媒体。

(4)社交媒体能力层面,大学生社交媒体能力普遍较强,但在原创开发、贡献评论和多人协作与沟通等"内容生成"能力和考虑他人想法或感受等"预期反馈"能力上有进一步提高的空间。

此外,大学生社交媒体成瘾水平的整体得分率突破了60%,处于百分制中等偏高的程度。正如对社交媒体行为的具体化调查统计结果所示,大学生习惯于使用社交媒体的现象值得进一步关注,后文将从影响因素分析着手,深入探究其本质。

---

① Jhony Choon Yeong Ng,乔何,谭清美:《碎片化的枷锁:基于扎根理论的社交媒体使用研究》,载《宜宾学院学报》2018年第7期,第25~33页。

六、融合数字公民素养的大学生社交媒体成瘾影响因素分析

在有关大学生社交媒体使用情况的描述性统计分析的基础上,本研究进一步通过 SPSS 对大学生的个人基本情况、社交媒体意识、社交媒体行为和社交媒体能力分别与社交媒体成瘾水平进行相关性、差异性及多元回归的分析,以此探讨融合数字公民素养的大学生社交媒体成瘾的影响因素。

(一)个人基本情况与社交媒体成瘾

本部分主要从性别、学历/年级、专业、学业成绩、数字准入等方面展开数据统计分析,以此获得个人基本信息与其社交媒体成瘾水平的关系。

1)性别和学历/年级分析:

(1)根据统计学中 T 检验的分析原理,本部分采用独立样本 T 检验法来考查不同性别和不同学历(本硕)大学生社交媒体成瘾水平是否存在显著差异性。如表 6-10 所示,男生在社交媒体成瘾水平总分上显著高于女生,而本科与硕士研究生学历的大学生在社交媒体成瘾水平总分相当。由此可得,不同性别大学生社交媒体成瘾水平存在显著差异,男大学生的成瘾水平高于女大学生,但不同学历水平的大学生在社交媒体成瘾水平上没有显著差异。

表 6-10 不同性别和学历大学生社交媒体成瘾得分 T 检验结果

类别	选项	均值(标准差)	t 值	Sig.
性别	男生	60.1190 (13.49547)	2.422	0.016
	女生	57.7589 (12.39386)		
学历	本科	58.9962 (12.42532)	1.422	0.155
	硕士	57.6854 (13.41258)		

说明:显著性水平为 0.05,下同。

(2)本研究根据方差分析法的原理,利用 SPSS 分析从大学一年级到硕士研究生三年级各年级大学生社交媒体成瘾水平的得分差异性情况,如表 6-11 所示。从表可知,显著性检验 Sig. 值小于 0.05 的显著水平(Sig. = 0.001),说明各年级大学生社交媒体成瘾水平各异。比较均值可知,大学二

年级学生的社交媒体成瘾水平最高,这与已有研究结果类似[①];大学四年级学生社交媒体成瘾水平次之,而硕士研究生三年级学生社交媒体成瘾水平最低。

表6-11 不同年级大学生在社交媒体成瘾水平上的差异分析

统计变量	年级	均值	F 值	Sig.
社交媒体成瘾水平	大一	54.5596	3.987	0.001
	大二	62.2941		
	大三	59.4207		
	大四	59.9426		
	硕士研一	58.8750		
	硕士研二	58.1549		
	硕士研三	56.2857		

根据方差齐性检验结果(见表6-12),各年级大学生样本中的方差齐性检验结果没有达到显著($F=0.680$,Sig$=0.666$),样本的离散情况无显著差别,故选用Scheffe(C)法进行事后多重比较,分析结果如表6-13所示。

表6-12 方差同质性检验

项目	Levene统计量	显著性
社交媒体成瘾水平	0.680	0.666

表6-13 多重比较结果(Scheffe)

(I)年级	(J)年级	平均差(I-J)	显著性	均值差比较结果
大一(1)	大二	-7.73448*	0.017	2>1、4>1
	大三	-4.86106	0.166	
	大四	-5.38295*	0.045	
	硕士研一	-4.31537	0.379	
	硕士研二	-3.59530	0.748	
	硕士研三	-1.72608	0.983	

---

① 姚莉华,杨德兰:《大学生网络成瘾状况及其情绪特征分析》,载《价值工程》2014年第27期,第326~328页。

续表

（I）年级	（J）年级	平均差（I-J）	显著性	均值差比较结果
大二（2）	大一	7.73448*	0.017	2>1、4>1
	大三	2.87343	0.881	
	大四	2.35153	0.939	
	硕士研一	3.41912	0.798	
	硕士研二	4.13919	0.716	
	硕士研三	6.00840	0.138	
大三（3）	大一	4.86106	0.166	
	大二	-2.87343	0.881	
	大四	-0.52189	1.000	
	硕士研一	0.54569	1.000	
	硕士研二	1.26576	0.998	
	硕士研三	3.13498	0.676	
大四（4）	大一	5.38295*	0.045	
	大二	-2.35153	0.939	
	大三	0.52189	1.000	
	硕士研一	1.06758	0.998	
	硕士研二	1.78765	0.983	
	硕士研三	3.65687	0.389	
硕士研一（5）	大一	4.31537	0.379	
	大二	-3.41912	0.798	
	大三	-0.54569	1.000	
	大四	-1.06758	0.998	
	硕士研二	0.72007	1.000	
	硕士研三	2.58929	0.878	

续表

（I）年级	（J）年级	平均差（I-J）	显著性	均值差比较结果
硕士研二（6）	大一	3.59530	0.748	
	大二	-4.13919	0.716	
	大三	-1.26576	0.998	
	大四	-1.78765	0.983	
	硕士研一	-0.72007	1.000	
	硕士研三	1.86922	0.987	2>1、4>1
硕士研三（7）	大一	1.72608	0.983	
	大二	-6.00840	0.138	
	大三	-3.13498	0.676	
	大四	-3.65687	0.389	
	硕士研一	-2.58929	0.878	
	硕士研二	-1.86922	0.987	

经事后多重比较发现以下两点。

第一，大学二年级学生的社交媒体成瘾水平明显高于大学一年级学生，这可能与不同阶段大学生的身心发展不同有关。大学一年级新生刚刚从中学生转变为大学生，其思维和习惯正处于一种过渡阶段，这种角色转变带来的新鲜感以及学习和社会生活带来的冲击力，需要大学一年级学生花一定时间去适应。也许，社交媒体在大学一年级学生的日常生活中主要发挥着比较基础的交流联络作用，但对于已经对大学生活逐渐驾轻就熟的大学二年级学生来说，他们似乎拥有了更多可自主支配的时间。相应的，也可以更加自由和自主地使用社交媒体，因而二者的社交媒体成瘾水平有显著差异性。

第二，大学四年级学生的社交媒体成瘾水平明显高于大学一年级学生。众所周知，大学四年级（毕业班）的课业负担是大学生涯中较小的，但是有毕业实习、毕业论文和就业或继续升学深造等压力。处于该学段的大学生或许更倾向使用社交媒体，例如，用其来交流、学习和转移注意力等。另外，其他年级的大学生在社交媒体成瘾水平上没有明显区别。

2）专业分析：

根据专业和问卷收集情况，本研究将调查统计的 13 个专业归为"文史哲"（包括哲学、经济学、法学、文学和历史学）、"教育学"、"理工科"（包括理学、工学、农学和医学）和"其他"（包括军事学、管理学、艺术学及其他）四个专业大类。如表6-14所示，显著性检验Sig.值小于0.05的显著水平（$F=16.949$，Sig.$=0.000$），这说明不同专业大学生的社交媒体成瘾水平各不相同。其中，"文史哲"类大学生社交媒体成瘾水平最高，这可能与其专业性质有关。

表6-14 不同专业大学生在社交媒体成瘾水平上的差异性分析

类别	选项	均值（标准差）	F值	Sig.
专业大类	文史哲	65.0000（14.68722）	16.949	0.000
	教育学	57.6856（12.24290）		
	理工科	56.4332（11.64989）		
	其他	56.0638（10.91000）		

同时，由表6-15的方差齐性检验结果可得，以专业大类为分组依据的四个样本方差齐性检验结果达到显著，说明样本的变异系数不具有同质性，故采用Tamhane's（M）检定进行事后多重比较分析。如表6-16所示，"文史哲"专业大类的大学生社交媒体成瘾水平高于"教育学""理工科"和"其他"类。

表6-15 方差同质性检验

项目	Levene统计量	显著性
社交媒体成瘾水平	6.085	0.000

表6-16 多重比较结果（Tamhane）

(I)专业大类	(J)专业	平均差（I-J）	显著性	均值差比较结果
文史哲（1）	教育学	7.31436*	0.000	1>2、1>3、1>4
	理工科	8.56684*	0.000	
	其他	8.93617*	0.000	
教育学（2）	文史哲	-7.31436*	0.000	
	理工科	1.25249	0.796	
	其他	1.62181	0.751	
理工科（3）	文史哲	-8.56684*	0.000	
	教育学	-1.25249	0.796	
	其他	0.36933	1.000	
其他（4）	文史哲	-8.93617*	0.000	
	教育学	-1.62181	0.751	
	理工科	-0.36933	1.000	

3）学业成绩分析：本研究采用 Spearman 相关分析法探究大学生的学业成绩与社交媒体成瘾的关系，从表 6-17 可知，大学生学业成绩负向影响其社交媒体成瘾水平，即学业成绩相对弱的学生，其社交媒体成瘾水平相对较高。研究推测，学业成绩在一定程度上反映了学生的注意力、自我控制能力和自我效能感等，这些能力发展情况与心理表征现状也在一定程度上影响了大学生的社交媒体成瘾水平。

表 6-17 社交媒体成瘾水平与学业成绩相关分析

项目	社交媒体成瘾水平
斯皮尔曼等级相关系数	-0.072*
显著性（双侧）	0.039

注：$^*p<0.05$，$^{**}p<0.01$，$^{***}p<0.001$。

4）数字准入情况：

（1）学校数字化学习环境分析：如表 6-18 所示，能够方便地获取网络学习资源的大学生，其社交媒体成瘾水平较低，二者呈显著负相关（$p<0.01$）。而大学生社交媒体成瘾水平与其接入网络是否方便和稳定、所在学校是否为数字/智慧校园、是否知道学校图书馆组织的有关信息素养的讲座以及是否了解学校开展的数字技术课程没有呈正相关。

表 6-18 社交媒体成瘾水平与学校数字化学习环境相关分析

类别	选项	均值（标准差）	t 值	Sig.
接入网络方便	是	58.2418（12.53308）	-1.297	0.195
	否	59.7044（13.85209）		
接入网络稳定	是	58.3456（12.81222）	-0.442	0.658
	否	58.7405（12.79768）		
智慧/数字校园	是	58.5569（12.67214）	0.99	0.921
	否	58.4669（13.00855）		
知道学校图书馆组织的有关信息素养的讲座	是	59.2640（13.12811）	1.267	0.205
	否	58.0962（12.60075）		
了解学校开展的数字技术课程	是	58.7635（13.46110）	0.310	0.756
	否	58.4429（12.58911）		
网络学习资源	是	56.2448（12.23895）	-5.431	0.000
	否	60.9850（12.95103）		

根据前文关于大学生的学校数字化学习环境调查的统计结果显示,"我能方便地获取网络学习资源,如慕课视频等"选项被选择的比率占到52%,说明参与本次调查研究的大学生中有超过一半的人能够方便地利用网络学习资源。而"我知道学校图书馆组织的有关信息素养系列讲座"和"我了解学校开展有与数字技术主题相关的理论或实操型课程"两个选项被选择的比率最低,分别为18.5%、12.4%,并与大学生社交媒体成瘾水平无呈正相关。因此,本研究以统计所得的社交媒体成瘾水平得分均值作为基准,将样本分为高成瘾水平与低成瘾水平两组,使用SPSS软件求得数字接入条件与社交媒体成瘾水平交叉表,如表6-19所示。

表6-19 学校数字化学习环境与社交媒体成瘾的交叉表

维度		社交媒体成瘾水平		总计
		高分组	低分组	
接入网络方便	计数	308	366	674
	在学校数字化学习环境占百分比	45.7%	54.3%	
	在社交媒体成瘾水平占百分比	79.2%	82.4%	
	在总体占百分比	37.0%	43.9%	80.9%
接入网络稳定	计数	213	250	463
	在学校数字化学习环境占百分比	46.0%	54.0%	
	在社交媒体成瘾水平占百分比	54.8%	56.3%	
	在总体占百分比	25.6%	30.0%	55.6%
数字校园/智慧校园建设	计数	235	266	501
	在学校数字化学习环境占百分比	46.9%	53.1%	
	在社交媒体成瘾水平占百分比	60.4%	59.9%	
	在总体占百分比	28.2%	31.9%	60.1%
知道图书馆组织的有关信息素养的系列讲座	计数	149	154	303
	在学校数字化学习环境占百分比	49.2%	50.8%	
	在社交媒体成瘾水平占百分比	38.3%	34.7%	
	在总体占百分比	17.9%	18.5%	36.4%

续表

维度		社交媒体成瘾水平		总计
		高分组	低分组	
数字技术课程	计数	100	103	203
	在学校数字化学习环境占百分比	49.3%	50.7%	
	在社交媒体成瘾水平占百分比	25.7%	23.2%	
	在总体占百分比	12.0%	12.4%	24.4%
我能方便地获取网络学习资源，如慕课视频等	计数	172	261	433
	在学校数字化学习环境占百分比	39.7%	60.3%	
	在社交媒体成瘾水平占百分比	44.2%	58.8%	
	在总体占百分比	20.6%	31.3%	52.0%
总体	计数	389	444	833
	占总额的百分比	46.7%	53.3%	100.0%

由表 6-19 可得，勾选"我能方便地获取网络学习资源，如慕课视频等"选项的学生在高社交媒体成瘾水平大学生与低社交媒体成瘾水平大学生中所占比率分别为 39.7% 和 60.3%（在数字接入条件的百分比），较之于其他选项中不同成瘾水平大学生的选择情况来说相差较大，说明高社交媒体成瘾大学生与低社交媒体成瘾大学生在是否能方便地获取网络学习资源上存在差异。对照相关分析表 6-18 的结果，即大学生能否方便地获取网络学习资源与其社交媒体成瘾水平有显著负相关，可以理解为：能够方便地获取网络学习资源的学生，其信息素养水平较高，且对学习有较强的自主性与执行力，沉迷于社交媒体的可能性相对较小。但是，学生对学校图书馆是否开展有关信息素养系列讲座和学校是否开设数字技术方面课程的了解程度较低。本研究认为，即便二者的统计结果在高低社交媒体成瘾大学生之间无显著差异性，也值得后续关注。

（2）家庭功能分析：家庭因素可直接或间接影响个人生活与行为习惯，极有可能导致大学生社交媒体成瘾。本研究分别从相关性和差异性两方面展开具体分析：采用 Pearson 相关分析法探究二者的关系（见表 6-20），由表可得，大学生家庭功能与社交媒体成瘾水平得分存在显著负相关，这表明家庭功能越弱的学生，其社交媒体成瘾水平越高。

表6-20 社交媒体成瘾水平与家庭功能相关分析

项目	社交媒体成瘾水平
Pearson 相关系数	-0.214**
显著性（双侧）	0.000

差异性分析结果如表6-21所示，"家庭关系"维度的Sig.值0.158大于0.05显著性水平，这说明大学生的家庭关系对社交媒体成瘾水平无显著影响，故无须再查阅事后多重分析表。而"父母管控"和"父母态度"两个维度的Sig.值都为0.000，均小于0.05的显著性水平，说明大学生的社交媒体成瘾水平受父母管控程度与父母对其使用社交媒体态度的影响。

表6-21 不同家庭功能在社交媒体成瘾上的差异性分析

类别	选项	均值（标准差）	F 值	Sig.
家庭关系	很和睦	59.4627 (13.52534)	1.656	0.158
	比较和睦	57.0463 (11.56402)		
	一般	57.3529 (11.20070)		
	偶尔争吵	59.0588 (14.06897)		
	总是争吵	59.3750 (13.03777)		
父母管控	非常严格	70.9348 (11.22967)	29.465	0.000
	比较严格	58.5973 (12.35122)		
	一般	56.4496 (12.04638)		
	不太严格	55.5695 (12.11033)		
	不管教	58.8235 (9.05701)		
父母态度	非常赞成	61.8280 (14.76205)	6.965	0.000
	比较赞成	57.1832 (12.08028)		
	不明确	56.7284 (10.60382)		
	比较反对	61.8750 (14.45395)		
	非常反对	49.0000 (7.07107)		

根据方差齐性检验结果与事后多重比较结果（见表6-22、表6-23和表6-24）可知：第一，父母管控非常严格的大学生社交媒体成瘾水平显著高于父母管控程度为"比较严格""一般""不太严格"甚至"不管教"大学生的社交媒体成瘾水平。这也许是因为大学生正处于独立人格和社会责任感塑造的关键期，迈入象牙塔般的大学生活却仍然被父母严加管控，形成反叛心理，故逐渐依赖于使用社交媒体寻求解脱。第二，父母持"非常赞成"

使用态度的大学生社交媒体成瘾水平显著高于父母持"比较赞成"态度和"不明确"态度的大学生社交媒体成瘾水平。这一现象较好理解,父母的支持是大学生社交媒体使用的重要动力因素。

表6-22 方差同质性检验

项目	Levene 统计量	显著性
家庭关系	3.840	0.004
父母管控	1.050	0.381
父母态度	9.873	0.000

表6-23 多重比较结果(Scheffe)

(I)父母管控	(J)父母管控	平均差(I-J)	显著性	均值差比较结果
非常严格(1)	比较严格	12.33744*	0.000	
	一般	14.48521*	0.000	
	不太严格	15.36525*	0.000	
	不管教	12.11125*	0.006	
比较严格(2)	非常严格	-12.33744*	0.000	
	一般	2.14778	0.358	
	不太严格	3.02781	0.219	
	不管教	-0.22618	1.000	
一般(3)	非常严格	-14.48521*	0.000	1>2、1>3、1>4、1>5
	比较严格	-2.14778	0.358	
	不太严格	0.88003	0.967	
	不管教	-2.37396	0.959	
不太严格(4)	非常严格	-15.36525*	0.000	
	比较严格	-3.02781	0.219	
	一般	-0.88003	0.967	
	不管教	-3.25399	0.891	
不管教(5)	非常严格	-12.11125*	0.006	
	比较严格	0.22618	1.000	
	一般	2.37396	0.959	
	不太严格	3.25399	0.891	

表6-24 多重比较结果（Tamhane）

（I）父母态度	（J）父母态度	平均差（I-J）	显著性	均值差比较结果
非常赞成（1）	比较赞成	4.64482*	0.001	1>2、1>3
	不明确	5.09955*	0.000	
	比较反对	-0.04700	1.000	
	非常反对	12.82800	0.924	
比较赞成（2）	非常赞成	-4.64482*	0.001	
	不明确	0.45473	1.000	
	比较反对	-4.69182	0.916	
	非常反对	8.18318	0.986	
不明确（3）	非常赞成	-5.09955*	0.000	
	比较赞成	-0.45473	1.000	
	比较反对	-5.14655	0.864	
	非常反对	7.72845	0.989	
比较反对（4）	非常赞成	0.04700	1.000	
	比较赞成	4.69182	0.916	
	不明确	5.14655	0.864	
	非常反对	12.87500	0.818	
非常反对（5）	非常赞成	-12.82800	0.924	
	比较赞成	-8.18318	0.986	
	不明确	-7.72845	0.989	
	比较反对	-12.87500	0.818	

综上，在个人基本情况层面，大学生的性别、学历/年级、专业和学业成绩等基本情况对其社交媒体成瘾有显著影响，具体表现在：男大学生社交媒体成瘾水平较高；不同学历（本、硕）大学生社交媒体成瘾水平并无显著差异性，但大学二年级和大学四年级是容易出现社交媒体成瘾的"危险期"；就读"文史哲"（包括哲学、经济学、法学、文学和历史学）专业大类的大学生社交媒体成瘾水平较高。在数字准入情况层面，在校大学生已普遍具有便利的数字接入条件，但不同成瘾水平的大学生在能否方便地获得网络学习资源上表现出差异性；家庭功能越弱（具体体现在"父母管控越严格"和

"父母越支持使用社交媒体"),大学生社交媒体成瘾水平越高。因此,修正研究假设 H1 的表述:数字准入条件与大学生社交媒体成瘾水平具有相关性。

(二)社交媒体意识与社交媒体成瘾

(1)差异性分析:本研究先以统计所得的社交媒体成瘾水平得分均值作为基准,将样本分为高成瘾水平与低成瘾水平两组,再根据统计学中 T 检验的分析原理,采用独立样本 T 检验法来考查高社交媒体成瘾水平大学生和低社交媒体成瘾水平大学生在社交媒体意识层面是否存在显著差异性。

如表 6-25 所示,不同社交媒体成瘾水平大学生的社交媒体意识有显著不同。社交媒体成瘾水平较高的大学生,其社交意识得分均值达到 75.6118,高于参与本次调查的全体大学生社交媒体意识得分均值(70.69);而低社交媒体成瘾水平大学生的社交意识得分均值为 66.3784,低于整体均值水平。从数值来看,高(低)社交媒体成瘾水平大学生具有较高(低)的社交媒体意识水平。

表 6-25 不同成瘾水平的大学生社交意识得分 T 检验结果

类别	选项	均值(标准差)	t 值	Sig.
社交媒体成瘾水平	高水平	75.6118(9.39214)	13.863	0.000
	低水平	66.3784(9.81182)		

(2)相关性分析:为具体了解基于数字公民素养的大学生社交媒体意识与社交媒体成瘾水平之间的关系,本研究进一步将数字公民身份意识、数字健康意识、数字权责与法律意识和社交媒体使用意识分别与社交媒体成瘾水平进行 Pearson 相关分析,并对大学生的整体社交媒体意识与其社交媒体成瘾水平做相关分析,结果如表 6-26 所示。

表 6-26 社交媒体意识与社交媒体成瘾水平的相关分析

维度	选项	社交媒体成瘾水平
数字公民身份意识	Pearson 相关性	0.262**
	显著性(双侧)	0.000
数字健康意识	Pearson 相关性	0.272**
	显著性(双侧)	0.000

续表

维度	选项	社交媒体成瘾水平
数字权责与法律意识	Pearson 相关性	0.405**
	显著性（双侧）	0.000
社交媒体使用意识	Pearson 相关性	0.495**
	显著性（双侧）	0.000
社交媒体意识	Pearson 相关性	0.504**
	显著性（双侧）	0.000

由表 6-26 可知，大学生社交媒体意识各变量及整体得分均与社交媒体成瘾水平呈正相关（$p < 0.001$）。数字健康意识和数字权责与法律意识越薄弱，大学生社交媒体成瘾水平越高；数字公民身份意识和社交媒体使用意识越强，其社交媒体成瘾水平越高。整体而言，基于数字公民素养的大学生社交媒体意识与其社交媒体成瘾水平呈显著正相关。从相关系数可知，大学生数字公民身份意识和数字健康意识与社交媒体成瘾水平总分呈现低度相关（$r < 0.40$）；数字权责与法律意识、社交媒体使用意识和整体的社交媒体意识均与社交媒体成瘾水平总分呈现中度相关（$0.40 < r < 0.70$）。同时，社交媒体意识的决定系数 R^2 为 0.2540，说明基于数字公民素养的大学生社交媒体意识可以解释其社交媒体成瘾水平的 25.4%。综上，拒绝研究假设 H2，接受研究假设 H3 和 H4。

（三）社交媒体行为与社交媒体成瘾

1）数字交流。

（1）大学生社交媒体使用时长和频率。如表 6-27 所示，不同社交媒体使用时长与频率的大学生社交媒体成瘾水平有显著性差异：第一，每日社交媒体使用时间越长，大学生的社交媒体成瘾水平越高（$F = 11.594$，$p = 0.000$）。显然，每日社交媒体使用时间越长的学生，其耐受性也较强，最终导致成瘾的概率也越大。第二，由于每日工作和学习使用社交媒体的时长不同，大学生的社交媒体成瘾水平并无显著性差异（$F = 2.537$，$p = 0.056$），故无须查看多重比较分析表。但从均值与标准差来看，每日由于工作和学习使用社交媒体时长超过 4 小时的大学生社交媒体成瘾得分均值超过 60 分。这说明，不管是否出于工作目的，每日社交媒体使用时间都是诊断大学生社交媒体成瘾与否的重要参考。第三，每日社交媒体使用频率不同，大学生社交媒体成瘾水平明显各异（$F=7.284$，Sig. $=0.000$），且使用频率越高，越容易成瘾。

表6-27 不同社交媒体时长/频率在社交媒体成瘾上的差异性分析

类别	选项	均值（标准差）	F值	Sig.
使用时长/日	0～3小时	57.1691（12.20550）	11.594	0.000
	4～6小时	58.1413（13.15694）		
	≥7小时	63.4715（12.29442）		
工作使用时长/日	无	55.3333（11.59615）	2.537	0.056
	1～2小时	58.0638（12.77834）		
	3～4小时	59.0732（11.20097）		
	≥4小时	61.8395（14.94528）		
使用次数/日	0～5次	56.4817（12.11067）	7.284	0.000
	6～10次	57.5337（13.22601）		
	11～20次	58.0268（11.81510）		
	总是	62.3220（13.84013）		

如表6-28所示，大学生每天社交媒体使用时长的方差齐性检验结果为不显著（Sig. 值为0.161，大于0.05），说明样本的离散情况无显著差别，故选择Scheffe（C）法来进行事后多重比较（见表6-29）；而每天由于工作和学习的社交媒体使用时长与每天社交媒体使用频率的方差齐性检验结果显著（Sig. 值分别为0.012和0.006，均小于0.05），表明样本的变异系数不具有同质性，故使用Tamhane's（M）法进行事后多重比较分析（见表6-30）。

表6-28 方差同质性检验

选项	Levene统计量	显著性
使用时长/日	1.829	0.161
工作使用时长/日	3.696	0.012
使用次数/日	4.168	0.006

表6-29 每日社交媒体使用时长多重比较结果（Scheffe）

（I）使用时长	（J）使用时长	平均差（I-J）	显著性	均值差比较结果
0～3小时（1）	4～6小时	0.97222	0.592	3>1、3>2
	≥7小时	-5.33027*	0.000	
4～6小时（2）	0～3小时	-0.97222	0.592	
	≥7小时	-6.30249*	0.000	
≥7小时（3）	0～3小时	5.33027*	0.000	
	4～6小时	6.30249*	0.000	

表6-30 每日社交媒体使用次数多重比较结果（Tamhane）

（I）使用次数	（J）使用次数	平均差（I-J）	显著性	均值差比较结果
0～5次（1）	6～10次	-4.78836*	0.005	2>1、3>1、4>1
	11～20次	-5.84033*	0.000	
	总是	-4.29528*	0.004	
6～10次（2）	0～5次	4.78836*	0.005	
	11～20次	1.05197	0.967	
	总是	-0.49308	0.999	
11～20次（3）	0～5次	5.84033*	0.000	
	6～10次	1.05197	0.967	
	总是	-1.54505	0.710	
总是（4）	0～5次	4.29528*	0.004	
	6～10次	0.49308	0.999	
	11～20次	1.54505	0.710	

从表6-29和表6-30可知，每日社交媒体使用时长为7小时甚至更多的大学生社交媒体成瘾水平显著高于使用时长在6小时以内的，而每日社交媒体使用次数不到5次的大学生社交媒体成瘾水平显著低于超过5次的。这一统计分析的结果为未来大学生社交媒体成瘾的诊断标准提供了量化参考。

（2）大学生社交媒体参与/互动行为。如表6-31和表6-32所示，不同社交媒体行为大学生的方差同质性检验结果并不显著（Sig.＝0.054，大于0.05），不同社交媒体行为的大学生在社交媒体成瘾水平上也并无显著性差异（$F=2.320$，Sig. $=0.074$）。这说明，不论大学生的社交媒体参与度或互动性如何，例如不论是"仅浏览/观看/听"还是"经常参与点赞、转发和讨论/发弹幕"等，其社交媒体成瘾水平都没有显著性差异。

表6-31 方差同质性检验

项目	Levene 统计量	显著性
社交媒体行为	2.561	0.054

表6-32 不同社交媒体行为在社交媒体成瘾水平上的差异性分析

选项	均值（标准差）	F 值	Sig.
仅浏览/观看/听	57.2671（13.19363）	2.320	0.074
较少参与点赞、转发和讨论/发弹幕	58.6328（13.27596）		
只要感同身受，就参与点赞、转发和讨论/发弹幕	58.4444（11.80462）		
经常参与点赞、转发和讨论/发弹幕	63.2000（13.59148）		

（3）大学生社交媒体自我呈现行为。如表6-33所示，高、低社交媒体成瘾水平大学生对于"在社交媒体上发布照片""在社交媒体上发布看法""在社交媒体上发布困扰问题"和"在社交媒体上发布自豪之事"这四个反映个人自我呈现选项的勾选情况并无显著差异，说明大学生通过社交媒体更新状态的自我呈现方式比较普遍。其中，"在社交媒体上发布看法"的选项被选择率最高，且高低社交媒体成瘾水平大学生勾选此选项的比例接近1:1，这反映出大学生通过社交媒体进行自我呈现是大学生的常态做法。

表6-33 自我呈现与社交媒体成瘾的交叉表

维度		社交媒体成瘾水平		总计
		高分组	低分组	
在社交媒体上发布照片	计数	167	198	365
	在自我呈现占百分比	45.8%	54.2%	
	在社交媒体成瘾水平占百分比	42.9%	44.6%	
	在总体占百分比	20.0%	23.8%	43.8%

续表

维度		社交媒体成瘾水平		总计
		高分组	低分组	
在社交媒体上发布看法	计数	285	283	568
	在自我呈现占百分比	50.2%	49.8%	
	在社交媒体成瘾水平占百分比	73.3%	63.7%	
	在总体占百分比	34.2%	34.0%	68.2%
在社交媒体上发布困扰问题	计数	158	139	297
	在自我呈现占百分比	53.2%	46.8%	
	在社交媒体成瘾水平占百分比	40.6%	31.3%	
	在总体占百分比	19.0%	16.7%	35.7%
在社交媒体上发布自豪之事	计数	136	155	291
	在自我呈现占百分比	46.7%	53.3%	
	在社交媒体成瘾水平占百分比	35.0%	34.9%	
	在总体占百分比	16.3%	18.6%	34.9%
总体	计数	389	444	833
	占总额的百分比	46.7%	53.3%	100.0%

2）社交习惯。

从表6-34至表6-36可得，参与本次调查的大学生样本的方差同质性检验结果为不显著（Sig. =0.937，大于0.05），即按"在社交媒体上社交比面对面社交频繁""在社交媒体上的社交与面对面社交相当"和"在社交媒体上的社交比面对面社交少"进行分组的三个样本的离散情况类似，但有着不同社交习惯的大学生社交媒体成瘾水平有显著性差异（$F = 21.917$，Sig. =0.000），倾向于在社交媒体上社交的大学生较容易出现社交媒体成瘾。Scheffe（C）检定事后多重比较结果显示，习惯于面对面社交的大学生社交媒体成瘾水平显著低于前两者。

表6-34 方差同质性检验

项目	Levene 统计量	显著性
社交习惯	0.065	0.937

表6-35　不同社交习惯在社交媒体成瘾水平上的差异性分析

选项	均值（标准差）	F值	Sig.
在社交媒体上社交多	62.4606（12.26504）	21.917	0.000
二者相当	57.8000（12.39619）		
面对面社交多	54.7938（12.95703）		

表6-36　不同社交习惯多重比较结果（Scheffe）

（I）学业成绩	（J）学业成绩	平均差（I-J）	显著性	均值差比较结果
在社交媒体上社交多（1）	两者相当	4.66063*	0.000	1>2、1>3、2>3
	面对面社交多	7.66682*	0.000	
两者相当（2）	在社交媒体上的社交多	-4.66063*	0.000	
	面对面社交多	3.00619*	0.024	
面对面社交多（3）	在社交媒体上的社交多	-7.66682*	0.000	
	两者相当	-3.00619*	0.024	

3）自我控制。

（1）大学生自我控制行为与社交媒体成瘾水平Pearson相关分析（见表6-37）结果显示，大学生自我控制行为与其社交媒体成瘾水平呈显著负相关，相关系数为-0.606（$p=0.000<0.05$），两者关系为中度正相关（$0.40<r<0.70$），决定系数R^2等于0.3672，这说明大学生越屈服于使用社交媒体，其社交媒体成瘾水平越高，自我控制变量可以解释社交媒体成瘾变量总变异的36.72%。

表6-37　自我控制行为与社交媒体成瘾水平相关分析

Pearson 相关系数	-0.606**
显著性（双侧）	0.000

注：*$p<0.05$，**$p<0.01$，***$p<0.001$。

（2）差异性分析：自我控制程度不同的大学生社交媒体成瘾水平（见表6-38）存在显著差异（Sig.值均为0.000，皆小于0.05的显著性水平）；样本的方差同质性检验（见表6-39）结果均达到显著（Sig.值分别为0.000和0.003），故选用Tamhane's（M）法进行事后多重比较（见表6-40、表6-41）。

表6-38 不同程度控制行为在社交媒体成瘾水平上的差异性分析

类别	选项	均值（标准差）	F 值	Sig.
与目标冲突时，仍屈服于使用	从不	48.0976（15.08775）	112.482	0.000
	偶尔	49.8757（11.14248）		
	有时	56.3220（9.38919）		
	经常	65.5467（10.14444）		
	频繁	74.7463（9.47140）		
效率低下时，仍屈服于使用	从不	45.0286（13.34714）	99.120	0.000
	偶尔	50.5714（11.54868）		
	有时	56.6127（9.73178）		
	经常	65.1652（10.83320）		
	频繁	74.8500（9.20174）		

表6-39 方差同质性检验

项目	Levene 统计量	显著性
与目标冲突	6.862	0.000
效率低下	4.087	0.003

表6-40 不同程度控制行为多重比较结果Ⅰ（Tamhane）

（I）程度	（J）程度	平均差（I-J）	显著性	均值差比较结果
从不（1）	偶尔	-1.77815	0.999	3>1、3>2、4>1、4>2、4>3、5>1、5>2、5>3、5>4
	有时	-8.22442*	0.014	
	经常	-17.44911*	0.000	
	频繁	-26.64871*	0.000	
偶尔（2）	从不	1.77815	0.999	
	有时	-6.44628*	0.000	
	经常	-15.67096*	0.000	
	频繁	-24.87056*	0.000	

续表

（I）程度	（J）程度	平均差（I-J）	显著性	均值差比较结果
有时（3）	从不	8.22442*	0.014	
	偶尔	6.44628*	0.000	
	经常	-9.22469*	0.000	
	频繁	-18.42429*	0.000	
经常（4）	从不	17.44911*	0.000	3>1、3>2、
	偶尔	15.67096*	0.000	4>1、4>2、
	有时	9.22469*	0.000	4>3、5>1、
	频繁	-9.19960*	0.000	5>2、5>3、
频繁（5）	从不	26.64871*	0.000	5>4
	偶尔	24.87056*	0.000	
	有时	18.42429*	0.000	
	经常	9.19960*	0.000	

表6-41 不同程度控制行为多重比较结果Ⅱ（Tamhane）

（I）程度	（J）程度	平均差（I-J）	显著性	均值差比较结果
从不（1）	偶尔	-5.54286	0.240	
	有时	-11.58415*	0.000	
	经常	-20.13661*	0.000	
	频繁	-29.82143*	0.000	
偶尔（2）	从不	5.54286	0.240	3>1、3>2、
	有时	-6.04129*	0.000	4>1、4>2、
	经常	-14.59375*	0.000	4>3、5>1、
	频繁	-24.27857*	0.000	5>2、5>3、
有时（3）	从不	11.58415*	0.000	5>4
	偶尔	6.04129*	0.000	
	经常	-8.55246*	0.000	
	频繁	-18.23728*	0.000	

续表

（I）程度	（J）程度	平均差（I－J）	显著性	均值差比较结果
经常（4）	从不	20.13661*	0.000	3＞1、3＞2、 4＞1、4＞2、 4＞3、5＞1、 5＞2、5＞3、 5＞4
	偶尔	14.59375*	0.000	
	有时	8.55246*	0.000	
	频繁	－9.68482*	0.000	
经常（5）	从不	29.82143*	0.000	
	偶尔	24.27857*	0.000	
	有时	18.23728*	0.000	
	经常	9.68482*	0.000	

根据差异性分析结果可知：第一，当与其他目标发生冲突或因使用社交媒体而导致时间利用效率低下时，越容易屈服于使用社交媒体的大学生社交媒体成瘾水平越高；第二，"经常"和"频繁"屈服于使用社交媒体的大学生，其在社交媒体成瘾水平上的得分高于整体大学生社交媒体成瘾水平得分均值（社交媒体成瘾水平得分均值为58.52）。可见，大学生的自我控制行为能够突出反映其社交媒体成瘾水平。

综上，在社交媒体行为层面，大学生社交媒体成瘾水平与其每日社交媒体使用时长和频率、社交习惯和自我控制行为呈正相关。具体体现在：每日社交媒体使用时长越长、频率越高，大学生社交媒体成瘾水平越高；越频繁地在社交媒体上社交，越容易出现社交媒体成瘾；大学生越缺乏自我控制力，其社交媒体成瘾水平越高。但是，每日由于工作和学习而使用社交媒体的时长不同，大学生社交媒体成瘾水平并无明显区别；"经常参与社交媒体上的点赞、转发和讨论或发弹幕的大学生"与较少参与甚至是"仅浏览/观看/听"（不进行互动）的大学生相比，其社交媒体成瘾水平并无显著差异性；在自我呈现方面，高、低社交媒体成瘾水平大学生的表现也没有显著差异性。因此，修正研究假设H5的表述：数字通信/沟通等数字交流行为表现程度与大学生社交媒体成瘾水平具有相关性。

（四）社交媒体能力与社交媒体成瘾

（1）差异性分析：本研究采用独立样本T检验法来考查高低社交媒体成瘾水平大学生在社交媒体能力上是否存在显著差异性。如表6－42所示，高低社交媒体成瘾水平大学生的社交媒体能力存在显著差异（Sig. = 0.000）。高社交媒体成瘾水平的大学生，其社交媒体能力得分均值达到107.7918，高于参与本次调查的全体大学生社交媒体能力得分均值（101.7827）；而低社交媒体成瘾水平大学生的社交媒体能力得分均值为96.5180，低于整体均值水平。

表6-42 不同成瘾水平的大学生社交能力得分T检验结果

类别	选项	均值（标准差）	t 值	Sig.
社交媒体成瘾水平	高水平	107.7918（12.57617）	12.323	0.000
	低水平	96.5180（13.67528）		

（2）相关性分析：本研究利用Pearson相关分析法探究大学生社交媒体能力及各维度与社交媒体成瘾水平总分之间的关系，结果如表6-43所示。由表可知，大学生技术使用、内容解析、内容生成和预期反馈以及社交媒体能力总分与社交媒体成瘾水平呈显著正相关（$p<0.01$），即学生社交媒体能力越强，其社交媒体成瘾水平得分越高。由相关系数可得，大学生社交媒体能力与其社交媒体成瘾水平呈现低度相关（$r<0.40$），决定系数R^2等于0.1347，这说明大学生社交媒体能力可以用来解释其社交媒体成瘾变量总变异的13.47%。再根据前文研究结果，接受研究假设H6。

表6-43 社交媒体能力与社交媒体成瘾水平相关分析

维度	选项	社交媒体成瘾水平
技术使用	Pearson 相关系数	0.183**
	显著性（双尾）	0.000
内容解析	Pearson 相关系数	0.237**
	显著性（双尾）	0.000
内容生成	Pearson 相关系数	0.411**
	显著性（双尾）	0.000
预期反馈	Pearson 相关系数	0.376**
	显著性（双尾）	0.000
社交媒体能力	Pearson 相关系数	0.367**
	显著性（双尾）	0.000

（五）社交媒体成瘾的影响因素多元回归分析

为了进一步探究各影响因素对大学生社交媒体成瘾的解释性，本研究选择使用强迫输入法（Enter），根据前文的分析结果与测算要求，最终将家庭功能、社交媒体意识、每日社交媒体使用时长、每日由于工作和学习而使用社交媒体的时长、每日社交媒体使用频率、社交习惯、自我控制和社交媒体能力作为自变量，并将社交媒体成瘾水平作为多元回归分析的因变量，具体分析结果如表6-44所示。

表6-44 多元回归模型方差分析结果

模型	平方和	自由度	均方	F	显著性
回归	63211.096	8	7901.387	89.073	0.000
残差	73094.786	824	88.707		
总计	136305.882	832			

由表6-44可知，回归模型的整体解释变异量达到显著水平（$p < 0.01$），说明所列入的预测变量中至少有一个达到了显著水平。具体的回归系数诊断结果则如表6-45所示，其中，允差（即容忍度）和方差膨胀系数（即VIF）是共线性诊断的统计量，若容忍度越接近0，方差膨胀系数值大于10，则表示变量间有线性重合问题，即各变量之间具有高度相关性的情况，会导致回归分析的结果不准确。从表6-45可知，八个预测变量的容忍度都大于0.5，VIF也都小于10，故不存在共线性问题。

表6-45 社交媒体成瘾的成因多元回归分析结果

模型		非标准化系数		标准系数	t	显著性	共线性统计	
		B	标准误	β			允差	VIF
（常量）		14.266	3.644		3.914	0.000		
背景层面	家庭功能	-0.161	0.189	-0.024	-0.848	0.397	0.815	1.227
意识层面	社交媒体意识	0.231	0.041	0.202	5.660	0.000	0.511	1.957

续表

模型		非标准化系数		标准系数	t	显著性	共线性统计	
		B	标准误	β			允差	VIF
行为层面	使用社交媒体时长/日	1.254	0.541	0.069	2.317	0.021	0.728	1.373
	由于工作学习而使用社交媒体时长/日	0.443	0.536	0.023	0.827	0.409	0.815	1.227
	社交媒体使用次数/日	1.028	0.313	0.093	3.286	0.001	0.805	1.242
	社交习惯	-1.485	0.460	-0.085	-3.224	0.001	0.943	1.061
	自我控制	3.151	0.199	0.453	15.866	0.000	0.799	1.251
能力层面	社交媒体能力	0.101	0.029	0.116	3.494	0.001	0.594	1.684
$R=0.681$，$R^2=0.464$；调整后 $R^2=0.459$								

从表 6-45 可知，八个变量与社交媒体成瘾水平之间的多元相关系数 $R=0.681$，决定系数 $R^2=0.464$，说明这八个自变量可以共同解释 46.4% 的变异量。家庭功能和社交习惯的标准化回归系数为负数，说明家庭功能越弱，越倾向于使用社交媒体参与社交的大学生社交媒体成瘾水平越高；而社交媒体意识、每日使用社交媒体时长和频率、自我控制以及社交媒体能力的标准化回归系数为正数，说明社交媒体意识越强、社交媒体使用时长（和频率）越长（高）、自我控制程度越差以及社交媒体能力越强的大学生社交媒体成瘾水平越高。其中，家庭功能和每日由于工作和学习而使用社交媒体的时长的回归系数未达显著性水平，这表明二者对社交媒体成瘾水平的解释程度较低。此外，社交媒体意识和自我控制的标准系数较大，即大学生的数字公民身份意识、数字健康意识、数字权责与法律意识、社交媒体使用意识和社交媒体使用的自我控制行为对其社交媒体成瘾水平的影响较大。

（六）小结

本章融合数字公民素养深入探讨了大学生社交媒体成瘾的影响因素，并验证了前文所提出的研究假设。

修正 H1：数字准入条件与大学生社交媒体成瘾水平具有相关性。
修正 H2：数字公民身份意识越强，大学生社交媒体成瘾水平越高。
接受 H3：数字健康意识越薄弱，大学生社交媒体成瘾水平越高。
接受 H4：数字权责与法律意识越淡薄，大学生社交媒体成瘾水平越高。
修正 H5：数字通信/沟通等数字交流行为表现程度与大学生社交媒体成瘾水平具有相关性。
接受 H6：社交媒体能力越高，大学生社交媒体成瘾水平越高。

七、讨论及启示

（一）个人基本情况层面

根据个人基本信息的研究结果可得：
（1）男大学生的社交媒体成瘾水平比女大学生高，这与早期研究中认为男性更有可能出现网络成瘾的结果具有一致性，[1] 但与认为女性更容易产生社交媒体成瘾的早期研究调查结果[2]以及认为性别不是影响社交媒体成瘾因素的研究结果[3]不同；显然，性别是此类研究中较有争议的影响因素。可能的解释是，不同国家、地区的主流社交媒体不同，而不同时期社交媒体的发展迭代也会给使用者带来不同影响，这就导致不同性别在不同研究中会产生不同结果。
（2）在年级方面，不同学历的大学生（本科生、硕士研究生）社交媒体

---

[1] 翟倩，丰雷，张国富，等：《青少年网络成瘾的研究现状》，载《中国全科医学》2020年第13期，第1687～1694页。

[2] 特里·安德森，肖俊洪：《社交媒体在高等教育中的应用：挑战与机会》，载《中国远程教育》2020年第2期，第21～31页；赵琴：《马斯洛需求理论下大学生手机社交行为探究及引导策略》，载《中国成人教育》2017年第6期，第44～47页。

[3] Kirik, A., Arslan, A., Çetinkaya, A., et al. "A Quantitative Research on the Level of Social Media Addiction among Young People in Turkey". *International Journal of Sport Culture and Science*, 2015, 3 (3), pp.108～122.

第六章　融合数字公民素养的社交媒体成瘾影响因素探索

成瘾水平无显著差异，这与一些早期研究结果既存在一致性，也有不同[①②]。但大学二年级和大学四年级是容易导致大学生社交媒体成瘾的"危险期"，而硕士研究生三年级学生的社交媒体成瘾水平最低。本研究认为，受教育程度是一个比较抽象的概念，对于复杂多变的大学生社交媒体成瘾问题来说，学历只是受教育程度的一个方面，若具体到对每一个年级的大学生群体进行差异性分析，或有助于形成针对性的大学生社交媒体成瘾防控启示。

（3）从专业来看，就读"文史哲"（包括哲学、经济学、法学、文学和历史学）专业大类的大学生社交媒体成瘾水平较其他专业的更高，这与早期调查结果认为理科生更容易对手机社交媒体产生依赖行为不同[③]。本研究认为，不同专业大学生的认知风格各异，但在当今时代，大学课堂中应用社交媒体等信息技术辅助和延伸教学的场景越来越普遍，尤其是文史哲等专业学生在数字化参与过程中有较多的自我呈现，这无形之中增强了大学生社交媒体使用的强度，容易导致其对社交媒体成瘾。

（4）而在学业成绩方面，学业成绩较差的大学生社交媒体成瘾水平较高，这与早期调查结果[④]一致。上述结果表明，性别、年级、专业、学业成绩会对大学生社交媒体成瘾带来不同影响，这些因素对于防控成瘾具有一定启示意义。例如，在数字公民教育视角下重塑课堂教学形态，设计、开发和实施具有中国特色/学校特色的数字公民教育课程，需对不同性别、年级、专业和学业成绩大学生群体进行前端分析，并据此展开个性化教学与辅助。

在数字准入情况方面，目前，大学生已普遍具有良好的数字化学习环境，基于数字公民素养来审视社交媒体成瘾的影响因素，有必要对大学生的数字准入情况进行调查。研究结果显示：①在学校能否稳定地接入网络等对大学生社交媒体成瘾并无显著影响，但是能方便地获取网络学习资源的大学生，其社交媒体成瘾水平较低，这说明学校建设数字化学习环境时，除了重视网络接入、硬件支持，还应特别注意为弥合学生的第二道数字鸿沟而加强

---

① 特里·安德森，肖俊洪：《社交媒体在高等教育中的应用：挑战与机会》，载《中国远程教育》2020年第2期，第21～31页；《海外书情》，载《对外传播》2014年第7期，第64页。

② 赵琴：《马斯洛需求理论下大学生手机社交行为探究及引导策略》，载《中国成人教育》2017年第6期，第44～47页。

③ 蒋高芳，杨紫豪，苏日娜，等：《大学生自我接纳与手机社交媒体依赖关系研究及对策分析》，载《沧州师范学院学报》2016年第1期，第84～88页。

④ 刘东：《社交媒体研究的十年回顾：2007—2017》，载中国心理学会《第二十届全国心理学学术会议——心理学与国民心理健康摘要集》，2017年，第1页。

网络学习资源供给等。在家庭方面，家庭功能越弱（具体表现为父母管控过于严格和父母支持使用社交媒体），大学生社交媒体成瘾水平越高，这与认为不良家庭功能是强预测因素的早期研究结果一致[①]。[②]显然，家庭是影响个体人格塑造与发展的重要因素，对于大学生而言，健康的家庭功能是支持其规范且充分地参与数字世界、合理使用社交媒体的外部条件。

因此，从数字公民教育视角探讨大学生社交媒体成瘾的防控，数字准入条件需引起足够重视。一方面，大学校园的数字化学习环境的完善使在校学生能够充分利用数字技术与数字信息，学校有关网络学习资源的供给也能有利于拓宽大学生数字化学习视野，助力弥合第二道数字鸿沟；另一方面，健康的家庭功能对于防控大学生社交媒体成瘾有积极作用，联动家校的力量是实施数字公民教育的重要一环。除此之外，大学生性别、年级、专业和学业成绩等个人基本情况也是影响其社交媒体成瘾水平的重要因素，这对于推动数字公民教育实践的落地有着不容忽视的作用。

（二）社交媒体意识层面

大学生社交媒体意识越强，其社交媒体成瘾水平越高。已有研究认为不同个体在不同网络环境中的表现形态各异，在匿名网络环境中，大学生容易存在不规范使用社交媒体的想法，而在非匿名网络环境中，大学生会进行数字公民身份的塑造。[②] 另有研究结果表明，个体具有获取外部信息的认知倾向是社交媒体成瘾的重要影响因素，亲和需求强或擅于印象管理的青少年会更多地使用社交媒体以构建自我形象，进而容易引起社交媒体沉迷等。[③] 本研究的调查分析结果与已有研究结果基本一致，故仅从数字公民素养的角度稍做补充和完善。大学生使用社交媒体的各种动机和需求共同组合形成其使用社交媒体的各种意识，大学生社交媒体意识越强，越有可能出现社交媒体成瘾。特别要强调的是，较强的社交媒体意识可具体表现为较强的数字公民

[①] 徐夫真，张文新：《青少年疏离感与病理性互联网使用的关系：家庭功能和同伴接纳的调节效应检验》，载《心理学报》2011年第4期，第410～419页。

[②] 徐剑，商晓娟：《社交媒体国际学术研究综述——基于SSCI高被引论文的观察》，载《上海交通大学学报（哲学社会科学版）》2015年第1期，第102～108页。

[③] 范哲：《数字原住民采纳社会化媒体影响因素的扎根研究》，载《情报资料工作》2017年第1期，第25～33页；黄含韵：《中国青少年社交媒体使用与沉迷现状：亲和动机、印象管理与社会资本》，载《新闻与传播研究》2015年第10期，第28～49页。

身份意识和社交媒体使用意识,以及较薄弱的数字健康意识、数字权责与法律意识。因此,融合数字公民素养的大学生社交媒体成瘾防控,需正确引导大学生树立科学合理的社交媒体意识,并在数字健康意识、数字权责与法律意识层面多加强化。

(三) 社交媒体行为层面

数字通信/沟通、数字商务等数字交流行为表现程度与大学生社交媒体成瘾水平具有相关性。研究结果显示,每日使用社交媒体时间越长、频率越高的大学生,越倾向于在社交媒体上社交,越缺乏自我控制力,社交媒体成瘾水平就越高,这与已有研究结果一致[①];显然,社交媒体使用时长、频率和社交习惯是大学生社交媒体使用强度与偏好的重要体现,频繁使用会增强大学生对社交媒体的耐受性与习惯性,加之自我控制力不足,大学生较容易形成社交媒体依赖甚至成瘾。在社交媒体参与积极性和自我呈现方面,高、低社交媒体成瘾水平大学生的表现并没有显著差异性,这与部分早期研究结果相左[②];不得不承认,仅根据大学生所加入的网络社群及其在网络社群中的参与度、大学生是否经常在社交媒体上发布状态来分析社交媒体成瘾的影响因素是远远不够的,大学生从"发布状态时设置分组可见"到"编辑好状态又删除"、从错失焦虑到社交媒体倦怠的现象已变得越来越常见。事实上,大学生社交媒体倦怠与依赖共存。[③] 或许,大学生在社交媒体上的参与积极性和自我呈现也在随时间而变,影响其社交媒体成瘾的因素也更加复杂

---

① 赵琴:《马斯洛需求理论下大学生手机社交行为探究及引导策略》,载《中国成人教育》2017年第6期,第44~47页;Englander, F., Terregrosa, R., Wang, Z. "Internet Use among College Student: Tool or Toy?" *Educational Review*, 2010, 62 (1), pp. 85-96;刘振声:《社交媒体依赖与媒介需求研究——以大学生微博依赖为例》,载《新闻大学》2013年第1期,第119~129页;何灿,夏勉,江光荣,等:《自尊与网络游戏成瘾——自我控制的中介作用》,载《中国临床心理学杂志》2012年第1期,第58~60页。

② 何秋红,靳言言:《社交媒体依赖的心理成因探析》,载《编辑之友》2017年第2期,第65~69页;丁倩,张曼曼,张永欣:《自恋与社交网站成瘾:炫耀性自我呈现的中介作用》,载《中国临床心理学杂志》2019年第1期,第99~102页。

③ 范哲:《数字原住民采纳社会化媒体影响因素的扎根研究》,载《情报资料工作》2017年第1期,第25~33页。

多变。这就启示人们在探讨大学生社交媒体成瘾的预防时,除了要关注其社交媒体使用时长、频率、社交习惯和自我控制等直观行为表现,也应该动态把握大学生使用社交媒体时的内在心理变化。

(四) 社交媒体能力层面

社交媒体能力较强的大学生,社交媒体成瘾水平也较高,这与已有研究结果类似。[1] 大学生社交媒体能力强,而社交媒体成瘾水平却较高,说明大学生的数字素养不足。在全民社交媒体时代,大学生逐渐适应了快速学习,并掌握了使用社交媒体技能的节奏,但能否合理、有效地使用社交媒体成为影响大学生社交媒体成瘾水平的关键。此外,大学生社交媒体能力越强,就越有可能形成日常使用社交媒体的习惯,进而不断强化社交媒体使用意识和社交媒体使用行为,甚至变相提升大学生社交媒体能力,导致对社交媒体成瘾并形成恶性循环。所以,社交媒体能力是预测大学生社交媒体成瘾的重要影响因素。从数字公民教育的视角考虑大学生社交媒体成瘾的预防,需要教育工作者更加注重提升学生的数字公民素养,而不是片面地培养大学生的社交媒体能力。

根据以上讨论,本研究综合考虑个人基本情况、社交媒体意识、社交媒体行为和社交媒体能力四个维度中影响大学生社交媒体成瘾水平的因素,分别从外部数字准入条件、数字公民教育课程核心、外在的行为引导规范和内在的数字公民素养学习力四个方面总结防控大学生社交媒体成瘾的启示。

1. 健全大学生数字准入体系

大学生社交媒体成瘾与个体的生理、认知和社会性发展密不可分,而社交媒体成瘾会导致个人身体、思维和人际关系等方面发生病变,例如,近视、注意力不集中、浅层学习、自我同一性混乱和人格失调等。应对大学生社交媒体成瘾需考虑多方配合、系统防控。根据数字准入情况的调查统计分析结果,能够方便地获取网络学习资源的大学生社交媒体成瘾水平较低,而家庭功能越弱的学生,其社交媒体成瘾水平越高。因此,为预防社交媒体成瘾,应健全大学生数字准入体系。一方面,学校不仅要尽可能地营造良好的数字化学习环境,使大学生能够科学、充分地获取数字信息,合理参与数字

---

[1] Lim, J., Richardson, J. C. "Exploring the Effects of Students' Social Networking Experience on Social Presence and Perceptions of Using SNSs for Educational Purposes". *The Internet and Higher Education*, 2016, 29, pp. 31–39.

交流活动，还要做好学生的心理健康辅导的支持保障工作，在教育与心理发展相互影响、相互促进的过程中，把教育这种外部力量转化为学生个体的需要，从而有效预防和控制大学生社交媒体成瘾。另一方面，大学生的社交媒体使用也离不开家庭的重要影响，父母对孩子的管控并不是越严格越好，父母支持孩子使用社交媒体的态度可以建立在"相对自由"的教养方式的基础之上。综上，为健全大学生数字准入体系，本研究分别从学校和家庭两个层面进行探究，未来可在数字公民教育视角下探讨联动学校和家庭力量的合作方式。

2. 创新数字公民教育课程与教学设计

开展数字公民教育有助于大学生对社交媒体的使用形成科学理解，提升其数字公民素养、降低其社交媒体成瘾风险。目前，数字公民教育课程多以选修课等形式出现于国外的教育场景中，在国内现有的教育体系中有效整合数字公民教育仍是严峻挑战。[①] 根据调查研究结果，大学生的数字健康意识和数字权责与法律意识薄弱，国内数字公民教育缺位所带来的影响不容忽视。因此，创新数字公民教育课程与教学设计刻不容缓。由于不同性别、年级、专业和学业成绩的大学生的社交媒体成瘾水平存在显著差异，故数字公民教育应因地制宜、因材施教，根据学生个人基本情况做好前端分析，设计和研发具有本土特色的教学内容，开展适应性的数字化课程，丰富现有教学形态、优化教学效果。社交媒体本身即可作为教学工具引入教学，并在进一步完善教学评价与管理方式的过程中增加大学生"从做中学"的体验，但需要注意防范过度使用带来的负面影响。毋庸置疑，无论是主题教学，还是跨学科课程整合，若没有创新数字公民教育课程与教学设计理论，大学生数字公民素养的提升便无从谈起。数字公民教育势在必行，却也挑战重重，教育工作者应"多管齐下"。在对现有课堂进行知识更新、形态再造的同时，也要继续应对新兴课程的创新设计、研发应用的挑战。

3. 加强大学生社交媒体使用引导规范

大学生社交媒体意识往往会决定其社交媒体行为习惯。根据数据统计分析，社交媒体成瘾水平较高的大学生普遍具有较强的社交媒体意识，在数字公民身份塑造和社交媒体使用方面的意识强烈，却较少考虑自己单次使用和每天累计使用社交媒体的时间，对过度使用社交媒体所带来的危害也不太了解。与此同时，大学生失调的社交媒体认知导致大学生的社交媒体行为失

---

① 钱松岭：《数字公民的过去、现在与未来——访美国"数字公民教父"Mike Ribble博士》，载《中国电化教育》2019年第9期，第55～59页。

衡，不能控制社交媒体的使用时长，每日使用社交媒体时间累计甚至超过 6 小时。为此，预防和控制大学生社交媒体成瘾，首先要引导学生树立科学合理的社交媒体意识，尤其需要加强大学生数字健康意识、数字权责与法律意识；其次，规范大学生社交媒体使用行为，可积极探索学校的数字化学习环境，通过合理化社交媒体使用场景、定量化社交媒体使用时长和频率等，控制大学生社交媒体使用强度、预防大学生社交媒体成瘾。

4. 提高大学生数字公民素养学习力

在"内容为王"的全民社交媒体时代，以用户需求为导向的功能设计增强了大学生社交媒体使用黏性，这使得社交媒体成瘾的成因趋于复杂多变，对预防和控制社交媒体成瘾也提出了新的挑战。根据问卷调查数据的分析结果，经常参与社交媒体上的点赞、转发和讨论或发弹幕的大学生与较少参与甚至是"仅浏览/观看/听"（不进行互动）的大学生在社交媒体成瘾水平上并无显著差异性；在自我呈现方面，高、低社交媒体成瘾水平大学生的表现也没有显著差异性；但是，大学生社交媒体能力可以正向预测其社交媒体成瘾水平。可见，伴随着社交媒体技术的迭代更新，人们的适应性甚至耐受性也在提高，社交媒体成瘾逐渐演变成为社会性问题。为此，本研究认为需要提高数字公民素养学习力来防控大学生社交媒体成瘾。因为数字公民素养本身即是动态发展着的，所以提高数字公民素养是应对社交媒体成瘾"疑难杂症"的良方。通过提高大学生数字公民素养学习力来防控其社交媒体成瘾，不仅要提升大学生的数字素养，而且强调只有当学生在具备数字技术知识与技能的同时，又做到终身学习，才能适应未来变化，不断丰富自己的意识形态与能力结构，形成系统地解决问题的能力，从而有效应对成瘾带来的各种挑战。①

---

① 沈书生，杨欢：《构建学习力：教育技术实践新视角》，载《电化教育研究》2009 年第 6 期，第 13～16 页。

第七章 融合数字公民素养的网络欺凌影响因素探索

第一节 网络欺凌概述

(一) 网络欺凌的定义

网络欺凌(Cyberbullying),也称网上欺凌、网络霸凌,是互联网迅猛发展下的新产物,已成为互联网时代越来越严重的社会问题之一。关于网络欺凌的概念,学术界并没有统一定义。大部分学者往往从传统欺凌的标准出发,如石国亮认为网络欺凌是欺凌(Bullying)在科技与网络发展下的新形态[1];Smith 等指出网络欺凌存在权力的不平衡,认为网络欺凌是欺凌的一种形式,也是侵犯行为的一种[2]。然而,部分学者持有异议,如 Lucie Corcoran 对网络欺凌与传统欺凌进行对比与回顾,主张把重点放在范围更广的网络攻击上,认为网络传播的独特性导致网络欺凌的定义无法被全然置于传统欺凌的理解框架中界定。[3] 美国的网络欺凌研究中心(The Cyberbullying Research Center)将网络欺凌定义为:"通过使用电脑、手机和其他电子设备,故意且重复性地对他人造成伤害。"欺凌者可以藏身于匿名账户之下,可以扮作他人,通过一次点击就能够即刻传播暴力的、伤害性的、侮辱性的语言和影像。此类内容一经发布就难以彻底删除,增加了当事人遭受二次伤害的风险和恢复的难度。

---

[1] 石国亮,徐子梁:《网络欺凌的界定及其特点分析》,载《中国青年研究》2010年第12期,第5~8页。

[2] Smith, P. K., Mahdavi, J., Carvalho, M., et al. "Cyberbullying: Its Nature and Impact in Secondary School Pupils". *J. Child Psychol. Psychiatr*, 2008, 49, pp. 376~385.

[3] Lucie, C., Conor, M. G., Garry, P. "Cyberbullying or Cyber Aggression? A Review of Existing Definitions of Cyber-Based Peer-to-Peer Aggression". *Societies*, 2015, 5 (2), pp. 245~255.

无论是否将传统欺凌作为网络欺凌的研究框架，都可以发现，网络欺凌通过电子手段实施，具有针对性、反复性、恶意性等基本特点。因此，本研究将网络欺凌定义为"通过电子手段实施的，反复且恶意地针对某个人或者群体的一种攻击性行为"。

（二）网络欺凌的表现形式

网络技术的便利性、匿名性等特点，导致网络欺凌可以多种形式进行传播。Smith 等通过调查网络攻击行为与一般互联网使用之间的关系，按照不同的网络媒体方式对网络欺凌进行分类，发现短信欺凌、电子邮件欺凌、电话欺凌、图片或影像欺凌等是主要的网络欺凌类型，其中图片或影像欺凌相对其他网络欺凌形式具有较大的负面作用。[1] 以上是从网络欺凌媒介角度对网络欺凌进行的划分。除此以外，Willard[2]、石国亮[3]、陈钢[4]等从表现形式上对网络欺凌进行了划分，主要分为语言攻击（如情绪失控）、网络骚扰、网络诋毁、网络伪装、隐私披露、在线孤立等几大类。值得说明的是，网络欺凌的形式并非一成不变，随着互联网的不断更新与发展，还会出现更多的表现形式。

（三）网络欺凌的影响与危害

（1）网络欺凌会对当事人造成不同程度、不同方面的负面影响，甚至可能比传统欺凌带来的伤害更严重。以前，受到欺凌的孩子可以通过回家和独处躲避这样的侵犯和骚扰。但如今，数字世界却没有为孩子提供这样的安全港。随身携带手机、笔记本电脑和其他的联网设备意味着，无论白天还是晚上，孩子可以随时看到短信、邮件、聊天和社交媒体动态。网络欺凌可以一

---

[1] Smith, P. K., Mahdavi, J., Carvalho, M., et al. "Cyberbullying: Its Nature and Impact in Secondary School Pupils". *J. Child Psychol. Psychiatr*, 2008, 49, pp. 376 – 385.

[2] Willard, N. E. "Cyberbullying and Cyberthreats: Responding to the Challenge of Online Social Aggression, Threats, and Dis-tress" (*Champaign: Research Press*, 2007, pp. 101 – 108).

[3] 石国亮：《徐子梁网络欺凌的界定及其特点分析》，载《中国青年研究》2010 年第 12 期，第 5～8 页。

[4] 陈钢：《网络欺凌：青少年网民的新困境》，载《青少年犯罪问题》2011 年第 4 期，第 41～46 页。

直持续,并在同龄人中广泛传播。无论受害人在线与否,都会受到名誉损害。

相比未遭受网络欺凌者,遭受网络欺凌的受害者更容易饮酒、使用毒品和违禁药物,出现逃课、遭遇线下欺凌、学习成绩下滑、自卑,以及出现健康问题。受害者表示遭遇欺凌影响严重,有时甚至会产生自杀的想法和自杀行为。

陈美华等指出,相比传统欺凌,网络欺凌可以在任何时间和地点发生,因而引发了众多的不安因素。[1] 孙时进等指出,相对于传统欺凌,网络欺凌更加频发,危害更大。[2] Litwiller 等指出网络欺凌对自杀行为的直接影响甚至要大于身体欺凌的直接影响。[3] Kowalski 等运用自尊量表、抑郁量表和焦虑量表分别对传统欺凌和网络欺凌的当事人进行了调查研究并发现,网络欺凌对欺凌者和被欺凌者的生理健康、心理健康和学业成绩都造成了更恶劣的负面影响。[4]

(2)网络欺凌对网络环境和风气造成负面影响,甚至扰乱现实社会秩序。李云心指出,网络的匿名性特点,将欺凌行为的发生范围扩大到了社会的各个角落。[5] 王琪从伦理角度出发,认为网络的匿名性会导致网民责任意识和道德感淡化,可能还会导致他们在现实社会中的道德缺失。[6] 除此之外,网络欺凌中的语言攻击也严重破坏了网络环境,刘绩宏等人认为,网络谣言等网络恶性行为恶化了网络生态,扰乱了网络秩序,阻碍和干扰了网络空间

---

[1] 陈美华、陈祥雨:《网络欺凌现象与青少年网络欺凌的法律预防》,载《南京师大学报(社会科学版)》2016 年第 3 期,第 51～56 页。

[2] 孙时进、邓士昌:《青少年的网络欺凌:成因、危害及防治对策》,载《现代传播(中国传媒大学学报)》2016 年第 2 期,第 144～148 页。

[3] Litwiller, B. J., Brausch, A. M. "Cyber Bullying and Physical Bullying in Adolescent Suicide: The Role of Violent Behavior and Substance Use". *Journal of Youth and Adolescence*, 2013, 42 (5), p. 675.

[4] Kowalski, R. M., Limber, S. P. "Psychological, Physical, and Academic Correlates of Cyberbullying and Traditional Bullying". *Journal of Adolescent Health*, 2013, 53 (1), pp. S13～S20.

[5] 李云心:《网络欺凌者的特点研究综述》,载《教育科学论坛》2018 年第 7 期,第 75～77 页。

[6] 王琪:《新媒体环境下网络暴力现象分析》,载《视听》2019 年第 2 期,第 119～120 页。

的观点交流和意见表达①。

（3）网络欺凌已成为青少年健康成长过程中的一大障碍。朱鹤等对中国部分大学生网络欺凌行为进行了现状调查分析，发现39%的被调查者参与过网络欺凌，这不利于学生健康网络行为的培养和身心健康的发展。② 魏骊臻指出，网络欺凌会对大学生的身心造成严重且持久的伤害，这已成为大学生健康成长的一大障碍。③

（四）各国对策与措施

随着网络欺凌现象愈发严重，世界各国对此问题愈加重视。美国、日本、澳大利亚等国家根据本国社会背景及传统文化，对网络欺凌现象进行研究并制定了相应的对策以及防范措施④。

澳大利亚在网络空间的治理中，非常重视对学生进行数字公民教育。澳大利亚的通信和媒体管理局制定的"网络智能"计划旨在通过展示健康向上、有责任担当的网络行为，鼓励儿童和青少年在网络使用中遵守规则，承担对自己和对他人的责任。⑤ 另外，澳大利亚还特别设置了面向教师开展的专业发展工作坊，让教师了解当代学生所使用的技术现状，认识学校和教师在保护儿童网络安全方面的法律义务，并为教师提供相关的教学资源，以更好地在课程中融入相关策略来防止网络欺凌。⑥

美国在处理学生网络欺凌的问题时多采用立法的方式。如伊利诺伊州2015年1月通过了一项关于网络欺凌的法案，当校方有合理的理由认为某学生在社交网络上发布的内容违反校规时，可要求学生或其监护人提供其社交

---

① 刘绩宏，柯惠新：《道德心理的舆论张力：网络谣言向网络暴力的演化模式及其影响因素研究》，载《国际新闻界》2018年第7期，第37～61页。

② 朱鹤，石凡超，安澜，等：《中国部分大学生网络欺凌行为发生现状调查分析》，载《吉林大学学报（医学版）》2016年第3期，第605～611页。

③ 魏骊臻：《大学生网络欺凌防治的中间群体教育模式》，载《现代教育科学》2019年第2期，第42～46页。

④ 胡子鸣，力莎：《中外网络欺凌应对对策的比较研究》，载《高教学刊》2016年第14期，第254～255页。

⑤ 王凌羽：《"网络欺凌"治理的国际经验初探》，杭州，浙江工业大学硕士学位论文，2017年。

⑥ 肖婉，张舒予：《澳大利亚反网络欺凌政府监管机制及启示》，载《中国青年研究》2015年第11期，第114～119页。

网络密码以登录搜查。①

日本在治理网络欺凌时运用了许多技术手段，如学校网络巡逻系统"学校卫士"（监控学校内部网页）、"预告.in"监测系统（对不正当的网络行为进行通告和报警）、反垃圾邮件过滤系统（过滤含造谣、诽谤和中伤信息的垃圾邮件）等。② 配合先进的技术手段，日本在整治网络环境方面还实行了网络管理员问责制，当被害人可提供充足的受欺凌证据时，网络管理员必须配合其了解相关情况，并可能为其恢复名誉③。

第二节　网络欺凌研究现状

（一）网络欺凌的现状调查

孙晓霞等对山西两所高职医学院 975 名在校大学生进行调查，结果显示网络欺凌者 97 人、受网络欺凌者 90 人、欺凌—受欺凌者 32 人，发生率分别为 9.95%、9.23% 和 3.28%。④ 他们还发现，核心类家庭（由一对夫妇及未婚子女组成的家庭）中与父母关系越好的学生，网络欺凌的发生率较低。赵甜静等对 550 名在校大学生网络欺凌行为进行了调查，发现 137 人（24.9%）受过网络欺凌，41 人（7.5%）对他人进行过网络欺凌。⑤ 并且，男生不管作为受害者还是施暴者，发生网络欺凌的行为均高于女生。朱鹤等对 781 人进行调查发现，306 人（39.18%）参与过网络欺凌，其中 53 人（17.32%）实施过网络欺凌行为，111 人（36.27%）受到过网络欺凌，142

---

① Chandran, N. "Crossing the Line: When Cyberbullying Prevention Operates as a Prior Restraint on Student Speech". U. Ill. J. L. Tech. & Pol'y. 2016, p.277.

② 王凌羽：《"网络欺凌"治理的国际经验初探》，浙江，浙江工业大学硕士学位论文，2017 年。

③ 姚宁，黄伟：《中国青年网络欺凌的安全保护——以日本网络欺凌防护措施为鉴》，载《现代经济信息》2016 年第 4 期，第 297～298 页。

④ 孙晓霞，原姣，王莉：《山西高职医学生网络欺凌状况调查分析》，载《中国健康教育》2019 年第 1 期，第 54～57 页。

⑤ 赵甜静，魏婕，苏倩倩，等：《大学生网络欺凌现状及应对方式分析》，载《中国校医》2018 年第 9 期，第 658～661 页。

人（46.41%）既是受害者也是施暴者。① 侯明对1170名在校大学生进行网络失范行为调查的结果显示，49.2%的学生曾经在网络上"爆粗口"给别人带来不良影响，7.7%的学生经常或频繁传播网络虚假信息或来源不明的信息。② Carlos等调查613名大学生发现，19%的被调查者为网络欺凌受害者，5%表示有过网络欺凌行为。③ Yehuda Peled对638名以色列学生进行调查发现，57%的学生在不同类型的媒体至少经历过一到两次网络欺凌。④

（二）网络欺凌的理论探究

1. 特征与表现

网络欺凌主要表现为语言攻击和排挤行为。张乐针对"微博暴力"进行深入调查后发现，青少年参与网络欺凌的主要行为表现为羞辱谩骂、粉丝"互撕"和网络恶搞等。⑤ 刘琳通过深入调查则发现，青少年实施网络言语欺凌和网络关系欺凌的行为比实施网络权益欺凌（与个人身份等隐私信息相关的网络欺凌）要多。⑥

除此之外，青少年自身网络欺凌的对比也显示出许多不同的特征。例如：①网络欺凌行为具有明显的性别差异性。多位学者的研究发现，男生的网络欺凌行为比女生更频繁。不同性别的青少年应对网络欺凌的方式也有不同，男生中选择忍气吞声或者以暴制暴的比例高于女生，而女生中选择告知老师或家长、报警、通过法律途径应对的比例高于男生。⑦ ②网络欺凌的发生与地区

---

① 朱鹤，石凡超，安澜，等：《中国部分大学生网络欺凌行为发生现状调查分析》，载《吉林大学学报（医学版）》2016年第3期，第605～611页。

② 侯明：《大学生网络失范行为及其教育路径研究》，哈尔滨理工大学硕士学位论文，2017年。

③ Carlos, P., Zalaquett, C. P., Chatters, S. J. "Cyberbullying in College". 2014, 4 (1), pp. 253～261.

④ Peled, Y. "Cyberbullying and Its Influence on Academic, Social, and Emotional Development of Undergraduate Students", Heliyon, 2019, 5 (3): 01393.

⑤ 张乐：《青少年网络欺凌研究综述》，载《中国青年研究》2010年第12期，第9～14页。

⑥ 刘琳：《中学生传统欺凌、网络欺凌及其与自尊的关系》，沈阳，沈阳师范大学硕士学位论文，2014年。

⑦ 赵甜静，魏婕，苏倩倩，等：《大学生网络欺凌现状及应对方式分析》，载《中国校医》2018年第9期，第658～661页。

也有关系。① 东部地区青少年对网络欺凌的了解程度比中西部地区要深，城镇青少年使用社交软件的比例高于农村，因此网络欺凌发生率也较高。

2. 成因分析与影响因素

（1）一般攻击模型。要对网络欺凌现象进行系统分析，就必须先理解这一现象的成因。Anderson等提出的"一般攻击模型"为研究网络欺凌行为提供了系统的理论分析框架。② 该模型认为，欺凌行为的产生首先与欺凌者和受害者的个体因素以及他们所处的环境因素密切相关。同时，网络的固有特点，如言辞犀利、匿名性、沟通不畅等，也有可能导致网络欺凌的发生。③

在网络欺凌中，欺凌施加者和欺凌受害者这两种身份可能会在同一个人身上出现。这一现象可以用一般攻击模型解释：在网络中被欺负是一个让人感到不愉快的情景因素，而且该因素对个体认知和情感的伤害极大。因此，受害者在遭受网络欺凌后，往往会采取在别的情景中欺负别人的方式来缓解自己的心理压力，并以此降低自己的挫折感和消解不愉快的情绪。同样地，在现实生活中的欺凌受害者，由于很难在现实生活中得到自尊，因此他们在网络上也很容易成为欺凌施加者。

（2）现实的互动模型。对于网络欺凌的产生过程，根据媒介建构思想，任何一个行为者在媒介上的表现都是行为者自身与媒介现实及行为者生活的社会现实之间互动的结果。Adoni 和 Mane 在伯格和卢克曼的社会建构思想基础上提出了一个媒介现实（或称符号现实）与社会客观现实以及个体主观现实之间互动建构的模型。即网民通过互动而构建的符号现实与现实世界相比呈现出更为丰富多彩的戏剧化景象，客观现实则是网络暴力参与者所生活的家庭、学校以及社会的现实环境，而个体现实就是以个体生理自然发展为基础的心理现实。三类现实互为前提、相互作用，最终对个体发生作用，单独的某个因素并不能引起网络欺凌行为。④

---

① 张乐：《青少年网络欺凌研究综述》，载《中国青年研究》2010 年第 12 期，第 9～14 页。

② Anderson, C. A., Bushman, B. J. "Human Aggression". *Annual Review of Psychology*, 2002, 53 (19), pp. 51～64.

③ 孙时进，邓士昌：《青少年的网络欺凌：成因、危害及防治对策》，载《现代传播（中国传媒大学学报）》2016 年第 2 期，第 144～148 页。

④ 江根源：《青少年网络暴力：一种网络社区与个体生活环境的互动建构行为》，载《新闻大学》2012 年第 1 期，第 116～124 页。

(3) 内部影响因素。人口学特征影响青少年参与网络欺凌的频率。尤阳、赵甜静等的研究均显示，男性较女性更容易参与网络欺凌行为。① 相对来说，男性具有较强的个性，在网络交流的过程中更容易产生摩擦而实施网络欺凌。

从心理学的角度看，面临自我同一性危机和对生活不满意的青少年较容易发生网络欺凌。陈猛的研究表明，自我同一性与心理健康水平呈正相关，自我同一性状态越高，心理健康水平就越高。② 具体而言，自我同一性水平越高，个体的自尊、自我接受和自我肯定的程度也越高，面对问题能够有清醒的认识和理智的思维，具有稳定的价值观和世界观。所以更能够抵抗别人对其进行的欺凌，并且不通过网络对他人进行欺凌。高晓萌等研究大学生人格特质与网络欺凌行为的关系，发现网络欺凌行为与宜人性、责任感与开放性呈显著负相关。③ 马嘉琪发现，孤独感对实施网络欺凌、受网络欺凌行为起到正向预测作用。④

(4) 外部影响因素。目前，众多学者从家庭、学校、社会等方面对网络欺凌的外因进行了有益分析。例如田苗等⑤、陈亮等⑥发现，儿童期是人成长过程中初次接触世界的关键时期，如在此期间有受虐待经历会增加其日后实施网络欺凌行为的风险。Calvete 等认为学校是大学生最常接触的场所之一，学校的氛围与大学生网络欺凌也有一定的关系：当青少年感受到学校氛围是和谐融洽、信任公平的时候，他们实施网络欺凌的概率有所降低⑦。同

---

① 尤阳：《受网络欺凌行为问卷的修订及其影响因素的分析》，杭州，浙江师范大学硕士学位论文，2013 年；赵甜静，魏婕，苏倩倩，等：《大学生网络欺凌现状及应对方式分析》，载《中国校医》2018 年第 9 期，第 658～661 页。

② 陈猛：《互联网使用、自我认同与青少年心理健康》，北京，首都师范大学硕士学位论文，2005 年。

③ 高晓萌，朱博：《大学生人格特质与网络欺凌行为的关系研究》，载《兰州教育学院学报》2018 年第 9 期，第 154～156 页。

④ 马嘉琪，蔡果恬，魏可儿，等：《孤独感对大学生网络欺凌行为的影响——自尊与社会支持感的中介作用》，载《杭州师范大学学报（自然科学版）》2020 年第 1 期，第 28～34 页。

⑤ 田苗，马自芳，薛钟瑜，等：《儿童期受虐待经历与大学生实施网络欺凌的相关性》，载《中国学校卫生》2020 年第 1 期，第 82～85 页。

⑥ 陈亮，王彦东，李焰：《儿童期心理虐待对大学生网络欺凌态度的影响：公正世界信念和特质感恩的中介作用》，载《中国临床心理学杂志》2020 年第 1 期，第 152～156 页。

⑦ Calvete, E., Orue, I., Estévez, A., et al. "Cyberbullying in Adolescents: Modalities and Aggressors' Profile". *Computers in Human Behavior*, 2010, 26 (5), pp. 1128～1135.

时，大学生面临学习、经济、人际交往、生活适应等压力，这一系列外部因素会导致大学生在日常行为上产生偏差，容易将内心的不良情绪在网上加以宣泄，不知不觉地参与到网络欺凌中。另外，网络的固有特点，如匿名性、不良沟通等，也有可能导致网络欺凌的发生。①

（5）多因素测量。最近，一些学者开始对大学生网络欺凌影响因素进行较为全面的贵州测量和分析，特别是针对贫困大学生。例如陈再琴、吴荣等采用问卷调研法对贵州省贵阳市贫困学生和非贫困学生进行调查，发现贫困学生较易遭受网络欺凌，其影响因素包括性别、健康状况、玩网络游戏②、学校环境及家庭③等方面。

3）测量评价工具的量制。

目前，国外已有的网络欺凌测量评价工具形式非常多样。例如，Li 编制了网络欺凌测验④；Tippett 等设计的网络欺凌测验采用 Olweus "欺凌受害"测验的 7 个维度和 88 个项目⑤，这些维度的确定来源于网络欺凌的方式；Topcu 和 Erdur-Baker⑥ 修订了网络欺凌清单并检验了它的基本心理测量标准。

而国内的测量评价工具大部分采用问卷调查的形式，且多侧重心理学与人格特质方面。例如尤阳从人格特质与受网络欺凌行为的关系、攻击行为与受网络欺凌行为的关系、受网络欺凌行为与反应之间的关系三个方面调查网络欺凌。⑦ 刘琳编制的网络欺凌情况调查问卷包括网络言语欺凌、关系欺凌

---

① 孙时进，邓士昌：《青少年的网络欺凌：成因、危害及防治对策》，载《现代传播（中国传媒大学学报）2016 年第 2 期，第 144～148 页。

② 陈再琴，李丹，朱培嘉，等：《贵州省 6 所高校贫困生网络欺凌影响因素的多水平模型分析》，载《中国健康教育》2019 年第 12 期，第 1104～1107 页。

③ 吴荣，陈再琴，李丹，等：《贵阳市高校贫困学生受网络欺凌现况调查》，载《贵州医科大学学报》2020 年第 1 期，第 56～60 页。

④ Li, Q. "Cyber Harassment: A Study of New Method for an Old Behavior". *Journal of Educational Computing Research*, 2005, 32 (3), pp. 265～277.

⑤ 尤阳：《受网络欺凌行为问卷的修订及其影响因素的分析》，杭州，浙江师范大学硕士学位论文，2013 年。

⑥ Topcu, C., Erdur-Baker, O. "The Revised Cyber Bullying Inventory (RCBI): Validity and Reliability Studies". *Procedia-Social and Behavioral Sciences*, 2010, 5, pp. 660～664.

⑦ 尤阳：《受网络欺凌行为问卷的修订及其影响因素的分析》，杭州，浙江师范大学硕士学位论文，2013 年。

和权益欺凌 3 个维度共 11 个项目。① 朱鹤等研制的问卷内容包括一般人口学信息、社交网络使用情况、网络欺凌行为与心理学量表。② 许莎等完成了大学生网络欺凌和受害两个分问卷的编制,其中欺凌问卷包括恶意侵害、言语攻击和破坏关系 3 个维度共 16 个条目,而受害问卷包括恶意侵害、言语攻击和骚扰 3 个维度共 17 个条目。③

(三) 网络欺凌的防范与应对策略

保红霞分别从大学生主体层面、高校层面以及社会层面提出多方综合治理策略,并根据高校特点提出"监察校园网,加强本校学生网络链接的过滤和筛查"的建议④;冯建军认为要开展教育才能从根本上预防和控制网络欺凌的发生,提出直接教育和间接教育两者并行(间接教育主张对学生进行生命教育、同理心教育和心理教育,旨在教育学生尊重理解他人并保护自己)⑤;刘宁等从数字公民教育角度,提出对大学生进行网络知识素养教育、网络参与教育和网络尊重教育⑥;侯明提出了多种教育路径,包括利用网络技术手段对网络数据进行监控,引导大学生实施正确的网络行为⑦;魏骊臻认为中间群体在青少年中更能形成情感认同,能够联动正式组织和非正式组织,充分发挥各群体优势,实现对网络欺凌更有效的文化防治⑧。

---

① 刘琳:《中学生传统欺凌、网络欺凌及其与自尊的关系》,沈阳,沈阳师范大学硕士学位论文,2014 年。

② 朱鹤,石凡超,安澜,等:《中国部分大学生网络欺凌行为发生现状调查分析》,载《吉林大学学报(医学版)》2016 年第 3 期,第 605～611 页。

③ 许莎,何晓丽:《大学生网络欺凌受害问卷的编制》,载《兵团教育学院学报》2019 年第 4 期,第 20～25 页。

④ 保红霞:《高等学校"网络欺凌"对策之"组合拳"构建》,载《高教学刊》2018 年第 7 期,第 130～131 页。

⑤ 冯建军:《网络欺凌及其预防教育》,载《教育发展研究》2018 年第 12 期,第 49～54 页。

⑥ 刘宁,惠良虹,聂晓阳:《大学生数字公民责任教育策略研究》,载《教育现代化》2018 年第 32 期,第 206～207 页。

⑦ 侯明:《大学生网络失范行为及其教育路径研究》,哈尔滨,哈尔滨理工大学硕士学位论文,2017 年。

⑧ 魏骊臻:《大学生网络欺凌防治的中间群体教育模式》,载《现代教育科学》2019 年第 2 期,第 42～46 页。

第三节　融合数字公民素养的网络欺凌影响因素：以大学生为例

一、研究背景与意义

2019年10月，中共中央国务院发布了《新时代公民道德建设实施纲要》，该纲要指出必须抓好网络空间道德建设。这是网络道德首次被单独列出，标志着其已成为信息时代公民道德的核心部分。当前，网络已渗透到人们生活的方方面面，在给人们带来各种便利的同时，也引发了垃圾信息、网络成瘾、网络犯罪等一系列社会问题。近年来，作为一种具有代表性的网络道德失范行为，网络欺凌受到各国的高度重视。世界多个国家（美国、日本、澳大利亚等）纷纷制定了网络欺凌对策和防范措施，著名的社交平台Instagram也于2019年开始研制网络欺凌自动化过滤工具。[①] 正如Ivester在其著作中提到的，社交媒体正演变为另一种与人沟通和接触的机制，在学生中不断流行，大大增加了大学校园发生网络欺凌的概率。[②] 更重要的是，大学生可自由支配的时间较多，对世界充满好奇，加上脱离父母的监管，他们是青少年群体使用网络的主力军。然而，由于涉世未深、心智尚未完全成熟、未形成科学的"三观"，大学生容易在不经意间卷入网络欺凌中（以肇事者或受害者身份），对自己、他人和社会造成不良影响，也不利于健康网络道德的形成。具体来说有以下几点。

（1）网络欺凌时有发生，危害较大。目前，网络已经融入人们生活的方方面面。网络的去中心化、虚拟性、开放性、匿名性、交互性、即时性等特点，为信息传播和追踪带来了复杂性和不确定性。加上目前使用网络的主力军属于"数字原住民"（出生在信息时代，伴随着各种数字设备长大），没

[①] ABC News. "Instagram Using New Artificial Intelligence to Telp Stop Bullying". (https://abcnews.go.com/GMA/Living/instagram-now-artificial-intelligence-stop-bullying/story?id=67751631&cid=clicksource_4380645_null_headlines_hed)

[②] Ivester, M. *Lol…omg！: What Every Student Needs to Know about Online Reputation Management, Digital Citizenship and Cyberbullying* (Reno, NV: Serra Knight, 2011); Washington, E. D. "An Overview of Cyberbullying in Higher Education". *Adult Learning*, 2015, 26 (1), pp. 21~27.

有系统地受过数字公民教育，对很多网络失范行为毫无意识或防范之心，他们极易成为网络欺凌的施暴者或受害者，从而影响正常学习、工作和生活，对其身心健康也造成很大伤害，这种伤害甚至可能比传统欺凌更严重。网络欺凌不仅影响着社会中的个体，对网络生态、社会风气、社会秩序等社会环境因素也会产生较大的破坏，影响健康网络文化的形成，对社会稳定和发展也有较大的负面影响。可见，网络欺凌与我们息息相关，时有发生且危害较大，必须加以重视。

（2）大学生心智未成熟、情绪波动较大、未形成正确的"三观"，且网络在线时间长，极易成为网络欺凌的施暴者或受害者。对于大学生这一群体而言，现有调查研究发现，曾经历过某种网络欺凌的大学生不在少数。由于其可自由支配的时间较多，在线时间较长，加上大学生心智不成熟、容易受情绪的影响、未形成科学的"三观"，因此极易有意或无意参与到网络欺凌中。无论其在网络欺凌事件中处于何种角色，他们的生理、心理都会受到一定的负面影响。换句话说，网络欺凌已成为大学生健康成长的一大障碍，需引起高度重视。通过对相关文献的整理和分析，笔者发现，虽然国内目前对这一问题的关注度有所上升，但与美国等发达国家相比，相关研究仍有所欠缺。

（3）防范和治理大学生网络欺凌应该教育、监管、法治"三管齐下"，按步骤有序推进。大学生网络欺凌的原因是多方面的，要对症下药，才能取得较好的效果。从根本上说，首先是数字公民素养的缺失——虽然生活在信息时代，但大学生并没有系统地学习过如何安全、规范、负责任地使用技术。因此滥用、误用、乱用信息技术的案例比比皆是，产生很多负面影响。其次，相关部门监管不力、监控不严，在一定程度上助长了网络欺凌的泛滥。最后，相比现实世界，数字世界的道德规范和行为准则很不完善，相关法律法规还存在"真空地带"，违法成本很低，这就更容易出现各种欺凌行为。

当然，要解决这些问题，不能单靠个别的立法，或单纯的网络媒介教育（网络安全教育等）。只有构建切实可行的、标本兼治的综合解决方案，才能从根本上解决大学生网络欺凌问题。网络世界迫切呼唤公民的道德意识、责任意识的觉醒，急切期盼合格数字公民的回归和良好健康数字氛围的重现。基于中国现状，并参考国外做法，笔者认为，防范和治理网络欺凌应当"内外兼顾、三管齐下"。首先，大学生需要在数字世界中学会如何保护自己和他人、如何教育自己和他人、如何尊重自己和他人，故应当尽快开展针对大学生的数字公民教育（可借鉴澳大利亚的经验）。俞思瑾等指出，数字公民

第七章　融合数字公民素养的网络欺凌影响因素探索

教育缺失会带来很多不良影响、产生很多社会问题，其中就包括网络欺凌。[①] 必须通过系统的数字公民教育提升大学生的数字公民素养，使他们能规范地、负责任地使用信息技术。其次，高校应当利用技术手段加强监管，开发适合校园网络的监测工具（可借鉴日本的经验），或者制定适合校园规范的监管制度。例如，对校园内的网络环境进行检测，增强对侮辱性词汇的检测过滤程度；对在线行为有异常的IP实施监管，或采取措施针对学生进行教育。最后，政府应当尽快健全法律法规（可借鉴美国的经验），针对当前网络欺凌的现状，明确对不同类型、不同程度的网络欺凌行为的处罚措施。只有内外兼顾（分别对应提升自身素养和降低外部环境干扰）、标本兼治、三管齐下，才能从根本上解决网络欺凌问题，让网络空间清朗起来。

那么，大学生网络欺凌现状如何？有哪些因素会影响其网络欺凌行为？研究此问题是剖析大学生网络欺凌成因和有效遏制网络欺凌的重要手段。自2000年以来，国外对此问题的研究渐渐从对网络欺凌的定义转移到对网络欺凌影响因素及动机的研究。笔者通过对"中国知网"进行文献统计发现，国内以"网络欺凌"和"影响因素"为主题的相关文献极少。网络欺凌影响因素研究的匮乏，会使相关防范策略、遏制机制缺乏有效性和针对性。与此同时，在研究对象方面，中我国目前多以青少年为研究对象，专门针对大学生网络欺凌的研究不多，对大学生网络欺凌影响因素的相关研究较少。由于大学阶段是进入社会前的最关键阶段，是学生人格、道德和"三观"形成和确立的关键时期，探究大学生网络欺凌影响因素并据此提出有针对性的防范策略，对于有效解决大学生网络欺凌具有重要意义。

二、影响因素的维度确定

通过综述国内外对网络欺凌影响因素的研究发现，已有研究主要集中在学生个体、家庭、学校、社会与环境层面。在学生个体层面，Li[②]、Kowalski[③]、

[①] 俞思瑾，郑云翔，杨浩，等：《国际"数字公民教育"研究的现状、热点及前沿分析》，载《开放教育研究》2018年第6期，第49～59页。

[②] Li, Q. "New Bottle but Old Wine: A Research of Cyberbullying in Schools". *Computers in Human Behavior*, 2007, 23 (4), pp. 1777～1791.

[③] Kowalski, R. M., Limber, S. P., Agatston, P. W. *Cyberbullying: Bullying in the Digital Age* (2nd Edition) (Malden, MA: Wiley-Blackwell, 2012).

Topcu[①]等众多研究者均发现网络欺凌行为与性别有关;许文宗等认为人格特质对网络欺凌具有预测作用[②],Gibb[③]、Goodboy[④]等发现黑暗人格理论描绘了网络欺凌者的共性:自以为是、冷酷无情、有攻击性;有学者从心理学的角度进行研究,发现网络欺凌的施暴者和受害者都有更多的负面情绪[⑤];刘言等发现与网络欺凌相关的心理因素包括共情、自恋、自尊、抑郁以及焦虑等[⑥];Gini[⑦]、Renati[⑧]等发现,网络欺凌行为与个人的移情能力有关,欺凌者往往缺乏同理心,具有一定的情感困难[⑨];赵君哲等发现幸福感与大学

---

① Topcu, C., Erdur-Baker, O. "Affective and Cognitive Empathy as Mediators of Gender Differences in Cyber and Traditional Bullying". *School Psychology International*, 2012, 33 (5), pp. 550~561.

② 许文宗:《国中学生虚拟霸凌与传统霸凌之相关研究》,彰化,彰化师范大学硕士学位论文,2010年。

③ Gibb, Z. G., Devereux, P. G. "Who Does That Anyway? Predictors and Personality Correlates of Cyberbullying in College". *Computers in Human Behavior*, 2014, 38, pp. 8~16.

④ Goodboy, A. K., Martin, M. M. "The Personality Profile of a Cyberbully: Examining the Dark Triad". *Computers in Human Behavior*, 2015, 49, pp. 1~4.

⑤ 孙时进,邓士昌:《青少年的网络欺凌:成因、危害及防治对策》,载《现代传播(中国传媒大学学报)》2016年第2期,第144~148页。

⑥ 刘言,许渭生:《心理学视域下的网络欺凌现象分析》,载《心理学进展》2019年第5期,第789~799页。

⑦ Gini, G., Pozzoli, T. "Association between Bullying and Psychosomatic Problems: A Meta-analysis". *Pediatrics*, 2009, 123 (3), pp. 1059~1065.

⑧ Renati, R., Berrone, C., Zanetti, M. "Morally Disengaged and Unempathic: Do Cyberbullies Fit These Definitions? An Exploratory Study". *Cyberpsychology, Behavior, and Social Networking*, 2012, 15, pp. 391~398.

⑨ Weaver, A. J., Lewis, N. "Mirrored Morality: An Exploration of Moral Choice in Video Games". *Cyberpsychology, Behavior, and Social Networking*, 2012, 15 (11), pp. 610~614; Barlińska, J., Szuster, A., Winiewski, M. "Cyberbullying among Adolescent Bystanders: Role of the Communication Medium, Form of Violence, and Empathy". *Journal of Community & Applied Social Psychology*, 2013, 23, pp. 37~51.

第七章　融合数字公民素养的网络欺凌影响因素探索

生的网络使用存在着密切的联系[1]；Hayton[2]、Nurlita[3]、尤阳[4]、Li[5] 等发现上网频率、社交媒体使用频率等对网络欺凌有重要影响。

在家庭层面，Ybarra 等发现网络欺凌行为与家庭成员之间的关系紧密相关[6]；Bayraktar[7]、Elsaesser[8]、Wang[9] 等确认了缺乏父母支持和网络欺凌行为之间的联系；Park[10]、Pillay[11] 等发现网络欺凌行为与个体的家庭社会经济

---

[1] 赵君哲，王明辉：《社交网站自我呈现与大学生生活满意度的关系：自我概念清晰性的中介作用》，载《保定学院学报》2019 年第 5 期，第 126～131 页。

[2] Hayton, A. C. *Understanding Factors that Impact Cyberbullying Offending and Victimization*（Boston：University of New Haven, 2017）.

[3] Nurlita, F., Subagja. A. R. R., Munawar, H. "Analyzing Factors Affecting Cyberbullying among Students：Its Implication on Social Marketing". *Industrial Research Workshop and National Seminar*, 2018, 9, pp. 805～813.

[4] 尤阳：《受网络欺凌行为问卷的修订及其影响因素的分析》，杭州，浙江师范大学硕士学位论文，2013 年。

[5] Li, Q. "New Bottle but Old Wine：A Research of Cyberbullying in Schools". *Computers in Human Behavior*, 2007, 23 (4), pp. 1777～1791.

[6] Ybarra, M. L., Mitchell, K. J. "Youth Engaging in Online Harassment：Associations with Caregiver-Child Relationships, Internet Use, and Personal Characteristics". *Journal of Adolescence*, 2004, 27 (3), pp. 319～336.

[7] Bayraktar, F., Machackova, H., et al. "Cyberbullying：The Discriminant Factors among Cyberbullies, Cybervictims, and Cyberbully-victims in a Czech Adolescent Sample". *Journal of Interpersonal Violence*, 2015, 30 (18), pp. 3192～3216.

[8] Elsaesser, C., Russell, B., et al. "Parenting in a Digital Age：A Review of Parents' Role in Preventing Adolescent Cyberbullying". *Aggression and Violent Behavior*, 2017, 35, pp. 62～72.

[9] Wang, H., Zhou, X. L., et al. "Adolescent Bullying Involvement and Psychosocial Aspects of Family and School life：A Cross-sectional Study from Guangdong Province in China". *PloS One*, 2012, 7 (7)：pp. 1～10.

[10] Park, S., Na, E. Y., Kim, E. M. "The Relationship between Online Activities, Netiquette and Cyberbullying". *Children & Youth Services Review*, 2014, 42 (3), pp. 74～81.

[11] Pillay, C. L. "Behavioural and Psychosocial Factors Associated with Cyberbullying"（Durban, South Africa：University of Zululand, 2012）.

地位有一定的关联性。另外，Kowalski①、Ybarra②、Low③、Chen④ 等发现父母监管也是影响网络欺凌的因素。

在学校层面，Bevilacqua 等认为网络欺凌的程度因学校类型和学校质量而异，学校内部的组织/管理因素会影响学生的行为⑤；Guarini 等认为与老师的关系消极和对学校的认同度不高是网络欺凌的风险因素之一⑥；Calvete⑦、Souza⑧ 等人发现网络欺凌与学校氛围和环境有关。另外，学校文化⑨、安

---

① Kowalski, R. M., Giumetti, G., et al. "Bullying in the Digital Age: A Critical Review and Meta-Analysis of Cyberbullying Research among Youth". *Psychological Bulletin*, 2014, 140, pp. 1073～1137.

② Ybarra M. L., Mitchell K. J. "Youth Engaging in Online Harassment: Associations with Caregiver-Child Relationships, Internet Use, and Personal Characteristics". *Journal of Adolescence*, 2004, 27 (3), pp. 319～336.

③ Low, S., Espelage, D. "Differentiating Cyber Bullying from Non-physical Bullying: Commonalities across Race, Individual, and Family Predictors". *Psychology of Violence*, 2013, 3, pp. 39～52.

④ Chen, J. K., Astor, R. A. "School Variables as Mediators of Personal and Family Factors on School Violence in Taiwan Residents Junior High Schools". *Youth & Society*, 2012, 44 (2), pp. 175～200.

⑤ Bevilacqua, L., Shackleton, N., et al. "The Role of Family and School-level Factors in Bullying and Cyberbullying: A Cross-Sectional Study". *BMC Pediatrics*, 2017, 17, p. 160.

⑥ Guarini, A., Passini, S., et al. "Risk and Protective Factors on Perpetration of Bullying and Cyberbullying". *Studia Edukacyjne*, 2012, 23, pp. 33～55.

⑦ Calvete, E., Orue, I., et al. "Cyberbullying in Adolescents: Modalities and Aggressors' Profile". *Computers in Human Behavior*, 2010, 26 (5), pp. 1128～1135.

⑧ Souza, S. B., VeigaSimao, A. M., et al. "University Students' Perceptions of Campus Climate, Cyberbullying and Cultural Issues: Implications for Theory and Practice". *Studies in Higher Education*, 2017, 43, pp. 2072～2087.

⑨ Monks, C. P., Mahdavi, J., Rix, K. "The Emergence of Cyberbullying in Childhood: Parent and Teacher Perspectives". *Psicología Educativa*, 2016, 22, pp. 39～48.

第七章 融合数字公民素养的网络欺凌影响因素探索

全[1]及监管措施[2]、归属感[3]，以及心理健康和网络安全等教育与培训[4]，也是影响网络欺凌的重要因素之一。

在社会与环境层面，Huang 等认为网络欺凌行为高度依赖于环境，并受各国的教育系统、学校环境、文化规范以及人际关系的影响[5]。Mark Ward 等发现从众心理、传统欺凌影响、文化背景差异等因素都会对网络欺凌行为产生影响[6]。另外，工作场所的压力[7]、同伴因素[8]也与青少年网络欺凌受害风险相关。同时，网络欺凌受到网络自身特性的影响[9]。

---

[1] Bottino, S. B., Bottino, C. C., et al. "Cyberbullying and Adolescent Mental Health: Systematic Review". *Cadernos de Saúde Pública*, 2015, 31, pp. 463～475.

[2] 宋雁慧:《网络欺凌与学校责任》，载《中国青年社会科学》2015 年第 4 期，第 56～60 页。

[3] Baldry, A. C., Farrington, D., Sorrentino, A. "'Am I at Risk of Cyberbullying'? A Narrative Review and Conceptual Framework for Research on Risk of Cyberbullying and Cybervictimization: The Risk and Needs Assessment Approach". *Aggression and Violent Behavior*, 2015, 23, pp. 36～51; Chen, L., Ho, S. S., Lwin, M. O. "A Meta-analysis of Factors Predicting Cyberbullying Perpetration and Victimization: From the Social Cognitive and Media Effects Approach". *New Media & Society*, 2016, 19, pp. 1194～1213.

[4] 高婷婷:《澳大利亚 OESC 维护中小学生网络安全实践研究》，重庆，西南大学硕士学位论文，2018 年; 梁凤华:《网络欺凌普遍性信念与合理性信念对中学生网络欺凌的影响：道德推脱的中介作用》，载《心理研究》2019 年第 3 期，第 278～285 页。

[5] Huang, Y. Y., Chou, C. "An Analysis of Multiple Factors of Cyberbullying among Junior High School Students in Taiwan". *Computers in Human Behavior*, 2010, 26 (6), pp. 1581～1590.

[6] Markward, M. J., Cline, S. S., Markward, N. J. "Group Socialization, the Internet and School Shootings". *International Journal of Adolescence & Youth*, 2002, 10 (1 - 2), pp. 135～146.

[7] Vranjes, I., Baillien, E., et al. "The Dark Side of Working Online: Towards a Definition and an Emotion Reaction Model of Workplace Cyberbullying". *Computers in Human Behavior*, 2017, 69, pp. 324～334.

[8] Kiesler, S., Zubrow, D., et al. "Affect in Computer-mediated Communication: An Experiment in Synchronous Terminal-to-Terminal Discussion". *Human-Computer Interaction*, 1985, 1 (1), pp. 77～104.

[9] Holland, N. N. "The Internet Regression". (http://www.psychomedia.it/pm/telecomm/telematic/holland2.htm); Kiesler, S., Zubrow, D., et al. "Affect in Computer-mediated Communication: An Experiment in Synchronous Terminal-to-Terminal Discussion". *Human-Computer Interaction*, 1985, 1 (1), pp. 77～104.

通过上述文献综述和分析，本研究将各层面的影响因素进行了归纳，结果如表7-1所示。

表7-1 国内外大学生网络欺凌影响因素

影响因素	具体内容
个体层面	性别、年龄、人格特质、幸福感、移情能力、上网时长或频率、社交行为类型、数字公民素养
家庭层面	家庭成员间的关系、父母支持、家庭社会经济地位、父母监管
学校层面	学校类型和教学质量、学校管理、师生关系、学校氛围与环境、学校文化、学校安全及监管、心理健康和网络安全等教育与培训
社会与环境层面	国家教育系统、文化规范、社群影响（从众心理）、文化差异、人际（同伴）关系、工作压力、网络特性

在表7-1所示四个层面的影响因素中，学生个体层面的影响因素是探究分析其他层面影响因素的基础，会对学生的网络欺凌状况产生直接影响。通过对比国内外有关学生层面的影响因素的研究，本研究发现目前已有研究主要关注学生的个体变量（如性别、年龄/年级、性格、移情等）和网络使用情况（如上网时长、频率）等，而缺少从数字公民视角探究其对大学生网络欺凌的影响。为此，本研究将从学生个体层面出发，将影响大学生网络欺凌的因素分为五个子层面，即个人背景层面，包括性别、年龄、最初接触网络时间等几个变量；网络使用和网络社交情况层面，包括日均上网时长、学习/非学习时长占比、社交网络社群数、社交行为类型等几个变量；性格层面，即人格特质，包括开放性（openness）、神经质（neuroticism）、外向性（extraversion）、宜人性（agreeableress）和责任心（consdentiousness）大五人格特质类型；情感层面，包括生活满意度和移情能力；数字公民素养层面，包括数字公民身份与尊严、数字公民意识与担当、网络礼仪的理解与遵守、数字交流与协作能力、网络成瘾程度、相关法律法规的理解与遵守。归纳如表7-2所示。

表7-2 大学生网络欺凌影响因素之个体层面

影响因素（子层面）	具体内容
个人背景层面	性别、年龄、最初接触网络时间
网络使用和网络社交层面	日均上网时长、学习/非学习时长占比、社交网络社群数、社交行为类型

续表

影响因素（子层面）	具体内容
性格层面	人格特质（包括开放性、神经质、外向性、宜人性、责任心大五人格特质）
情感层面	生活满意度、移情能力
数字公民素养层面	数字公民身份与尊严、数字公民意识与担当、网络礼仪的理解与遵守、数字交流与协作能力、网络成瘾程度、相关法律法规的理解与遵守

三、研究假设

针对以上变量，本研究提出如下研究假设：

假设1：大学生网络欺凌程度受其个人背景影响，且不同性别、最初接触网络时间不同的大学生在网络欺凌程度的得分上存在显著性差异。

假设2：大学生网络欺凌程度受其网络使用和网络社交情况的影响，且其网络欺凌程度与学生网络使用时长和非学习时长所占比例存在显著正相关，不同网络社交类型的学生在网络欺凌程度上存在显著性差异。

假设3：大学生网络欺凌程度受其性格影响，其中神经质和开放性与网络欺凌程度呈显著正相关，而外向性、宜人性和责任心与网络欺凌程度呈显著负相关。

假设4：大学生网络欺凌程度受其情感影响，且网络欺凌程度与生活满意度和移情能力存在显著负相关。

假设5：大学生网络欺凌程度受其数字公民素养水平影响，其中网络成瘾程度与网络欺凌程度存在显著正相关，而数字公民身份与尊严、数字公民意识与担当、网络礼仪的理解与遵守、数字交流与协作能力、相关法律法规的理解与遵守能够显著负向影响大学生的网络欺凌程度。

四、研究工具

调查问卷由五部分组成：①学生个人背景、网络使用和网络社交情况，包括性别、年龄、最初接触网络时间、日均上网时长、学习/非学习时长占比、社交网络社群数、社交行为类型，共7题。②学生性格调查问卷。采用

D. 赫尔雷格尔等编制的大五人格量表[①]，测试大学生的性格偏向，共 25 题。该问卷被广泛运用于各种学术研究中，具有较高的信效度（$r \geqslant 0.728$，不同维度的 Cronbach's alpha 范围为 0.63 至 0.77）[②]。③学生情感调查问卷。该问卷由主观幸福感和移情能力组成，量表分别来源于 Mantak Yuen 博士译制修订的生活满意度量表[③]和詹志禹等修订的人际反应指针量表[④]，共 27 题。两份量表均经过检验，具有良好的信效度，其中前者的 Cronbach's α 系数为 0.86[⑤]，后者的内部一致性系数为 0.75[⑥]。④数字公民素养调查问卷。该问卷采用 5 级李克特量表形式，调查大学生的数字公民身份与尊严、数字公民意识与担当、网络礼仪的理解与遵守、数字交流与协作能力、网络成瘾程度、相关法律法规的理解与遵守，共计 35 题。其中，数字公民身份与尊严、数字公民意识与担当、网络礼仪的理解与遵守、数字交流与协作能力、相关法律法规的理解与遵守这几个维度的量表参考了 Rosenberg 编制的用以评定青少年关于自我价值和自我接纳的自尊量表[⑦]、数字公民素养水平测量表[⑧]、

---

① Howard, P. J., Medina, P. L., Howard, J. M. "The Big-five Locator: A Quick Assessment Tool for Consultants and Trainers" //*The* 1996 *Annual*. San Diego, CA: Pfeiffer & Company, 1996: 119～122.

② Ganth, D. B., Kadhiravan, S. "Psychosocial Determinants of Romantic Inclination among Indian Youth". *Interpersona*, 2017, 11 (1), pp. 22～39.

③ Pavot, W., Diener, E. "The Satisfaction with Life Scale and the Emerging Construct of Life Satisfaction". *Journal of Positive Psychology*, 2008, 3, pp. 137～152.

④ Davis, M. "A Multidimensional Approach to Individual Differences in Empathy". *Catalog of Selected Documents in Psychology*, 1980, 10, pp. 1～19.

⑤ Galanakis, M., Lakioti, A., et al. "Reliability and Validity of the Satisfaction with Life Scale (SWLS) in a Greek Sample". *The International Journal of Humanities & Social Studies*, 2017, 5, pp. 120～127.

⑥ 张凤凤，董毅，汪凯，等：《中文版人际反应指针量表（IRI-C）的信度及效度研究》，载《中国临床心理学杂志》2010 年第 2 期，第 155～157 页。

⑦ Rosenberg, M. *Society and the Adolescent Self-Image* (Princeton, N. J.: Princeton University Press, 1965).

⑧ Al-Zahrani, A. "Toward Digital Citizenship: Examining Factors Affecting Participation and Involvement in the Internet Society among Higher Education Students". *International Education Studies*, 2015, 8 (12), pp. 203～217.

迈克·瑞布的数字公民教育专著①和郑云翔关于数字公民素养内容的分解②等自编而成,网络成瘾量表来源于杨氏的简版网络成瘾测试量表③(Cronbach's α = 0.848)。数字公民素养调查问卷经过检验,具有良好的信效度(Cronbach's alpha = 0.789,KMO = 0.671)。⑤网络欺凌调查问卷。该问卷来源于Topcu的网络欺凌量表④,用于考查大学生实施网络欺凌和遭受网络欺凌的程度,分为14题,对应14种网络欺凌行为,共28题。问卷的信效度较高⑤(其中,欺凌量表的Cronbach's α系数为0.79,被欺凌量表的Cronbach's α系数为0.86),问卷采用4点李克特量表形式设计,汇总分数在14~56之间。分数越高,表示网络欺凌或被欺凌程度越高。

五、研究样本

本研究采用随机抽样的方式,选取全国各地高校在读大学生以及部分研究生作为研究对象。采用问卷调查法,以在线问卷的形式,由学生在规定的时间内作答完成,共获取在线问卷1188份,其中有效问卷947份,有效率为79.7%。

六、大学生网络欺凌行为影响因素分析

(一)描述性统计分析

研究对象的人口统计学信息、网络使用和网络社交情况如表7-3所示,可以看出超过一半(53.9%)的大学生在中学之前(不含中学)便开始接

---

① Ribble, M. *Digital Citizenship in Schools: Nine Elements All Students Should Know* (Washington, DC: International Society for Technology in Education, 2015).

② 郑云翔,钟金萍,黄柳慧,等:《数字公民素养的理论基础与培养体系》,载《中国电化教育》2020年第5期,第69~79页。

③ Pawlikowski, M., Altstötter-Gleich, C., Brand, M. "Validation and Psychometric Properties of a Short Version of Young's Internet Addiction Test". *Computers in Human Behavior*, 2013, 29 (3), pp. 1212~1223.

④ Topcu, C., Erdur-Baker, O. "The Revised Cyber Bullying Inventory (RCBI): Validity and Reliability Studies". *Procedia-Social and Behavioral Sciences*, 2010, 5, pp. 660~664.

⑤ Brack, K., Caltabiano, N. "Cyberbullying and Self-esteem in Australian Adults". *Cyberpsychology: Journal of Psychosocial Research on Cyberspace*, 2014, 8 (2), pp. 1~9.

触网络。在日均上网时间方面，45.2%的大学生日均上网时间为3～6小时，约三分之一的大学生日均上网时间大于6小时。在上网过程中，学生平均花费66.63%的时间进行网络社交等与学习无关的活动。在网络社交方面，54.1%的学生加入了至少3个网络社群，而65.3%的学生认为自己的网络社交行为属于偏好潜水型。

表7-3 大学生背景信息、网络使用和网络社交情况统计分析

类别	水平	频数	百分比/%
性别	男	305	32.2
	女	642	67.8
年龄	19岁及以下	254	26.8
	20岁	264	27.9
	21岁	170	18.0
	22岁	105	11.1
	23岁及以上	154	16.3
最初接触网络时间	学前阶段	34	3.6
	小学阶段	476	50.3
	中学阶段	324	34.2
	大学阶段	102	10.8
	其他	11	1.2
日均上网时间	1小时以下	12	1.3
	1～3小时	179	18.9
	3～6小时	428	45.2
	6～10小时	258	27.2
	10小时以上	70	7.4
网络社群数量	无	117	12.4
	1～3个	317	33.5
	3～6个	231	24.4
	7～10个	95	10.0
	10个以上	187	19.7
网络社交行为类型	自我表达型	46	4.9
	社交活跃型	160	16.9
	讨论参与型	123	13.0
	偏好潜水型	618	65.3

（二）大学生网络欺凌现状分析

如表 7-4 和表 7-5 所示，从整体上看，本次参与调查的 947 名大学生的网络欺凌程度平均得分为 17.14，处于较低的网络欺凌水平；而其被网络欺凌程度平均得分为 19.93，处于较低的受网络欺凌水平，但高于网络欺凌水平。其中，"在网络论坛上开玩笑"较常出现在网络欺凌（平均得分 2.20）和被网络欺凌（平均得分 1.88）行为中，"被盗取账号和密码并修改"（平均得分 1.84）也是较为常见的被网络欺凌形式。

表 7-4 大学生网络欺凌程度统计

项目	范围	最小值	最大值	得分均值	标准偏差
网络欺凌程度	23	14	37	17.14	3.431
被网络欺凌程度	36	14	50	19.93	6.239

表 7-5 最频繁的两种网络欺凌和被欺凌行为

项目	网络欺凌行为		被网络欺凌行为	
	在网络论坛上开玩笑	通过屏蔽或删除他人的评论，表现出排斥他人	在网络论坛上开玩笑	被盗取账号和密码并修改
平均值	2.20	1.87	1.88	1.84
标准差	1.319	1.077	1.201	0.999

Brack 和 Caltabiano 认为，2 次或以上实施（遭受）了包括：从计算机中窃取个人信息、在在线论坛中进行威胁、在在线论坛中以屏蔽或删除他人评论的方式进行排挤等 14 种行为中的一种，即可被归类为网络欺凌肇事者（网络欺凌受害者）。[①] 网络欺凌双身份者（既肇事又受害）的成员必须同时满足肇事者和受害者的标准，而非参与者要么从未实施或遭受过任何网络欺凌行为，要么两者均至多只经历过 1 次。根据 Brack 和 Caltabiano 的标准，本研究对大学生网络欺凌情况进行了如下统计（见表 7-6）。明显可见，大学生网络欺凌受害者比例稍高于肇事者比例，超过四成（41.6%）的大学生是网络欺凌双身份者，而约三分之一（31.8%）的大学生从未经历过网络欺凌。

---

① Brack, K., Caltabiano, N. "Cyberbullying and Self-esteem in Australian Adults". *Cyberpsychology: Journal of Psychosocial Research on Cyberspace*, 2014, 8 (2), pp. 1~9.

表 7-6　大学生网络欺凌参与身份统计

身份	网络欺凌肇事者	网络欺凌受害者	网络欺凌双身份者	非参与者
个案数	485	555	394	301
占总比	51.2%	58.6%	41.6%	31.8%

（三）大学生网络欺凌影响因素分析

1. 个人背景对大学生网络欺凌行为的影响

（1）性别。通过两个独立样本非参数检验对性别与网络欺凌程度、被网络欺凌程度进行分析，笔者发现，渐进显著性数值均小于0.05，可见性别对网络欺凌和被欺凌都有显著影响（见表7-7）。同时，男生的得分显著高于女生，表明男生比女生更容易实施和遭受网络欺凌。

表 7-7　性别对网络欺凌的显著性差异检验

选项	网络欺凌程度		被网络欺凌程度	
性别	男	女	男	女
案例个数	305	642	305	642
平均值	18.36	16.56	22.25	18.83
Mann-Whitney U 统计资料	70550.000		68003.500	
Sig.（渐进显著性）	.000		.000	

（2）最初接触网络时间。为了探究最初接触网络时间与网络欺凌的关系，本研究通过两个独立样本非参数检验来分析，结果发现，两者渐进显著性数值均小于0.05，因此大学生最初接触网络时间的不同对网络欺凌和被欺凌都有显著差异（见表7-8）。

表 7-8　接触网络时间对网络欺凌的显著性差异检验

选项	网络欺凌程度					被网络欺凌程度				
最初接触网络时间	1	2	3	4	5	1	2	3	4	5
案例个数	34	476	324	102	11	34	476	324	102	11

续表

选项	网络欺凌程度					被网络欺凌程度				
平均值	18.62	17.58	16.46	16.64	18.00	23.76	20.46	18.79	19.74	20.73
卡方	30.699					24.036				
Sig.	.000					.000				

说明：a. Kruskal Wallis 检定。

b. 变数分组：最初接触网络（1 = 学前阶段，2 = 小学阶段，3 = 中学阶段，4 = 大学阶段，5 = 其他）。

2. 网络使用和网络社交情况对大学生网络欺凌行为的影响

（1）网络使用时长。对日均上网时长、非学习时长占比与网络欺凌程度进行 Spearman 分析，结果显示（见表 7-9），日均上网时长与网络欺凌无明显相关性，上网的非学习时长占比与网络欺凌程度存在显著正相关，但与被网络欺凌程度的相关性不显著。

表 7-9　网络使用时长与网络欺凌的相关分析

类别	选项	网络欺凌程度	被网络欺凌程度
日均上网时长	Spearman 相关系数	.062	.038
	Sig.（双尾）	.058	.248
	个案数	947	947
上网的非学习时长占比	Spearman 相关系数	.073*	-.025
	Sig.（双尾）	.025	.440
	个案数	947	947

注：$*p<0.05$，$**p<0.01$，$***p<0.001$，下同。

（2）社交行为类型。对社交行为类型和网络欺凌及被欺凌程度进行方差分析，结果发现，显著性值均小于 0.05，说明不同社交行为类型的大学生网络欺凌行为有显著差异（见表 7-10）。

表7-10 社交行为类型对网络欺凌的方差分析结果

社交行为类型	网络欺凌程度			被网络欺凌程度		
	均值	标准偏差	Sig.	均值	标准偏差	Sig.
自我表达型	17.91	3.681	0.000	22.04	7.800	0.002
社交活跃型	17.67	3.469		20.65	6.736	
讨论参与型	18.02	3.540		20.93	6.542	
偏好潜水型	16.77	3.326		19.39	5.841	

3. 性格对大学生网络欺凌行为的影响

为探究大学生的人格特质与网络欺凌行为之间的关系，本研究使用大五人格量表对研究对象进行了人格特质方面的测试，并与网络欺凌和被欺凌程度进行了Spearman相关分析，结果如表7-11所示。数据显示，网络欺凌程度和开放性呈显著正相关，和神经质、宜人性及责任心均呈显著负相关；外向性与网络欺凌程度的相关性不显著。除开放性外，神经质、外向性、宜人性以及责任心均与被网络欺凌程度呈负相关，其中，开放性、神经质以及责任心的相关性显著。

表7-11 大五人格与网络欺凌程度相关性分析

	选项		网络欺凌程度	被网络欺凌程度
Spearman的rho	神经质	相关系数	-.157**	-.129**
		Sig.（双尾）	.000	.000
		N	947	947
	外向性	相关系数	-.018	-.011
		Sig.（双尾）	.588	.730
		N	947	947
	开放性	相关系数	.139**	.080*
		Sig.（双尾）	.000	.014
		N	947	947
	宜人性	相关系数	-.094**	-.035
		Sig.（双尾）	.004	.278
		N	947	947
	责任心	相关系数	-.175**	-.109**
		Sig.（双尾）	.000	.001
		N	947	947

4. 情感对大学生网络欺凌行为的影响

(1) 生活满意度。把生活满意度结果与网络欺凌和被欺凌程度进行 Spearman 相关分析，结果如表 7-12 所示。可见，大学生生活满意度与网络欺凌程度和被网络欺凌程度均呈负相关。

表 7-12　生活满意度与网络欺凌程度相关性分析

选项			网络欺凌程度	被网络欺凌程度
Spearman 的 rho	生活满意度	相关系数	-.106**	-.090**
		Sig.（双尾）	.001	.005
		N	947	947

(2) 移情能力。考虑到性别差异对移情能力的影响，本研究对样本按性别进行分组，然后分别对男女学生的移情能力与网络欺凌程度和被网络欺凌程度进行 Spearman 相关分析。结果显示，男生移情能力各变量与网络欺凌程度和被网络欺凌程度的相关性均不显著，而女生移情能力中的个人痛苦、共情性关心能力与网络欺凌程度和被网络欺凌呈显著正相关（见表 7-13）。

表 7-13　移情能力与网络欺凌程度相关性分析

	Spearman		网络欺凌程度	被网络欺凌程度
男	移情：个人痛苦	相关系数	.082	.029
		Sig.（双尾）	.152	.478
		N	305	305
	移情：观点采择	相关系数	-.076	.011
		Sig.（双尾）	.185	.781
		N	305	305
	移情：想象力	相关系数	.002	.072
		Sig.（双尾）	.970	.084
		N	305	305
	移情：共情性关心	相关系数	-.019	.038
		Sig.（双尾）	.745	.361
		N	305	305

续表

		Spearman		网络欺凌程度	被网络欺凌程度
女	移情：个人痛苦	相关系数		.113**	.100**
		Sig.（双尾）		.004	.001
		N		642	642
	移情：观点采择	相关系数		-.057	-.022
		Sig.（双尾）		.150	.452
		N		642	642
	移情：想象力	相关系数		.042	.043
		Sig.（双尾）		.293	.138
		N		642	642
	移情：共情性关心	相关系数		.083*	.066*
		Sig.（双尾）		.035	.024
		N		642	642

5. 数字公民素养对大学生网络欺凌行为的影响

为了探究数字公民素养对大学生网络欺凌的影响，本研究对数字公民身份与尊严、数字公民意识与担当、网络礼仪的理解与遵守、数字交流与协作能力、相关法律法规的理解与遵守分别与网络欺凌行为进行 Spearman 分析。如表 7-14 所示，大学生数字公民素养各变量（除网络成瘾外）的均值均在 10 以上。其中，相关法律法规的理解与遵守平均得分最高（20.32），数字交流与协作能力平均得分最低（11.56）。根据相关分析结果，数字交流与协作能力与网络欺凌和被欺凌存在显著正相关，相关法律法规的理解与遵守与网络欺凌和被欺凌存在显著负相关，而网络礼仪的理解与遵守与网络欺凌存在显著负相关。总体上，数字公民素养水平与网络欺凌程度存在显著负相关，与被网络欺凌程度无呈正相关。

表7-14 数字公民素养各变量统计分析及其与网络欺凌相关分析

变量	范围	最小值	最大值	均值	标准偏差	网络欺凌程度相关分析		被网络欺凌程度相关分析	
						相关系数	Sig.（双尾）	相关系数	Sig.（双尾）
数字交流与协作能力	10	7	17	11.56	1.760	.191**	.000	.174**	.000
数字公民身份与尊严	16	4	20	17.10	2.376	.026	.420	-.027	.398
数字公民意识与担当	12	8	20	15.91	1.623	-.027	.398	-.007	.827
网络礼仪的理解与遵守	16	4	20	16.99	2.320	-.156**	.000	-.042	.200
相关法律法规的理解与遵守	19	6	25	20.32	2.397	-.127**	.000	-.076*	.020
数字公民素养层面	45.89	18	63.89	51.10	5.754	-.138**	.000	-.052	.112

为了探究数字公民素养中的网络成瘾与网络欺凌之间的关系，本研究首先统计分析大学生网络成瘾情况，然后对网络成瘾总分与网络欺凌、被欺凌程度进行Pearson相关分析。根据网络成瘾测量量表（见表7-15）得分标准，得分越高表示被试者的网络成瘾程度越高，其中得分大于40者可以被判定为网络成瘾。结果显示，19.3%的大学生有轻度网络成瘾，大学生网络成瘾与网络欺凌、被欺凌程度正向相关性显著，这说明大学生网络成瘾程度越高，其实施网络欺凌及遭受网络欺凌的可能性越大（见表7-15、表7-16）。

表7-15 大学生网络成瘾情况

	总分		频数	百分比/%
网络成瘾	小于40（非网络成瘾）		764	80.7
	大于40（网络成瘾）	40~60（轻度）	182	19.3
		60~80（中度）	1	
		80~100（重度）	0	183
	平均值		32.97	
	标准偏差		7.518	

表7-16 大学生网络成瘾与网络欺凌的相关分析

	选项	网络欺凌程度	被网络欺凌程度
网络成瘾	皮尔逊相关性	0.217**	1
	Sig.（双尾）	0.000	0.000
	个案数	947	947

6. 大学生网络欺凌影响因素多元回归分析

为进一步探究大学生个人背景层面、网络使用和网络社交层面、性格层面、情感层面及数字公民素养层面对网络欺凌和被欺凌的共同影响作用，本研究将上述五个层面中的各个变量设为自变量，将网络欺凌程度和被欺凌程度分别设为因变量进行多元逐步回归分析，并将样本按照社交行为类型进行分组，将社交活跃型作为参照组，以占样本总数65.3%的偏好潜水型组为例进行具体分析。

如表7-17所示，通过F检验排除若干非显著变量后，最终进入网络欺凌影响因素回归方程的9个预测变量的容忍度均在0.4上，VIF均小于5，表明进入回归方程式的9个预测变量不存在线性重合（多元共线性）的问题。具体来看，在个人背景层面，性别对网络欺凌程度有显著影响。在网络使用和网络社交层面，社交行为类型和网络社群数量均对网络欺凌程度有显著影响。在性格层面，仅责任心对网络欺凌程度有显著正向影响，其他维度均在逐步线性回归中被剔除，这表示五大人格的其他方面与网络欺凌无较显著的线性关系。在数字公民素养层面，网络成瘾程度、数字交流与协作能力、数字公民意识与担当均对网络欺凌程度有显著的正向影响，而网络礼仪的理解与遵守对网络欺凌程度有显著的负向影响。

表 7-17 偏好潜水型组网络欺凌影响因素多元回归分析结果

模型	未标准化系数		标准化系数	t	显著性	共线性统计	
	B	标准错误	Beta			容差	VIF
（常量）	11.151	1.393		8.003	0.000		
性别 （参照组：男性）	-1.610	0.223	-.219	-7.223	0.000	0.938	1.066
最初接触网络 （参照组：中学前）	0.909	0.944	0.028	0.963	0.336	0.995	1.005
社交行为类型 （参照组： 社交活跃型）	-.515	0.222	-.072	-2.325	0.020	0.914	1.095
网络社群数量	0.237	0.080	0.091	2.979	0.003	0.938	1.066
责任心	0.133	0.036	0.114	3.743	0.000	0.925	1.081
网络成瘾程度	0.088	0.014	0.193	6.279	0.000	0.917	1.091
数字交流与 协作能力	0.259	0.060	0.133	4.302	0.000	0.909	1.101
网络礼仪的 理解与遵守	-.213	0.049	-.144	-4.333	0.000	0.783	1.278
数字公民 意识与担当	0.177	0.070	0.084	2.536	0.011	0.799	1.252
$R = 0.434$，$R^2 = 0.189$；调整后 $R^2 = 0.181$ $F = 24.220$，$Sig < 0.001$							

在被网络欺凌影响因素的逐步多元回归方程中，最终进入方程的共有10个预测变量，且变量间不存在线性重合问题。其中，F 值的显著度 Sig 小于 0.001，说明这些预测变量与被网络欺凌程度之间具有显著的线性关系。如表 7-18 所示，在个人背景层面，性别对被网络欺凌程度有显著影响。在网络使用和网络社交层面，网络社群数量和学习/工作时长均对被网络欺凌程度有显著影响。在情感层面，生活满意度对被网络欺凌程度有显著的负向影响。在性格层面，责任心对被网络欺凌程度有显著的正向影响。在数字公民素养层面，网络成瘾程度、数字交流与协作能力、数字公民身份与尊严均对

被网络欺凌程度有着显著的正向影响。

表7-18 偏好潜水型组被网络欺凌影响因素多元回归分析结果

模型	未标准化系数		标准化系数	t	显著性	共线性统计	
	B	标准错误	Beta			容差	VIF
（常量）	6.197	2.183		2.839	0.005		
性别 （参照组：男性）	-3.317	0.407	-.249	-8.152	0.000	0.961	1.041
最初接触网络 （参照组：中学前）	0.986	1.747	0.017	0.565	0.572	0.992	1.008
社交行为类型 （参照组：社交活跃型）	0.585	0.411	0.045	1.422	0.155	0.905	1.105
网络社群数量	0.319	0.147	0.067	2.171	0.030	0.942	1.061
学习/工作时长	0.032	0.011	0.087	2.814	0.005	0.934	1.070
生活满意度	-.092	0.034	-.086	-2.670	0.008	0.868	1.152
责任心	0.149	0.067	0.070	2.230	0.026	0.898	1.114
网络成瘾程度	0.148	0.027	0.178	5.549	0.000	0.871	1.148
数字交流与协作能力	0.507	0.111	0.143	4.548	0.000	0.905	1.105
数字公民身份与尊严	0.181	0.081	0.069	2.238	0.025	0.941	1.063
$R=0.405$，$R^2=0.164$；调整后 $R^2=0.155$ $F=18.324$，$Sig<0.001$							

七、讨论及启示

本研究随机选取了947名中国大学生为调查对象，调查了大学生网络欺凌现状，并深入分析了学生个人背景、网络使用和网络社交、性格、情感以及数字公民素养对其网络欺凌和被欺凌的影响。针对大学生网络欺凌影响因素的分析结果，下面进行详细分析与讨论。

（一）个人背景对大学生网络欺凌的影响结果与讨论

在性别方面，研究发现男生的网络欺凌和被欺凌程度总分显著高于女

第七章 融合数字公民素养的网络欺凌影响因素探索

生,说明男生比女生更容易实施和遭受网络欺凌,这与部分早期研究结果一致[1],而与有些研究结果相反[2]。一方面,这可能是由于不同国家、地区或学校对网络欺凌的理解和认定存在差异,且现有网络欺凌的测评量表很多,对同一行为是否被认定为网络欺凌也存在不少争议。另一方面,不同调查对象的网络使用意识和网络行为具有一定的差别,这也跟其从小到大受过的教育和个人经历密切相关。再者,男生与女生常用的网络欺凌方式也存在差异[3]。因此,现有研究在性别是否影响网络欺凌这一问题上也存在三种截然不同的结论:男生比女生更可能实施或遭受网络欺凌、女生比男生更可能实

---

[1] Ozden, M. S., Icellioglu, S. "The Perception of Cyberbullying and Cybervictimization by University Students in Terms of Their Personality Factors". *Procedia-Social and Behavioral Sciences*, 2014, 116, pp. 4379～4383; Beyazit, U., Simsek, S., Ayhan, A. B. "An Examination of the Predictive Factors of Cyberbullying in Adolescents". *Social Behavior and Personality*, 2017, 45(9), pp. 1511～1522; Safaria, T. "Prevalence and Impact of Cyberbullying in a Sample of Indonesian Junior High School Students". *The Turkish Online Journal of Educational Technology*, 2016, 15(1), pp. 82～90; Calvete, E., Orue, I., et al. "Cyberbullying in Adolescents: Modalities and Aggressors' Profile". *Computers in Human Behavior*, 2010, 26(5), pp. 1128～1135; Huang, Y. Y., Chou, C. "An Analysis of Multiple Factors of Cyberbullying among Junior High School Students in Taiwan". *Computers in Human Behavior*, 2010, 26(6), pp. 1581～1590.

[2] Giménez-Gualdo, A. M., Hunter, S. C., et al. "The Emotional Impact of Cyberbullying: Differences in Perceptions and Experiences as a Function of Role". *Computers & Education*, 2015, 82, pp. 228～235; Ortega, R., Calmaestra, J., Mora-Merchán, J. "Cyberbullying". *International Journal of Psychology and Psychological Therapy*, 2008, 8(2), pp. 183～192; Ortega, R., Elipe, P., et al. "The Emotional Impact on Victims of Traditional Bullying and Cyberbullying: A Study of Spanish Adolescents". *Journal of Psychology*, 2009, 217(4), pp. 197～204; Sourander, A., Klomek, A. B., et al. "Psychosocial Risk Factors Associated with Cyberbullying among Adolescents". *Archives of General Psychiatry*, 2010, 67, pp. 720～728.

[3] Wong, D. S., Chan, H. C., Cheng, C. H. K. "Cyberbullying Perpetration and Victimization among Adolescents in Hong Kong". *Children and Youth Services Review*, 2014, 36, pp. 133～140; Slonje, R., Smith, P. K. "Cyberbullying: Another Main Type of Bullying?". *Scandinavian Journal of Psychology*, 2008, 49, pp. 147～154.

施或遭受网络欺凌、男生和女生没有显著差别①。因此该问题的研究本身就具有较大的开放性。就本研究的调查对象而言，男生有较强的个性，在网络交流过程中更容易产生摩擦从而产生网络欺凌②。在最初接触网络时间方面，本研究发现大学生最初接触网络时间与网络欺凌和被欺凌显著相关，但无回归影响关系。一方面，这可能与学生的网络意识、技能和经验有较大的关系，毕竟学生越早接触网络，越可能拥有更强的网络使用意识、掌握更熟练的网络使用技巧、积累更丰富的网络使用经验，容易在网络世界中"肆意驰骋"，有意或无意欺负网络新手。另一方面，当代大学生伴随着各种网络论坛和社群的兴起而成长，在初期阶段这些论坛和社群都较为开放，各种信息杂乱无章、良莠不齐，有效的监管和举报机制不够完善，因此网龄越长（即接触网络时间较早）的学生遭受欺凌越多。这一影响因素告诉我们，在网络欺凌干预和治理过程中，要密切关注男生的网络欺凌状况，特别是网龄较长的大学生。

（二）大学生网络使用和网络社交对网络欺凌的影响结果与讨论

在日均上网时长方面，本研究发现大学生每天上网时间的长短与网络欺凌之间没有显著关系，但在网上的非学习时长所占比例与网络欺凌程度呈显著正相关（但无回归影响关系），学习/工作时长占比对被网络欺凌有显著回归影响关系。也就是说，非学习目的的上网时间越长，学生越容易成为网络欺凌的实施者；学习/工作目的的上网时间越长，学生越容易成为网络欺凌的受害者。由于现有研究对上网时长并没有区分学习和非学习用时，而网络欺凌常见于社交、游戏、娱乐等非学习场合，因此可以认为本研究结果与早

---

① Gibb, Z. G., Devereux, P. G. "Who Does That Anyway? Predictors and Personality Correlates of Cyberbullying in College". *Computers in Human Behavior*, 2014, 38, pp. 8～16; Sameer, H., Justin, W. P. "Cyberbullying: An Exploratory Analysis of Factors Related to Offending and Victimization". *Deviant Behavior*, 2008, 29, pp. 129～156; Pillay, L. "Behavioural and Psychosocial Factors Associated with Cyberbullying" (Durban, South Africa: University of Zululand, 2012); Guarini, A., Passini, S., et al. "Risk and Protective Factors on Perpetration of Bullying and Cyberbullying" *Studia Edukacyjne*, 2012, 23, pp. 33～55.

② 朱鹤，石凡超：《中国部分大学生网络欺凌行为发生现状调查分析》，载《吉林大学学报（医学版）》2016年第3期，第605～611页。

期研究结果一致①。这表明学生使用网络的目的和用途不同，对他人造成的影响也不同。他们使用社交类、休闲类应用的时间越长，越容易被不实的新闻报道或舆论影响，进而发表带有攻击性、威胁性的语言；或是发送恶搞图片侵犯他人隐私权，或是在网络游戏中把责任推到队友身上等，从而对他人实施网络欺凌。在社交行为类型方面，研究发现不同行为类型与实施和遭受网络欺凌均呈正相关。从网络欺凌得分均值来看，自我表达型和讨论参与型比其他类型更容易实施网络欺凌。这两类大学生都属于在网络上比较活跃的，他们喜欢在网络上发表自己的观点和跟风参与讨论，他们的观点可能会受到质疑或者反驳，同时他们也会去质疑和反驳他人的观点，容易和他人产生冲突，甚至通过人肉搜索侵犯他人隐私，造成网络欺凌。从被网络欺凌的得分均值来看，自我表达型的得分显著高于其他类型，这表明喜欢在网络上发布自己观点和想法的学生更易遭受网络欺凌，尤其是当他们的观点或表达不受他人认可时。这一影响因素告诉我们，在网络欺凌干预和治理过程中，要严格控制大学生的非学习/工作时长，同时对不同社交行为类型的大学生给予区别对待，分别采取针对性措施，防止网络欺凌的发生。

（三）大学生性格对网络欺凌的影响结果与讨论

研究发现，首先，开放性人格特质与学生网络欺凌和被欺凌均存在显著正相关，即在人格上开放性更高的大学生更有可能实施和遭受网络欺凌，这

---

① Hinduja, S., Patchin, J. "Cyberbullying: An Exploratory Analysis of Factors Related to Offending and Victimization". *Deviant Behavior*, 2007, 29 (2), pp. 1～29; Sticca, F., Ruggieri, S., et al. "Longitudinal Risk Factors for Cyberbullying in Adolescence". *Journal of Community & Applied Social Psychology*, 2013, 23 (1), pp. 52～67; 朱鹤, 石凡超：《中国部分大学生网络欺凌行为发生现状调查分析》，载《吉林大学学报（医学版）》2016年第3期，第605～611页; Sameer, H., Justin, W. P. "Cyberbullying: An Exploratory Analysis of Factors Related to Offending and Victimization". *Deviant Behavior*, 2008, 29, pp. 129～156.

一结果与早期研究结果一致①或部分一致②。这表明开放性高的学生对外界事物持好奇心态,喜欢尝试新鲜事物,可能更容易参与网络事件或评论他人观点,进而会引发一些冲突。但开放性高的学生网络接触面较大,话题涉猎范围较广,更容易接触到较多不良信息,且自身的各种信息也被充分暴露在网络上,因此容易成为网络欺凌的受害者。其次,神经质和责任心人格特质与学生网络欺凌和被欺凌均存在显著负相关,即在人格上越神经质、责任心越强的大学生越不可能实施和遭受网络欺凌,这与早期研究结果一致③或部分一致④。这表明大学生越能自行消解焦虑、敌对等情绪,保持情绪稳定,越具有条理性、责任感和自控力,就越不容易产生网络欺凌行为,也越不容易遭受网络欺凌。再次,宜人性人格特质与学生网络欺凌存在显著负相关,即在人格上宜人性越高的大学生越不可能实施网络欺凌,这与早期研究结果一致⑤。因为宜人性高的大学生会优先考虑他人,在网络中能与其他个体相处融洽,人缘较好。他们往往友好体贴,不轻易在网络中欺凌他人。然而,根据本研究结果,宜人性与遭受网络欺凌无明显相关性。这一点与早期研究

---

① Peluchette, J. V., Karl, K. "Cyberbullying Victimization: Do Victims' Personality and Risky Social Network Behaviors Contribute to the Problem?" *Computers in Human Behavior*, 2015, 52, pp. 424~435;尤阳:《受网络欺凌行为问卷的修订及其影响因素的分析》,杭州,浙江师范大学硕士学位论文,2013 年;许文宗:《国中学生虚拟霸凌与传统霸凌之相关研究》,彰化,彰化师范大学硕士学位论文,2010 年。

② Celik, S., Atak, H., et al. "The Effect of Personality on Cyberbullying among University Students in Turkey". *Eurasian Journal of Educational Research*, 2012, 49, pp. 129~150.

③ Festl, R., Quandt, T. "Social Relations and Cyberbullying: The Influence of Individual and Structural Attributes on Victimization and Perpetration Via the Internet". *Human Communication Research*, 2013, 39, pp. 101~126;尤阳:《受网络欺凌行为问卷的修订及其影响因素的分析》,杭州,浙江师范大学硕士学位论文,2013 年。

④ Celik, S., Atak, H., et al. "The Effect of Personality on Cyberbullying among University Students in Turkey". *Eurasian Journal of Educational Research*, 2012, 49, pp. 129~150.

⑤ Celik, S., Atak, H., et al. "The Effect of Personality on Cyberbullying among University Students in Turkey". *Eurasian Journal of Educational Research*, 2012, 49, pp. 129~150.

成果不一致①。早期研究结果显示,虽然宜人性高的学生乐于助人、与人为善,不易成为别人攻击的目标,但容易让施暴者觉得"好欺负",从而成为被欺凌的对象。这一影响因素告诉我们,在网络欺凌干预和治理过程中,要首先测量学生的人格特质,并针对不同性格的大学生提出具体措施,条件允许的情况下可结合大数据和数据挖掘技术测量学生的在线人格特质,从而更准确地对网络欺凌行为进行预测和预警。

(四)大学生情感对网络欺凌的影响结果与讨论

在生活满意度方面,大学生生活满意度与网络欺凌和被欺凌均呈现显著负相关,同时对被欺凌有显著影响。这说明生活满意度越高的大学生实施网络欺凌和遭受网络欺凌的可能性越小,这与早期研究结果一致②,与早期部分研究成果存在差异③。造成研究结果不一致的原因可能是中外学生对幸福感的理解不同,且不同测评量表的侧重点不同。在移情能力方面,女生个人痛苦、共情性关心能力与网络欺凌和被欺凌存在显著正相关,而男生则没有相关性,这表明不同性别在移情能力上对网络欺凌的影响有差异,这与早期

---

① Celik, S., Atak, H., et al. "The Effect of Personality on Cyberbullying among University Students in Turkey". *Eurasian Journal of Educational Research*, 2012, 49, pp. 129～150; Semerci, A. "Investigating the Effects of Personality Traits on Cyberbullying". *Pegem Eğitim ve Öğretim Dergisi*, 2017, 7 (2), pp. 211～230; 尤阳:《受网络欺凌行为问卷的修订及其影响因素的分析》,杭州,浙江师范大学硕士学位论文,2013 年。

② 朱鹤,石凡超:《中国部分大学生网络欺凌行为发生现状调查分析》,载《吉林大学学报(医学版)》2016 年第 3 期,第 605～611 页。

③ Pillay, C. L. *Behavioural and Psychosocial Factors Associated with Cyberbullying* (Disertation Durban, South Africa: University of Zululand, 2012).

研究结果一致①，而与有些研究结果相反②。造成研究结果不一致的原因可能是当移情发生时，男女生脑部活跃区域存在差异③，这使得女生获得的情感体验更细腻，更容易怜悯和同情他人的痛苦，因此能站在对方的立场感知和理解，最终容易导致"人戏太深、无法自拔"，更容易遭受网络欺凌。但也可能她们会把这种痛苦和关心转化为反击行动，用揭私、谩骂或者侮辱等不恰当的方式来声讨她们眼中的肇事者，自以为正义却反而成为网络欺凌的施暴者。这一影响因素告诉我们，在网络欺凌干预和治理过程中，要时刻关注学生对大学生活的满意程度，以及女生的个人情绪波动情况，必要时配合网络监管机制，动态查阅学生的情感数据，从而对网络欺凌行为进行精准监测与防控。

（五）大学生数字公民素养对网络欺凌的影响结果与讨论

在网络礼仪的理解与遵守方面，大学生对网络礼仪的理解与遵守对网络欺凌有着显著的负向影响。该结果表明，大学生对网络礼仪、技术礼仪等数字伦理道德的理解和认同，并在数字空间中努力践行积极的道德规范和行为准则，以现实社会中的礼仪规范其在数字社会中的行为，让绝大多数人享受数字技术带来的便利和快乐，可以有效降低其成为网络欺凌肇事者的概率。

---

① Baldry, A. C., Farrington, D., Sorrentino, A. "'Am I at Risk of Cyberbullying'? A Narrative Review and Conceptual Framework for Research on Risk of Cyberbullying and Cybervictimization: The Risk and Needs Assessment Approach". *Aggression and Violent Behavior*, 2015, 23, pp. 36～51; Del Rey, R., Lazuras, L., et al. "Does Empathy Predict (Cyber) Bullying Perpetration, and How Do Age, Gender and Nationality Affect this Relationship?". *Learning and Individual Differences*, 2016, 45, pp. 275～281; Topcu, C., Erdur-Baker, O. "Affective and Cognitive Empathy as Mediators of Gender Differences in Cyber and Traditional Bullying". *School Psychology International*, 2012, 33 (5), pp. 550～561.

② Brewer, G., Kerslake, J. "Cyberbullying, Self-esteem, Empathy and Loneliness. *Computers in Human Behavior*, 2015, 48, pp. 255～260; Peterson, J., Densley, J. "Cyber Violence: What Do We Know and Where Do We Go from Here?". *Aggression and Violent Behavior*, 2017, 34, pp. 193～200; Renati, R., Berrone, C., Zanetti, M. "Morally Disengaged and Unempathic: Do Cyberbullies Fit these Definitions? An Exploratory Study". *Cyberpsychology, Behavior, and Social Networking*, 2012, 15, pp. 391～398.

③ Schulte-Rüther, M., Markowitsch, H. J., et al. "Gender Differences in Brain Networks Supporting Empathy". *Neuroimage*, 2008, 42 (1), pp. 393～403.

第七章 融合数字公民素养的网络欺凌影响因素探索

因此,应发挥学校、家庭和社区教育的优势,辅以各种终身教育模式,从各个方面提升大学生的网络礼仪意识,扩大其网络礼仪知识储备、培养其相关操作技能与规范,并配合线上线下相关内容宣传,以及对网络行为进行有效监管,努力提升大学生对网络礼仪的理解与遵守,从而有效防止网络欺凌。

在数字交流与协作能力方面,大学生运用数字技术进行网络交流和协作的能力对网络欺凌和被欺凌有着显著的正向影响。网络欺凌主要表现为使用侮辱性、攻击性语言或隐私披露,该结果表明大学生越能熟练选择合适的通信手段、协作方式与他人在线交往或协作完成任务,就越容易掌握各种网络交流方式和技巧,一旦情绪失控,很容易发表一些不恰当的言论,或揭露他人隐私,从而对他人造成欺凌。与此同时,大学生数字交流和协作能力越高,其可能加入的网络社群越多,因为有丰富的网络社交或网络协作经历,一般网络在线时间较长,从而增加了其被网络欺凌的可能。因此,应对大学生数字交流与协作的情境进行一定的监管和控制,尤其是学校和家庭,应特别关注那些数字交流与协作能力强的学生,必要时需辅以行政手段、技术手段对大学生网络社交和协作进行严格管理,以防网络欺凌事件的发生。

在网络成瘾方面,大学生网络成瘾程度对网络欺凌和被欺凌有着显著的正向影响。该结果表明,大学生网络成瘾程度越高,对网络的依赖越大,则网络欺凌和被欺凌的概率就越高,这与早期研究结果一致[1]。大学生心智尚未完全成熟,受情绪影响大,尚未形成科学的世界观、人生观和价值观,长时间在线容易受网络中各种不实报道、不良信息的侵蚀,从而产生负面心理或情绪,有意或无意在线欺负他人,或被他人欺负。因此,应关注大学生数字健康,对他们的网络使用时长进行一定的监管和控制,学校和家庭可以建立过度用网预警机制,采取各种防沉迷措施预防大学生网络成瘾,鼓励他们在在线生活和离线生活之间找到平衡。

在相关法律法规的理解与遵守方面,大学生对网络道德、数字权责方面相关数字法律法规的理解与遵守与网络欺凌和被欺凌存在显著负相关。该结

---

[1] Floros, G. D., Siomos, K. E., et al. "Adolescent Online Cyberbullying in Greece: The Impact of Parental Online Security Practices, Bonding, and Online Impulsiveness". *The Journal of School Health*, 2013, 83 (6), pp. 445～453; Chang, F. C., Chiu, C. H., et al. "The Relationship between Parental Mediation and Internet Addiction among Adolescents, and the Association with Cyberbullying and Depression". *Comprehensive Psychiatry*, 2015, 57, pp. 21～28;侯美慧子:《初中生网络成瘾与网络欺凌的关系研究——情绪的中介作用和调节作用》,西安,陕西师范大学硕士学位论文,2017年。

果表明，理解和遵守关于技术使用的法律和政策，尤其是遵守以法律条例形式存在的与网络道德、数字权利和责任相关的规则（如知识产权、著作权保护），对大学生的网络行为尤其重要。这些法律法规约束并规范着学生个体的网络行为，能让他们清楚地知道在数字社会中哪些行为是合法的、哪些行为是非法的，并严格遵守，这可以显著降低网络欺凌和被欺凌的概率。因此，应通过学校教育、家庭教育和社区教育，辅以各种终身教育模式，加强大学生对相关数字法律法规的认识和理解，并引导他们合法使用信息技术，规范自身在网络上的言行，避免网络欺凌和被欺凌。

总体上，数字公民素养水平与网络欺凌程度存在显著负相关，与被网络欺凌程度不呈正相关。该结果表明，提高自身的数字公民素养水平，有助于显著降低大学生成为网络欺凌肇事者的可能性。数字公民素养是关于安全、合法、符合道德规范地使用技术的价值观念、必备品格、关键能力和行为习惯[1]，大学生数字公民素养水平的提高意味着他们懂得如何合法、符合道德规范地使用技术，以用于日常学习与生活，因此，数字公民素养水平越高越少出现网络欺凌。由于大学生大多与同龄人交往，网络欺凌肇事者减少使得受害者也相应地减少。因此，只要提高每位大学生的数字公民素养水平，就能降低大学生网络欺凌和被欺凌的概率，避免对个体身心和社会带来危害，从而在一定程度上净化网络空间，促进健康网络文明的形成。可见，教育部门和学校应该重视和加强大学生的数字公民教育，从各方面提升其数字公民素养，以确保他们更好地在数字世界生存和发展。

---

[1] 郑云翔，钟金萍，黄柳慧，等：《数字公民素养的理论基础与培养体系》，载《中国电化教育》2020 年第 5 期，第 69～79 页。

第八章 融合数字公民素养的微博网络暴力分析与启示

第一节 网络暴力概述

当前，网络暴力频发，尤其是在网络社交软件中。中国疾病控制中心与预防中心（Centers for Disease Control and Prevention，CDC）将网络暴力确定为"需要更多研究和预防工作的日益严重的公共卫生问题"，其中青少年是网络暴力受害风险较高的人群。中国社科院在2019年对中国青少年网络使用进行了调查并发现，近三成青少年遭遇过网络暴力，其中74.71%为"嘲笑和讽刺"的形式，77.01%为带有"侮辱性的词汇"，53.87%的为"恶意图片"和45.49%的为"恐吓文字"，且遭遇网络暴力主要发生在社交软件上。然而，60.17%的青少年对网络暴力的应对措施是"当作没看见，不理会"，很少会选择与长辈倾诉[1]。无独有偶，美国的网络欺凌研究中心（Cyberbullying Research Center）调查了美国各地30000多名中学和高中的学生，其于2022年6月发布的《2007至2021年的网络欺凌研究总结》[2]显示，在12次调查中平均约29%的学生表示曾是网络欺凌受害者，约16%的学生承认曾对他人进行过网络欺凌，其中调查当天的前30天内的网络欺凌受害情况在近五年逐年上升。

网络暴力危害严重，会使受害者产生愤怒、恐惧、沮丧和尴尬等负面情绪，对受害者造成名誉、隐私和精神状态的侵害，扰乱其日常的生活、学习、工作秩序，还会对受害者及其家人造成长期遗留的心理创伤。网络暴力所衍生的网络亚文化还会侵蚀网络文明，产生偏激、傲慢、愤懑的网络氛围，使人们戴着"网络面具"肆意发泄个人负面情绪，忽视自身话语和行为

---

[1] 李培林，陈光金：《2019社会蓝皮书——2019年中国社会形势分析与预测》，北京，社科文献出版社2019年版。

[2] Patchin, J. W., Hinduja, S. *Summary of Our Cyberbullying Research*（2007—2021）. Cyberbullying Research Center. (https://cyberbullying.org/summary-of-our-cyberbullying-research)

所须承担的责任,从而淡化道德判断标准。尤为严重的是,不少网民因辱骂的对象不同而将辱骂行为分为"网络暴力"和"网络正义"两种情况,美化其暴力行为,煽动网民"以暴制暴"进行道德讨伐,甚至雇佣"网络水军"推波助澜,挑拨群体对立,这无疑加剧了网络暴力的火力,对数字社区的和谐安定与安全构成了严重威胁。

中国处于社会转型期,社会各阶层群体之间的利益诉求和价值观的差异使得矛盾冲突不断[①],而现实社会中意见表达通道有时不够顺畅,民众的民主意识日益健全的同时却欠缺文明合法维权的素养。公共平台上的社交互动是人们进行数字公民参与的重要形式之一,新媒体平台的开放性也为个人思想和诉求的表达提供了前所未有的广阔空间,这使得任何一句话都能轻易成为公共话语,但言论自由不代表拥有不受限制的公共话语权,网络表达使网民对"公民身份"产生心理认同,但也有诱致公共秩序失范的风险。[②] 2019年10月,约10.4万新浪微博网民参与了"@头条新闻"创建的关于"遭遇网络暴力时该怎么做"的微博投票,结果显示近61.5%的网民选择"搜集证据追究法律责任",29.8%的网民选择"直接开怼骂回去"以暴制暴,5.2%的网民选择"默默承受"不予处理,可见网民面对网络暴力的态度差异之大。当网络暴力充斥民众的生活时,民众的认知、情感和行为过程会受其影响而有所改变,甚至导致对暴力现象与施暴行为脱敏。[③] 引导网民正确对待网络暴力,提升自身素养,避免实施或卷入网络暴力,是网络时代公民网络道德建设的重要任务之一,也是促进网络精神文明建设和构建健康网络文明的重要前提。

第二节 网络暴力研究现状

网络暴力是一定规模的网民群体借由网络媒介技术通过人机界面实现感官化功能,对特定对象发起大规模的、非理性、持续性的网络攻击性行为的

---

① 崔柳青,张建军:《浅析"公义"视角下的网络暴力》,载《新闻研究导刊》2017年第19期,第38、67页。

② 陈伯礼,徐信贵:《网络表达的民主考量》,载《现代法学》2009年第4期,第156–166页。

③ Funk, J. B., Baldacci, H. B., Pasold, et al. "Violence Exposure in Real-life, Video Games, Television, Movies, and the Internet: Is there Desensitization". *Journal of Adolescence*, 2004, 27 (1), pp. 23~29.

第八章 融合数字公民素养的微博网络暴力分析与启示

总称。网络暴力主要包括舆论攻击、辱骂恐吓、人肉搜索、隐私泄露、网站攻击、网络勒索等形式，它通常会给人带来难以负荷的心理压力，迫使某个人、某个群体或某个组织屈服认错并承担责任，从而在人格、权益、财产等方面造成实质性损害，影响社会价值观并干扰社会管理。网络语言暴力是网络暴力的主要形式，网络语言暴力主要出现在网络游戏、网络新闻、网络影视和社交平台中。本研究针对网民在网络社交平台评论中的网络语言暴力进行分析与研究，本研究中的"网络暴力事件"指引发网络语言暴力的事件。

通过中国知网，以"网络暴力"关键词为检索条件，以中英文扩展进行模糊匹配对中文文献进行跨库检索，发现关于"网络暴力"的国内相关研究从2006年开始激增，2009年开始有较稳定的文献发表，并呈逐年增长的趋势。

目前，国内"网络暴力"的跨学科研究发展迅猛，已深入到新闻传播学、法学、社会学、教育学、政治学、公共管理等多个学科，并衍生出多个交叉学科主题。国内网络暴力的研究主要从网络暴力的定义、内涵、分类、现象特征、测量、成因、影响、治理对策这些层次进行研究。早年多数研究仅仅着眼于网络暴力问题的某一层面（如现象与成因）泛泛而谈，并在理论层面上浅谈其治理对策，局限于从某个学科的微观视角进行片面解读与定性，较少结合信息技术运用与法律去落实对网络暴力的侦测、预防与惩治。

在 Web of Science（科学网）上以"Cyber violence"（网络暴力）和"Cyberbullying"（网络欺凌）为检索词可检索到3000多篇外文文献，根据图8-1可知，国外研究主要从心理学、行为科学、计算机科学、儿科学、教育学和犯罪学等学科进行研究。其中心理学主要研究网络暴力事件中的受害者心理、旁观者心理、共情现象等。

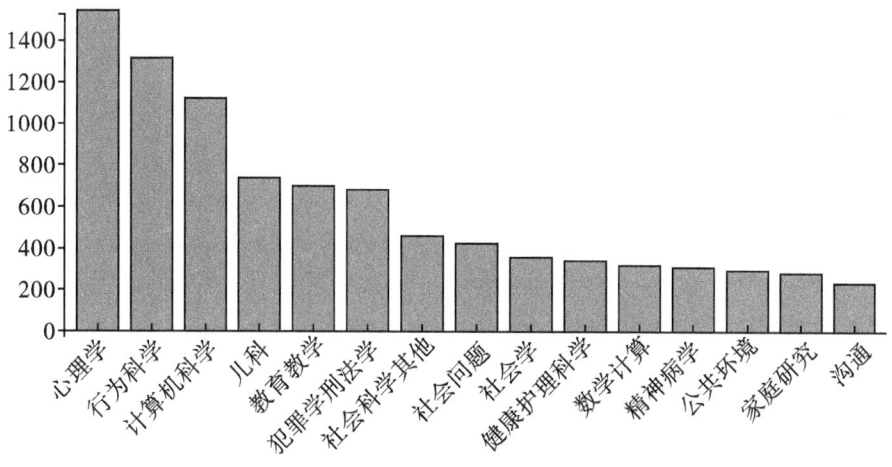

图 8-1 国外"Cyber violence"和"Cyberbullying"相关研究的学科分布

(一) 网络暴力的成因与影响研究

网络暴力往往是在网民以维护社会正义和道德底线为初衷,对当事人进行语言讨伐的过程中,经过情绪化、极端化、片面化的发酵后爆发的。从传播学角度看,网络空间的虚拟性、匿名性导致的网络主体去责任化及群体极化问题,传播过程中"沉默的螺旋"导致的舆论导向即"民意"问题,舆情传播中的"羊群效应"导致的盲目随从问题[1],都导致了网络暴力频发。而从社会管理层面看,网络法制不健全、网络道德建设滞后是产生网络暴力的根本原因。[2] 有研究从心理学角度去分析实施网络暴力行为网民的特征和风险因素,研究网络暴力的个体预测因子或风险因子,一些研究发现有先验传统欺凌行为、依恋关系较弱的人[3]、缺乏同理心、共情力低的人和自尊心较低的人[4]更易产生网络欺凌行为。

(二) 网络暴力语言分类研究

网络暴力语言是指网络语言暴力事件中带有侮辱性、歧视性、攻击性的语言。攻击性的语言内容、规模化的语言数量和现实化的伤害后果是网络语言暴力的主要特征。[5] 杨偎成归纳网络暴力语言可从"事物构成要素""表现形态""表达类型""职业场所""身份层次""语域"以及"语言特点"

---

[1] 李华君,曾留馨,滕姗姗:《网络暴力的发展研究:内涵类型、现状特征与治理对策——基于2012—2016年30起典型网络暴力事件分析》,载《情报杂志》2017年第9期,第139～145页。

[2] 陈代波:《近年来我国网络暴力问题研究综述》,载《青少年犯罪问题》2011年第2期,第63～66页。

[3] Paez, G. R. "Assessing Predictors of Cyberbullying Perpetration among Adolescents: The Influence of Individual Factors, Attachments, and Prior Victimization". *International Journal of Bullying Prevention*, 2019, pp. 1～11.

[4] Brewer, G., Kerslake, J. "Cyberbullying, Self-esteem, Empathy and Loneliness". *Computers in Human Behavior*, 2015, 48, pp. 255～260.

[5] 蔡荣:《"网络语言暴力"入刑正当性及教义学分析》,载《西南政法大学学报》2018年第2期,第63～72页。

方面进行分类。① 结合传统的语言暴力的内涵区分，网络暴力语言包括辱骂、嘲笑、讥讽、诋毁、威胁、诅咒、歧视等形态，体现暴力语言对受害者造成的伤害与影响。② 结合脏话的分类及语言特点可将网络暴力语言分为：与贬义色彩的动物、妖魔鬼怪有关的，与性和人体私密部位有关的，与废弃物品和排泄物等污物有关的，与外貌、性别、地域、种族等歧视有关的，与身心缺陷有关的，与特定文化"禁忌"有关的，一般性恶意咒骂性脏话以及与其同音、谐音、双关的贬语。③

（三）微博网络暴力研究现状

目前，国内针对微博平台的网络暴力的研究不多，主要是针对微博网络暴力的现状、成因、影响的调查研究。如易旭明等调查了1219名大学生对"微博暴力"的关注、评论、施暴或遭受暴力的情况，发现大学生对"娱乐明星""社会生活""文化艺术领域"的微博网络暴力事件关注度更高，而他们参与微博网络暴力的主要原因是发泄情绪，其中，受害者比施暴者的比例高。④ 为探析微博语言暴力的成因，王玥结合微博语境特点分析微博语言暴力的文本构成与话语实践，发现社会矛盾客观存在而现实话语空间狭窄，网民表达渠道单一，微博运营方受利益驱动所建构的舆论引导规则以及网民身份认同多样化和网民综合素养的欠缺等促成了微博语言暴力的发生。⑤ 而姚宝权探讨了"微博暴力"中蕴藏的风险，包括冗余信息的喧嚣、利益格局变迁导致的制度风险、伦理失范风险等。⑥ 李立田对微博网络暴力的表现、危害、类型和传播特征做了归纳总结，提出微博网络暴力会影响受众认知的

---

① 杨偃成：《关于网络暴力语言界定与分类的探讨》，载《湖南科技学院学报》2016年第3期，第170～173页。

② 吉益民：《网络变异语言现象的认知研究》，南京，南京师范大学出版社2012年版。

③ 世界卫生组织：《世界暴力与卫生报告总结》，唐晓昱译，北京，人民卫生出版社2002年版，第4页。

④ 易旭明，章岸婧，姚燕婷：《理性与喧哗：大学生卷入"微博暴力"现象调查》，载《中国青年研究》2019年第3期，第102～107页。

⑤ 王玥：《基于话语分析的微博语言暴力研究》，南京，南京师范大学硕士学位论文，2017年。

⑥ 姚宝权：《"风险社会"视阈下的"微博暴力"探析》，载《湖南科技学院学报》2013年第7期，第135～138页。

客观性，微博的转发机制会加速非理性情绪蔓延，微博用户的娱乐化心态、从众心理会造成话语责任感的缺失，加剧群体极化。① 另外，杨玉兰对微博公共舆论暴力的表现和危害进行分析，阐明了治理微博公共舆论暴力的必要性和重要性，提出要完善规范网络行为的相关立法，加强网络道德建设。②

（四）网络暴力参与者角色研究

社会角色是在特定情况的社会互动中出现的，并由个人的行为倾向和所在群体中其他人的期望所决定的社会行为模式。张树森等归纳了明确的社会网络角色主要包括影响者角色、意见领袖角色和专家角色，以及煽动者角色，网络不实信息专家角色和水军角色等。③ 而网络暴力事件中典型的行为模式也可以概念化为角色④。

国外研究较多从参与网络暴力事件的角色的角度切入，主要包括对"受害者""施暴者"和"旁观者"三种角色经历的调查，如 Wachs 调查了 517 名五至十年级的德国学生，比较了其参与传统欺凌和网络欺凌的异同，发现许多参与过网络欺凌的学生也曾参与过传统欺凌⑤；Desmet 等从行为改变理论的角度探讨网络欺凌旁观者行为的决定因素⑥；而 Chen 等则对小学生的网络欺凌中的角色在性别和年龄上的差异进行研究⑦，发现无统计学上的显著差异。

---

① 李立田：《微博暴力现象研究》，沈阳，辽宁大学硕士学位论文，2013 年。

② 杨玉兰：《微博时代公共舆论暴力的产生及其治理对策研究》，湘潭，湘潭大学硕士学位论文，2014 年。

③ 张树森，梁循，齐金山：《社会网络角色识别方法综述》，载《计算机学报》2017 年第 3 期，第 649～673 页。

④ Salmivalli, C. "Participant Role Approach to School Bullying: Implications for Interventions". *Journal of Adolescence*, 1999, 22 (4), pp. 453～459.

⑤ Wachs, S. "Moral Disengagement and Emotional and Social Difficulties in Bullying and Cyberbullying: Differences by Participant Role". *Emotional and Behavioural Difficulties*, 2012, 17 (3-4), pp. 347～360.

⑥ DeSmet, A., Veldeman, C., Poels, K., et al. "Determinants of Self-reported Bystander Behavior in Cyberbullying Incidents Aamongst Adolescents". *Cyberpsychology, Behavior, and Social Networking*, 2014, 17 (4), pp. 207～215.

⑦ Chen, L. M., Cheng, Y. Y. "Perceived Severity of Cyberbullying Behaviour: Differences between Genders, Grades and Participant Roles". *Educational Psychology*, 2017, 37 (5), pp. 599-610.

随着学者们的深入研究,将更多的分析维度纳入自动识别网络暴力语言的标准中,结合事件中对话文本的上下文语境识别网络暴力事件的角色,并跟踪了解个人在事件发酵期间是否发生角色变化。Xu 等在传统的欺凌角色的基础上提出了网络暴力事件参与者角色分类体系,包括施暴者、受害者、旁观者、施暴者的助手、受害者的捍卫者、强化者、记者和控诉者[1],而 Semiu Salawu 等在此体系上增加了"煽动者"的角色,并将其作为自动识别网络欺凌行为研究的分类之一[2]。而 Van Hee C. 等则将"威胁/勒索、侮辱、诅咒、诽谤、性谈话、辩护者和鼓励骚扰者"作为网络暴力语言的分类[3],可见其将网络语言暴力的形式、语言内容和参与者的角色作为网络暴力自动检测的观测点,主要将研究范围限制在对受害者具有攻击性的文本内容上。

而国内将参与网络暴力事件的"角色"作为观测点的多维语言特征分析的研究数量有限。陈代波将网络暴力事件参与者分为关键人群和推波助澜人群,前者包括"信息首发者""意见领袖""网络推手"和"人肉搜索者",后者包括"跟帖评论者""网络搬运者""现实侵扰者"和"网络围观者"。[4]

(五) 网络暴力评估和识别研究

识别测量网络暴力的常用传统方法是自我评估,研究多集中于对受害方的调查,使用量表或调查问卷获取调查者的主观体验信息。开发新工具必须基于对现有工具优缺点的充分认识。Berne 等对 61 个衡量不同形式的网络欺凌的工

---

[1] Xu, J. M., Jun, K. S., Zhu, X., et al. "Learning from Bullying traces in Social Media"//Proceedings of the 2012 Conference of the North American Chapter of the Association for Computational Linguistics: Human Language Technologies, 2012, pp. 656～666.

[2] Salawu, S., He, Y., Lumsden, J. "Approaches to Automated Detection of Cyberbullying: A Survey". *IEEE Transactions on Affective Computing*, 1949 (99), p. 1.

[3] Van Hee, C., Lefever, E., Verhoeven, B., et al. "Detection and Fine-Grained Classification of Cyberbullying Events"//International Conference Recent Advances in Natural Language Processing (RANLP). 2015, pp. 672～680.

[4] 陈代波:《从网络暴力事件参与者的不同层次看网络治理》,载《毛泽东邓小平理论研究》2015 年第 4 期,第 24－30、91 页。

具进行了系统评估（包括其有效性和可靠性）[1]。Alana M. Vivolo-Kantor[2]等对1985年至2012年期间发布的有关欺凌和网络欺凌的测量策略进行系统评估和内容分析，从中筛选出41个测量策略进行分析发现，这些测量工具主要针对青少年群体，其平均年龄为10.59～15.73岁，其中有10个量表是关于网络欺凌的。两个研究都指出研究者对网络欺凌的概念及其定义缺乏共识，测量欺凌的方式存在很多不一致之处，这些不一致的范围包括从术语和时间参照表的差异到概念定义和实际行为的测量差异。为了发现和预防网络暴力，学者们致力于寻找更高效、准确的方法对网络暴力进行预测和评估。

国内目前结合计算机科学技术识别网络暴力的研究较少，主要是对网络暴力视频内容的识别研究，而对网络暴力语言的识别研究较少。谷学汇提出用文本、视频以及音频三种模态的信息融合算法构建网络暴力视频识别系统，其中文本分类器用于辅助完成视频的预分类，这种信息融合算法能提高暴力内容的识别精度，改善分类效果。[3] 学者邹星宇、郝帅和周锋均[4][5][6][7]基于多模态融合的方法开展网络暴力视频识别研究。针对汉语文本的网络暴力语言检测，黄瑞基于词典和规则建立了准确率达到90%以上的网络暴力语言检测系统。而国外对网络暴力检测的研究从基于内容、基于情感、基于用户和基于网络四个角度入手。已有不少研究利用机器学习和自然语言处理技术来识别网络暴力交流的文本特征，采用的计算机科学方法主要有监督学习、基于词典、基于规则和复合方法，其中基于监督学习的方法通常使用

---

[1] Berne, S., Frisén, A., Schultze-Krumbholz, A., et al. "Cyberbullying Assessment Instruments: A Systematic Review". *Aggression and Violent Behavior*, 2013, 18 (2): pp. 320～334.

[2] Vivolo-Kantor, A. M., Martell, B. N., Holland, K. M., "A Systematic Review and Content Analysis of Bullying and Cyberbullying Measurement Strategies". *Aggression and Violent Behavior*, 2014, 19 (4): 423～434.

[3] 谷学汇：《基于信息融合算法的暴力视频内容识别》，载《济南大学学报（自然科学版）》2019年第3期，第224～228页。

[4] 邹星宇：《基于多模态融合的暴力视频识别技术研究》，北京，中国民航大学硕士学位论文，2013年。

[5] 郝帅：《基于属性发现的多模态多示例的网络暴力视频检测技术》，北京，中国民航大学硕士学位论文，2014年。

[6] 周锋：《基于CES的网络暴力视频智能分类器的研究》，昆明，云南大学硕士学位论文，2014年。

[7] 黄瑞：《网络暴力语言检测系统的实现》，武汉，华中科技大学硕士学位论文，2016年。

第八章　融合数字公民素养的微博网络暴力分析与启示

SVM 和朴素贝叶斯、神经网络等分类器开发网络暴力检测模型。[1] 不同方法的准确率有一定差异，研究的主要工作集中在特征工程和文本分类上，包括循环神经网络 RNN、全局词频统计 GloVe（Monirah A. Al-Aijan 的研究中检测准确率为 81.6%）[2]、计数向量特征和 TF-IDF 特征工程（Kshitiz Sahay 的研究中检测准确率为 75%）[3]、数据挖掘（Riadi I 的研究中检测准确率为 75%）[4]、卷积神经网络（John Hani 的研究[5]中检测准确率为 92.8%，Vijay Banerjee 的研究[6]中检测准确率为 93.97%）。

机器学习可以帮助检测"霸凌"语言模式，并且可以自动生成模型自动检测网络暴力行为。John Hani 等提出了一种用于检测和预防网络欺凌的监督机器学习方法，使用几个分类来训练和识别网络欺凌行为，"神经网络"对网络欺凌数据集的识别准确率最高。[7] 为防止跨域重复计算，研究表明可以通过构建单独的主题敏感分类器来解决网络欺凌的文本检测问题[8]，对网络上的文本信息进行分类以区分无害信息、网络暴力信息、有害非暴力信息，并对其进行标签。

---

[1] Salawu, S., He, Y., Lumsden, J. "Approaches to Automated Detection of Cyberbullying: A Survey". *IEEE Transactions on Affective Computing*, 2020, 11 (1), pp. 3～24.

[2] Al-Ajlan, M. A., Ykhlef, M. "Optimized Twitter Cyberbullying Detection Based on Deep Learning" //2018 21st Saudi Computer Society National Computer Conference (NCC). IEEE, 2018.

[3] Sahay, K., Khaira, H. S., Kukreja, P., et al. "Detecting Cyber Bullying and Aggression in Social Commentary Using NLP and Machine Learning". *International Journal of Engineering Technology Science and Research*, 2018, 5 (1).

[4] Riadi, I. "Detection of Cyberbullying on Social Media Using Data Mining Techniques". *International Journal of Computer Science and Information Security* (*IJCSIS*), 2017, 15 (3): 244-250.

[5] John H., Mohamed N., et al. "Social Media Cyberbullying Detection Using Machine Learning". *International Journal of Advanced Computer Science and Applications*, 2019, 10 (5): 703-707.

[6] Banerjee, V., Telavane, J., Gaikwad. P., et al. "Detection of Cyberbullying Using Deep Neural Network" //2019 5th International Conference on Advanced Computing & Communication Systems (ICACCS). IEEE, 2019, pp. 604～607.

[7] John H., Mohamed N., et al. "Social Media Cyberbullying Detection Using Machine Learning". *International Journal of Advanced Computer Science and Applications*, 2019.

[8] Dinakar, K., Reichart, R., Lieberman, H. "Modeling the Detection of Textual Cyberbullying" //Fifth International AAAI Conference on Weblogs and Social Media. 2011.

当前，对网络暴力内容识别的研究面临的主要困难是缺乏网络暴力的汉语语料库，缺乏网络暴力发生过程中的对话数据集，以及由于网络语言通常夹杂大量的缩写词、谐音词或是字符表情，还有大量网络暴力语言不包含污言秽语等显性侮辱攻击性词语，因此对数据进行可靠、高信度的评估编码极具挑战性。

第三节　融入数字公民素养的网络暴力分析：以新浪微博为例

一、研究背景与问题

当今社会，信息科学技术改变了许多传统行业结构，丰富了人们认识世界和社交的方式，打开了世界的大门，但也让许多人在网络面具的遮盖下显现出人性幽暗的一面，人们在虚拟环境下对自身行为产生的能量与后果容易感知失衡。尤其是社交媒体使用中的失范行为已经成为世界各国重点关注的全球性社会问题之一，特别是针对青少年的网络暴力、网络欺凌、社交媒体成瘾、交友诈骗等。从教育心理学的角度看网民特征，数字公民素养缺失是网络暴力产生的关键因素。本研究以新浪用户的动态与评论为例，从公民数字参与过程的情绪表现和语言表达方式的角度切入，在数字公民素养框架下通过对网络暴力评论文本的细粒度分析以挖掘网络暴力事件中的网民的角色结构和行为表现，探析网络暴力中角色相关性和行为相关性，探索网络暴力角色认同与数字公民身份认同的关系，以期从数字公民素养的角度开启网络暴力研究的序幕，为网络暴力的精准干预作铺垫。具体来说，本研究包括以下研究问题。

(1) 从网民的数字公民素养表现来看，微博网络暴力事件中网民的角色与行为分别有哪些？

(2) 网络暴力事件中网民的角色和行为有什么关系？

(3) 网络暴力角色与行为分析对数字公民素养的提升有何启示？

本研究具有如下重要意义和价值。

理论上，本研究基于数字公民素养、网络暴力的前期理论探索，利用内容分析和数据挖掘等方法，从社会角色和数字群体关系的角度对网民参与网络暴力的社交数据进行角色与行为的细粒度分析，获取网民在网络暴力事件中所呈现出的数字公民素养表现,为构建数字公民素养的可量化的评测指标体系和数字公民素养教育理论体系以及开发数字公民素养教育课程的教学需求分析提供参考,丰富数字公民素养现状研究和网络暴力研究的方法和内容。

实践上,本研究生成的网络暴力语言分类模型可运用于网络舆情管理,对网络暴力事件进行预警并监控网民的暴力语言情感时序变化。为实现数据驱动的数字公民素养评测作铺垫,进而规范数字行为,引导网民在数字世界里安全合法、负责任且合乎道德地使用信息技术,成为合格的数字公民,远离网络暴力,从而净化网络社交空间,促进公民道德建设和网络精神文明建设,有助于社会稳定、和谐。

二、研究思路

本研究按照"提出问题—分析问题—解决问题"的思路展开研究,研究技术路线具体为"准备阶段—研究设计—研究实施—总结",如图8-2所示。具体来说,首先进行相关文献综述,在此基础上对网络暴力的角色和网络暴力的行为分类,并融入数字公民素养的编码分析维度与内涵,构建微博网络暴力内容分析编码体系。然后,利用数据爬虫技术在微博中进行案例采集与预处理,将获得的数据展现出来,进行编码规则的确定。接着,组织编码员对少量样本数据进行编码与信度检验,通过后再对全部样本数据进行内容编码。编码完成后即进入统计分析阶段,包括各案例描述性分析、各案例角色相关性分析、各案例行为相关性分析、角色—行为总体分析,以及角色—行为聚类分析。针对这些统计分析结果,结合数字公民素养的要求,对微博网络暴力进行解读,提出强化数字公民教育的若干干预措施,并给出建议与启示。

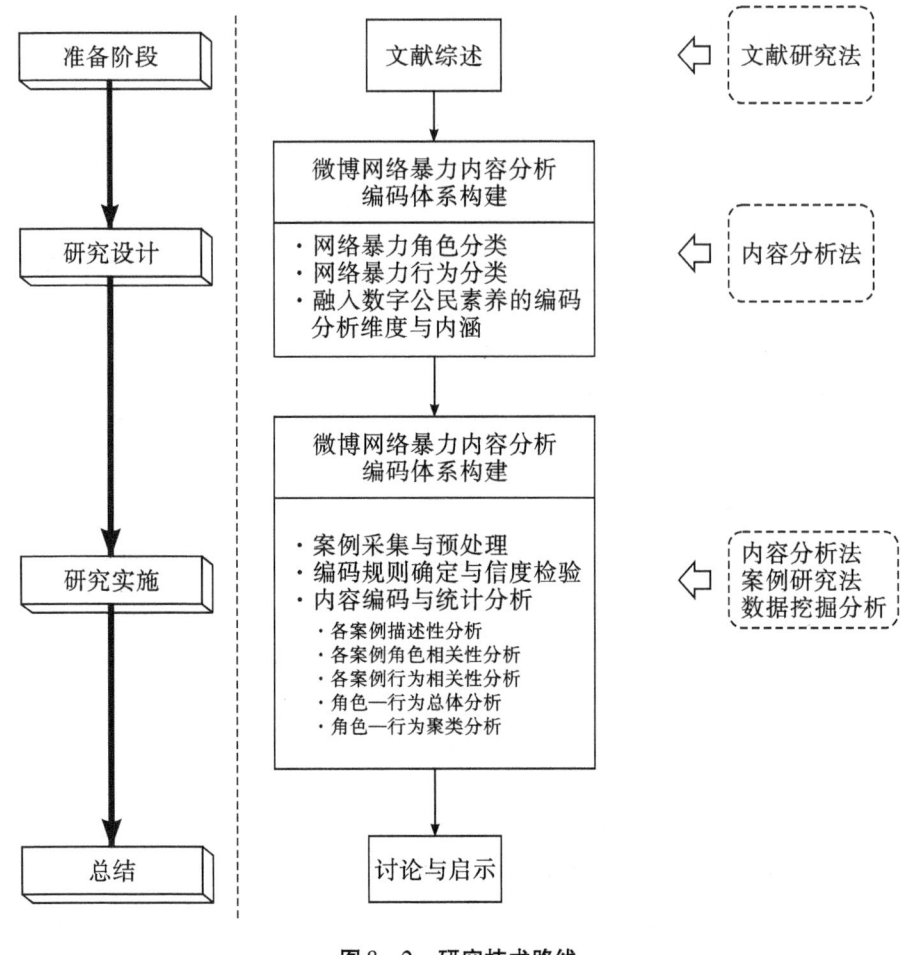

图 8-2 研究技术路线

三、编码体系的构建

本研究在结合文献调研和对网络暴力事件的微博评论的初步调研的基础上，为探究网络暴力事件中角色的组成结构、不同角色的行为特征，以及数字公民身份认同如何影响网络暴力角色的认知和行为，选取了参与网络暴力事件的网民的角色和行为两个维度来构建网络暴力语言编码体系。

（一）网络暴力角色与行为的分类

本研究将国外两个面对面欺凌环境下的角色分类和四个网络欺凌环境下的角色分类进行了整理分析和对比，并对每种角色出现的频次进行了统计，从中归纳网络暴力角色分类，如表8-1所示。再针对网络欺凌环境下的行为研究进行梳理，结合本研究的研究目的，选取了学者吉益民[1]、杨偃成[2]和 Van Hee C. 总结的网络暴力行为分类，进行整理分析和对比，如表8-2所示。

由表8-1可知，已有研究表明，面对面欺凌环境中的角色包括施暴者（主动采取作恶行动的加害者）、受害者（被反复骚扰的目标）、施暴助手（鼓励欺凌的人）、欺凌强化者（加强欺凌行为的人）、捍卫者（安慰受害者、试图制止欺凌行为的人）和旁观者（与欺凌的局势保持距离旁观的人）[3]，而这些角色概念框架可迁移到网络欺凌环境中。

表8-1 国外面对面欺凌和网络欺凌中角色分类体系对比

	研究学者	施暴者	受害者	旁观者	捍卫者	欺凌强化者	记者	控诉者	施暴助手	煽动者
面对面欺凌环境	Kaukiainen（1996）	√	√	√	√	√				
	Salmivalli（1999）	√	√	√	√	√			√	
	小计	2	2	2	2	2	0	0	1	0

---

[1] 吉益民：《网络变异语言现象的认知研究》，南京，南京师范大学出版社2012年版。

[2] 杨偃成：《关于网络暴力语言界定与分类的探讨》，载《湖南科技学院学报》2016年第3期，第170～173页。

[3] Salmivalli, C. "Participant Role Approach to School Bullying: Implications for Interventions". *Journal of Adolescence*, 1999, 22 (4), pp. 453～459.

续表

研究学者		施暴者	受害者	旁观者	捍卫者	欺凌强化者	记者	控诉者	施暴助手	煽动者
网络欺凌环境	Xu等人(2012)	√	√	√	√	√	√	√	√	
	Van等人①(2020)	√	√		√				√	
	Rathnayake等人②(2020)	√	√	√	√	√				
	Semiu Salawu(2020)	√	√	√	√	√	√	√	√	√
	小计	4	4	3	4	3	2	2	3	1
	合计	6	6	5	6	5	2	2	4	1

表8-2　国内外网络暴力行为分类对比

研究学者	侮辱	嘲笑	讥讽	诋毁	威胁	诅咒	歧视	性谈话	辩护	煽动
杨偎成(2016)	√	√	√	√	√					
吉益民(2012)	√	√		√		√	√			
Van(2015)	√	√	√	√	√	√	√	√	√	√
合计	3	3	2	3	2	2	2	1	1	1

从表8-1和表8-2归纳可知,学者们在具体的分类指标上具有较高的共识。因此,可根据这些指标出现的频次确定其重要程度,具体分为3类:核心指标(频次在3次及以上)、重要指标(频数为2次)、边缘指标(频数仅有1次)。由此归纳,网络暴力角色中的核心指标是"施暴者""受害者""旁观者""捍卫者""欺凌强化者"和"施暴助手",重要指标是"记者"和"控诉者",边缘指标是"煽动者";网络暴力行为的核心指标是

---

① Jacobs, G., Van Hee, C., Véronique Hoste. "Automatic Classification of Participant Roles in Cyberbullying: Can We Detect Victims, Bullies, and Bystanders in Social Media Text?". *Natural Language Engineering*, 2020.

② Rathnayake, G., Atapattu, T., Herath, M., et al. "Enhancing the Identification of Cyberbullying through Participant Roles" //Proceedings of the Fourth Workshop on Online Abuse and Harms. 2020.

"侮辱""嘲笑"和"诋毁",重要指标是"讥讽""诅咒""威胁"和"歧视",边缘指标是"性谈话""辩护"和"煽动"。

本研究借鉴了已有研究中基于网络互动文本内容提出的网络欺凌参与者角色分类体系与网络暴力行为分类体系,抽取评论样本进行质性研究,并进行开放性编码,对参与网络暴力事件的角色与行为进行分析与归纳,并结合对中英文语境的对比,将已有研究中提到的暴力"欺凌强化者"和"施暴助手"都归为"煽动者",将"捍卫者"拆分为"辩护者"和"调和者",两者的区别在于"辩护者"是提出事实和理由、为其中一方辩护以试图制止网络欺凌的角色,而"调和者"是试图调和网民情绪以缓解群体冲突但不为任何一方辩护的角色,并添加了关注并督促事件得到解决的"监督者"角色,从而构建了本研究的网络暴力角色分类:受害者、施暴者、旁观者、煽动者、辩护者、控诉者、调和者、监督者和记者。

(二) 影响网络暴力角色认同的关键数字公民素养分析

本研究在综合分析数字公民素养的内涵、公民意识的内涵[1]、网络道德失范类型[2]和言论失范特征[3]及网络伦理学[4]后,将数字公民意识、数字社交情商、数字公民身份认同与管理列为影响网络暴力角色认同与选择的关键数字公民素养。其中,数字公民意识包括数字参与意识、数字监督意识、数字责任意识、数字法律意识;数字社交情商包括理性客观和恰当共情的能力;数字公民身份认同与管理包括数字自我认同与数字社会认同,公民身份认同的内容包括权责认同、文化与政治认同、世界主义与公共精神的认同。[5] 笔者认为,数字公民身份认同与管理的素养体现在网络社交过程中对文化多样性、人的多样性、他人自由权、个人隐私、知识产权以及他人时间的尊重。

---

[1] 胡弘弘:《论公民意识的内涵》,载《江汉学术》2005 年第 1 期,第 71 ~75 页。

[2] 彭小兰,李萍:《网络道德失范的类型、特质及其应对路径》,载《深圳大学学报(人文社会科学版)》2012 年第 5 期,第 65 ~70 页。

[3] 许玉镇,肖成俊:《网络言论失范及其多中心治理》,载《当代法学》2016 年第 3 期,第 52 ~59 页。

[4] 史云峰:《网络伦理学初探》,载《郑州大学学报(哲学社会科学版)》2002 年第 2 期,第 63 ~66 页。

[5] 冯建军:《公民身份认同与公民教育》,载《中国人民大学教育学刊》2012 年第 1 期,第 5 ~20 页。

而合法、合乎道德的数字公民在公共社交网络互动中应具备的关键数字公民素养的具体表现见表8-3。

表8-3 影响网络暴力角色认同的关键数字公民素养

一级指标	二级指标	定义描述
数字公民意识	数字参与意识	(1) 利用新媒体理性参与政治、经济、社会、文化等公共事务的讨论及线上活动；(2) 主动分享知识，建设网络社区文化
	数字监督意识	关注并维护社会成员的自由与权利，通过舆论监督行使监督权
	数字责任意识	(1) 在线关注社会公平、公正、民主和法治；(2) 讨论到有关国家政治和社会利益的问题时，能自觉维护国家尊严和公共利益
	数字法律意识	能意识到自己的网络言行受法律规则约束，不超越言论自由的限度，不发表和传播法律禁止的损害国家、社会、集体利益和其他公民合法权利的有害信息
数字公民身份认同与管理	尊重文化多样性	(1) 尊重网络空间中不同的文化活动、文化方式、文化产品、文化观念；(2) 认识到不同的网络社区（聊天群、论坛、贴吧、兴趣小组等）有不同的社区文化与规定，进入社区应尊重其文化并遵守规定
	尊重人的多样性	尊重自我和他人的尊严，不因外貌、穿着、职业、爱好、文化背景、民族、宗教、地域等特征而自我贬低或歧视他人，平等、文明、礼貌地交流
	尊重他人自由权	尊重他人通过网络媒体行使自由权，包括言论自由、出版自由、宗教信仰自由、科学研究自由、文化艺术创作和其他文化活动自由等
	尊重个人隐私	不在公共媒体上过度分享私人生活，未经同意不泄露他人的个人信息，包括符合道德规范和正当的而又不能或不愿示人的身体特征、身份、名誉、肖像、行为经历和个人收入等隐私

续表

一级指标	二级指标	定义描述
数字公民身份认同与管理	尊重知识产权	权利人明确声明未经同意不得使用（转载、复制）的，须事先征得权利人的同意；权利人未明确声明的情况下可以不用征求权利人的同意，也不必向其支付报酬，但在使用时必须注明作品的出处和作者；未经许可不任意改编、篡改他人作品以谋取利益
	尊重他人时间	根据人际关系选择合乎情理的时间建立线上联系，不干扰他人工作和休息
数字社交情商	理性客观	（1）尊重客观事实，冷静分析网络信息真实性，保持独立思考，不盲从群体观点，不断章取义，不做过于主观、情绪化、偏激的评价；（2）发表涉及当事人利益的言论要有理有据、合情合法；（3）面对自己不认可不赞同的观念或观点，心平气和地参与探讨，以理服人，不将自己的观点强加给他人，不使用侮辱性、歧视性和攻击性语言挑衅、伤害他人
	恰当共情	（1）在网络社交互动中能设身处地看待、理解他人的感受与处境，能够对他人的观点和情感进行回应；（2）能恰当表达并调节自己的关注意识、同情心及情感需求，保持情绪边界，有意识地防止自己卷入他人的情绪状态，且不将私人情绪宣泄到他人身上

另外，已有研究表明网民的互联网自我效能感与数字公民素养水平呈正相关[1]，在对个体使用互联网过程中的自我效能感的相关研究中，学者们使

---

[1] Choi, M., Glassman, M., Cristol, D. "What It Means to Be a Citizen in the Internet Age: Development of a Reliable and Valid Digital Citizenship Scale". *Computers & Education*, 2017, 107 (APR.), pp. 100～112.

用的术语包括"计算机和互联网自我效能感"①、"ICT 自我效能感"②、"数字媒体自我效能感"③ 等,这些概念根植于 Bandura 提出的"自我效能感"(self-efficacy)④,即指个体对自身完成某个行为从而有效应对所面临的挑战或达成目标的自信程度。本研究将影响数字公民素养表现的自我效能感定义为"数字自我效能感",即数字公民对自身在所处网络环境下利用数字技术知识和技能完成某个数字行为从而达成目标的自信程度。数字自我效能感涉及数字公民对所处网络环境的感受、对所属数字群体的自我定位、对数字技术知识和技能水平的自我评估情况等。

本研究认为,由于网民的关键数字公民素养及数字自我效能感的差异影响了网络暴力角色认同,网民在网络暴力事件的社交互动中表现出不同的行为。本研究对不同角色的数字公民意识、数字共情能力和数字自我效能感进行初步分析,并借鉴已有的国内外网络暴力行为分类(见表 8-2)的指标进行行为推测,归纳如表 8-4 所示。

---

① Torkzadeh, G., Chang, C. J., "Demirhan, D. A Contingency Model of Computer and Internet Self-efficacy". *Information & Management*, 2006, 43 (4), pp. 541~550.

② Hatlevik O. E., Bjarϕv. "Examining the Relationship between Resilience to Digital Distractions, ICT Self-efficacy, Motivation, Approaches to Studying, and Time Spent on Individual Studies". *Teaching and Teacher Education*, 2021, 102 (2), p. 103326; Chen, X., Hu, J. "Antecedents of Adolescent Students' ICT Self-Efficacy: The ICT Dataset". *Data in Brief*, 2020, 33, p. 106437; Mlambo, S., Rambe, P., Schlebusch, L. "Effects of Gauteng Province's Educators' ICT Self-efficacy on their Pedagogical Use of ICTS in Classrooms". *Heliyon*, 2020, 6 (4).

③ Hammer, M., Scheiter, K., Stürmer, K. "New Technology, New Role of Parents: How Parents' Beliefs and Behavior Affect Students' Digital Media Self-efficacy". *Computers in Human Behavior*, 2021, 116, p. 106642.

④ Bandura, A. "Self-efficacy: Toward a Unifying Theory of Behavioral Change". *Advances in Behaviour Research & Therapy*, 1977, 1 (4), pp. 139~161; Locke, E. A. Self-Eflicacy: The Exercise of Control. personnel Psychology, 1997, 50 (3), p. 801.

表 8-4 不同角色的关键数字公民素养表现分析和行为推测

角色	发言量	数字参与意识	数字责任意识	数字法律意识	数字监督意识	数字共情能力	数字自我效能感	可能行为
受害者	多	强	—	—	—	—	强	宣泄、引流、讥讽
	少	弱	—	—	—	—	弱	
施暴者	多	强	强	弱	强	弱	强	讥讽、歧视、诅咒、诋毁、
	少	强	弱	弱	弱	弱	弱	侮辱、威胁、宣泄、引流
旁观者	少	弱	弱	弱	弱	弱	弱	引流
煽动者	多	强	弱	弱	强	弱	强	讥讽、激化、引流
辩护者	多	强	强	—	强	适中	强	辩护、引流
控诉者	多	强	强		强	强	强	宣泄、激化
调和者	多	强	强		强	强	强	安慰、调解、引流
	少	强	弱	—	弱	强	弱	
监督者	适中	强	强	强	强	适中	强	引流
记者	多	强	强		强	适中	强	引流

本研究对表 8-4 中出现的行为进行归纳，构建本研究的网络暴力行为分类，包括：讥讽、歧视、诅咒、诋毁、侮辱、威胁、激化、宣泄、辩护、引流、安慰、调和。

（三）编码体系的分析维度与具体内涵

前文中，本研究已归纳总结出网络暴力角色分类和网络行为分类，再结合相关文献对相关角色与行为的描述和词典中对相关术语的解析，对网民微博评论进行分析，对其具体内涵的归纳见表 8-5。

表8-5 网络暴力角色与行为的内涵

一级指标	二级指标	定义描述
网络暴力角色	受害者	受网络暴力影响，身心/权益/财产等方面遭受实质性损害的人或群体。其在社交平台发言多时，数字参与意识、数字法律意识、数字责任意识强，数字自我效能感高，自我表露程度高，对个体合理性的捍卫程度高，需要获取社会认同；其在社交平台发言少或不发言时，无助感和受挫感更强，数字自我效能感相对较低
	施暴者	对该事件涉及的人物或机构发表带有攻击性、侮辱性、歧视性语言的人或群体。数字参与意识和数字自我效能感强，数字法律意识弱，缺乏数字同理心，数字共情能力低，未能在数字社交互动中尊重差异性。其在社交平台发言多时，数字责任意识和数字监督意识强，发言少则弱
	旁观者	对该事件表示关注，但无明确观点的人。数字参与意识和数字责任意识薄弱，数字同理心、共情能力、数字自我效能感低，因而自我表露程度低
	煽动者	对该事件发表过于主观或情绪化或偏激的言论，煽动负面情绪，激化矛盾的人。数字参与意识和数字监督意识强，数字责任意识、数字法律意识和数字同理心弱，情绪边界低，数字共情能力偏高
	辩护者	针对事件涉及的指控或矛盾，提出事实、理由来为事件中的某个人或某个群体申辩的人。数字参与意识强，数字共情能力和数字同理心适中，数字自我效能感强
	控诉者	向公众陈述自己或他人类似的受害经历或事实，呼吁对加害者或做出此类加害行为的人进行舆论或法律制裁的人。自我表露程度高，数字参与意识和数字责任意识强，数字同理心和共情能力强，数字自我效能感强
	调和者	呼吁网民冷静、理智、客观地分析问题，以缓解事件涉及的群体冲突，试图使网民的情绪趋于稳定的人。数字参与意识、数字同理心、数字共情能力强。其在社交平台发言多时，数字责任意识、数字监督意识和数字自我效能感强，发言少时则弱
	监督者	对事件的某一环节或处理过程进行持续关注，督促事情得到妥善解决的人。数字参与意识、数字责任意识、数字法律意识和数字监督意识强，数字同理心和数字共情能力适中，数字自我效能感强
	记者	数字参与意识、数字责任意识、数字监督意识和数字自我效能感强，而数字法律意识视其传播内容真伪情况而定，数字同理心和数字共情能力适中

续表

一级指标	二级指标	定义描述
网络暴力行为	讥讽	语气轻蔑，用尖酸刻薄的话挖苦、嘲笑或责备他人的言行
	歧视	针对某个人的缺陷、缺点、能力、出身（地域、职业、性别、种族）进行丑化、中伤，其语言带有偏见
	诅咒	咒骂他人将遭遇灾祸，如死亡、生病、失业、失恋、坠楼、车祸
	诋毁	编造或扭曲事实，破坏他人名誉
	侮辱	侮弄羞辱别人，使对方人格或名誉受到损害，通常使用下流无耻的语言
	威胁	暗示自己可能会使用权势或武力给对方造成权益损失，威逼胁迫他人服从自己或认可自己的观点
	安慰	对他人表示同情或鼓励，试图安抚对方情绪
	调解	缓解冲突和矛盾，调和对立的观点和负面情绪
	辩护	维护一方的利益，诱导评价和舆情走向
	宣泄	把因心理创伤和不幸遭遇所感受到的情绪发泄出来
	激化	使矛盾、冲突、情绪向激烈尖锐的方向发展
	引流	引导社会关注和重视自我、该事件或相关事件

四、研究工具

（一）数据收集工具

本研究的研究对象为网络暴力事件中的评论文本数据，为了获取并生成规整的研究数据，使用网页采集软件"八爪鱼"采集器进行数据收集，使用该采集器提供的"微博—博文评论"采集模板，对选定的事件参与者的关键微博博文的评论信息进行采集，采集关键词包括微博的"发帖子人""博文发布时间""博文内容""转发数""评论数""点赞数""博文图片""博文视频""评论者""评论内容""评论时间""评论点赞""二级评论者""二级评论"。

（二）内容分析工具

本研究使用内容分析法进行案例研究，为了提高内容分析的效率，使用在线文本大数据发掘与分析平台 DiVoMiner® 完成内容分析的工作，包括研究数据的科学抽样、编码员间信度测试、内容编码的质量监控以及数据的统计分析等。

五、研究案例样

（一）案例选择依据

为分析微博网络暴力中不同角色和行为的特征，本研究在选择网络暴力事件评论初步调研的案例时所参照的依据如下。

（1）事件影响持久且范围广：该网络暴力事件的相关微博话题热度已达到微博热搜榜单前十，事件相关话题的平均讨论量超过1万且平均阅读量超过1亿，并引发媒体热议，舆论持续时间超过半个月。

（2）事件评论具有时效性：由于网络文化日新月异，社交热词、新"梗"更新速度较快，且微博评论常因微博博主的删除操作或查阅时限设置而无法获取，为保证能收集到案例相关的较全面且具有代表性的微博评论数据，将网络暴力事件发生时间限定在两年内。

（3）受害者和施暴者都在微博中发表言论的事件，且对微博评论初步分析能判断出存在多种角色的事件。

（4）兼顾网络暴力受害者的社会身份影响力差异性，将网络暴力受害者是公众人物和普通网民的事件都纳入选择范围内。

（二）具体案例

根据以上的案例选择依据，本研究选取了2019年10月至2020年12月期间三个不同舆论话题的网络暴力事件为研究案例，分别是"热×扎被网暴及反网暴"事件（以下简称"热×扎"事件）、"柯×粉丝网暴素人"事件（以下简称"柯×"事件）和"罗×军被指'强奸'"事件（以下简称"罗×军"事件）。"热×扎"事件的舆论内容涉及对精神疾病、个体穿衣自由、

第八章　融合数字公民素养的微博网络暴力分析与启示

明星行业竞争等话题的讨论，事件"受害者"热×扎属于公众人物，"施暴者"属于网络素人；"柯×"事件的舆论内容主要围绕性别对立、女权主义等话题展开，事件"受害者"属于网络素人，而事件相关人物柯×属于公众人物；"罗×军"事件的舆论围绕男女情感纠纷的问题展开，事件相关人物均属于网络"素人"。这三个网络暴力事件的"受害者""施暴者"及其他角色均在微博平台与公众直接对话，以这三个案例数据作为研究对象与本研究目的较为契合。所选取的三个案例的影响力主要体现在相关新浪微博话题的用户讨论量与阅读量（见表8-6），以及关键人物在2019年10月至2020年12月期间关键词在百度搜索中的热度趋势（见图8-3）。

表8-6　案例相关新浪微博话题热度与影响力

序号	案例名称	相关微博话题	讨论量	阅读量
1	热×扎被网暴及反网暴	#热×扎谈抑郁#	3.7万	2.1亿
		#热×扎转发恶评#	3.7万	4.4亿
		#热×扎重度抑郁症#	6万	6亿
		#热×扎回应网友道歉#	1.1万	1.9亿
		#热×扎穿衣自由#	2.4万	1.2亿
		#热×扎否认拉踩佟×娅#	4.9万	5亿
2	柯×粉丝网暴素人	#柯×回应歧视女性#	7146	1.2亿
		#柯×粉丝网络暴力素人#	2.3万	2026.2万
3	罗×军被指"强奸"	#罗×军#	29.6万	13.5亿
		#法院受理罗×军与梁×纠纷案#	3.7万	1.4亿
		#罗×军称梁×愿意公开道歉#	1.2万	2.8亿
		#罗×军回应争议#	15.4万	367.9万
		#罗×军的自白与呼吁#	1138	6076.1万

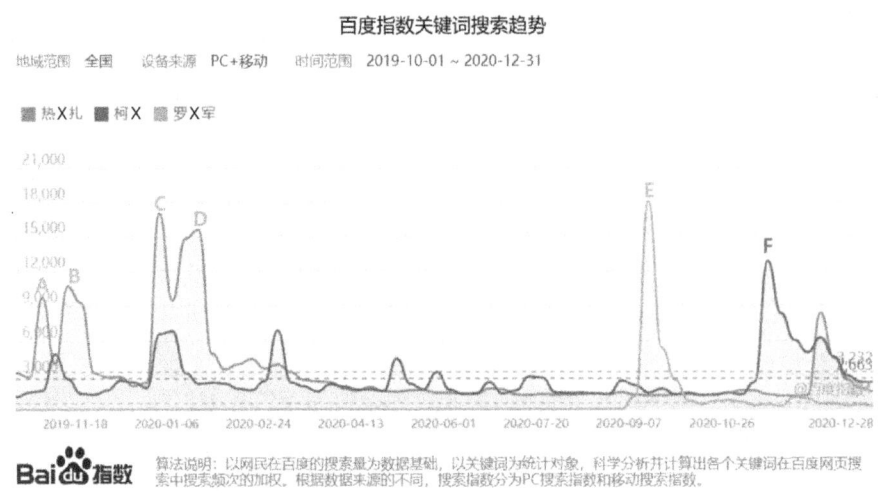

图 8-3 案例关键人物在百度中的搜索热度趋势

案例梗概及案例关键人物搜索热度趋势解析如下。

(1) 案例一"热×扎"事件：2019 年 11 月，中国演员"热×扎"因某些营销号造谣而遭受网络暴力，网友针对热×扎的日常生活饮食、穿衣习惯及抑郁症病史等进行辱骂和诅咒；热×扎转发了部分微博网络暴力恶评及部分对该事件提出看法的微博动态，公开与网暴者对峙并表示将以法律手段应对网络暴力，这引发了热×扎的粉丝对被热×扎转发动态的博主新一轮的网络暴力。本案例中的关键人物热×扎作为中国演员，其新浪微博粉丝数量高达 544 万，社会影响力较大。2019 年 10 月 14 日至 10 月 20 日，某微博用户在新浪微博平台发布"热×扎利用抑郁症炒作"等内容，演员热×扎工作室称其为不实言论，要求其道歉并发出律师函，热×扎表示将追究其法律责任进行诉讼，其间"热×扎"的百度搜索量达到 9725（图 8-3 中的峰值点 A）。2019 年 10 月 28 日至 11 月 3 日，热×扎面对网络暴力，在新浪微博平台转发恶评进行维权的行为引起媒体与网民热议，"如何在使用法律与恶对抗时坚守道义上的文明底线从而保持维权正当性"引起媒体热议，其间"热×扎"的百度搜索量达到 10691（图 8-3 中的峰值点 B）。随着网络暴力事件的发酵，2019 年 12 月 16 日至 12 月 22 日，"热×扎"的百度搜索量达到 16983（图 8-3 中的峰值点 C），2020 年 1 月 6 日至 1 月 12 日，"热×扎"的百度搜索量达到 15592（图 8-3 中的峰值点 D）。

(2) 案例二"柯×"事件：中国职业棋手柯×在微博上针对#奚×瑶生子#的发言引发网友争议，一些网友质疑其歧视女性，而网友"@夏×小梦

第八章 融合数字公民素养的微博网络暴力分析与启示

呓"于2019年12月27日在中国职业棋手柯×"@棋士柯×"的某条微博下发表评论"你已经不是第一次针对女性了,有才无德说的就是你吧",柯×回复该网友"我哪里针对女性了?"自此引发性别对立的口舌之争,而该网友遭受网络暴力数月之久。与案例相关的关键人物柯×数次获得围棋世界冠军,其在新浪微博的粉丝数量高达539万,其社会影响力较大,其围棋比赛战绩、对娱乐事件的评价及对女权运动的言论备受网民关注,在2019年10月1日至2020年12月31日期间,其言论频繁引发舆论,"柯×"的百度搜索量最高达到12853(图8-3中的峰值点F),与柯×相关的话题屡次登上新浪微博热搜榜单。

(3)案例三"罗×军"事件:2020年8月,女子梁×在微博控诉自己遭男子罗×军"强奸",为此罗×军背上了"强奸犯"的骂名。9月4日罗×军"@L倔强青×10431"在微博发布长文《罗×军的自白与呼吁》以公布事实经过与相关证据。9月5日,女方委托律师发布声明称罗×军未曾强奸,同时向罗×军和公众道歉。事件反转后,许多网友向罗×军道歉,但该事件使罗×军的声誉受损已不可逆,并且其仍遭受网络暴力的伤害。案例相关的人物罗×军和梁×虽属于网络"素人",但该事件讨论热度较高,2020年8月31日至9月6日期间,"罗×军"的百度搜索量达到18045(图8-3中的峰值点E);事件的进展与事件受害者的维权过程备受网民关注,与该案例相关的微博话题屡次登上新浪微博热搜榜单。

(三)案例样本抽取

针对案例一"热×扎"事件,本研究以2019年10月1日至2020年10月1日期间,引发热议的新浪微博话题#热×扎谈抑郁#、#热×扎转发恶评#、#热×扎重度抑郁症#、#热×扎怼网友#、#热×扎转发恶评引争议#的几个主要微博动态与评论作为数据来源,包括事件当事人热×扎发布的与该事件相关的微博中评论量超过4000条的6条微博,"施暴者"之一微博用户"@喵喵×是大王"发布的评论量超过50条的2条微博,揭露"施暴者"虚伪面目的微博用户"@熊×默"的1条微博,并以"八×鱼"采集器爬取选定微博的所有微博权限下能爬取到的一级评论和二级评论作为样本整体,共计6315条评论。事件中少量公开对峙的网暴者已将网暴微博动态删除,或已更改微博ID,但其实施语言暴力过程中仍有不少网络记录,不影响研究的有效性。

针对案例二"柯×"事件,本研究以2019年12月27日至2020年10月1日期间,引发热议的新浪微博话题#柯×粉丝网络暴力素人#、#柯×回应歧视女性#的几个主要微博动态与评论作为数据来源,包括该事件中网络暴力"受害者""@夏×小梦呓"的6条评论量超过300的微博,揭露网络暴力行径的"记者""@男×笑话日报社"的2条微博和引发关于"柯×歧视女性"争论的"@比×斯特猪猪"的1条微博,并以"八×鱼"采集器爬取选定微博的所有微博权限下能爬取到的一级评论和二级评论作为样本整体,共计3616条评论。其中,事件中关键人物"@棋士柯×"引发网友争议的部分微博动态已显示无查看权限,但这些微博和评论仍有不少网络记录,不影响研究的有效性。

针对案例三"罗×军"事件,本研究以2020年8月25日至2020年10月1日期间,引发热议的新浪微博话题#罗×军#、#罗×军称梁×方想要和解#、#罗×军称梁×方愿意公开道歉#的几个主要微博动态与评论作为数据来源,即网暴事件受害者罗×军"@L倔×青铜10431"的评论数超过3万的1条微博,该事件参与者中的"记者""@头×新闻"对"女生自曝被渣男#罗×军#强奸"的事件爆发的2条微博报道和"记者""@凤×网"对"#罗×军称梁×方想要和解#"事件反转的1条微博报道,并以"八爪鱼"采集器爬取选定微博的所有微博权限下能爬取到的一级评论和二级评论作为样本整体,共计4870条评论。该事件中自称被强奸的当事人梁×的微博动态已被该当事人删除,但这些已删除的微博或评论仍有不少网络记录,不影响研究的有效性。

采集器爬取微博评论数据后能实现机器自动识别去重,导出数据后再进行人工筛查剔除无效评论,得到案例数据样本,其中每个案例中评论爬取数据量较小的采取全部抽取,以抽样总数占所爬取数据总量的六分之五的规则进行抽样,案例数据统计见表8-7。

表8-7 案例数据统计

案例名称	事件相关微博博主	爬取微博(条)	爬取评论(条)	总计(条)	抽样(条)	抽样总计(条)
"热×扎"事件	@热×扎	6	5910	6315	4657	5062
	@喵×咪是大王	2	265		265	
	@熊×默	1	140		140	
"柯×"事件	@夏×小梦呓	6	2988	3616	2386	3013
	@男×笑话日报社	2	355		355	
	@比×斯特猪猪	1	272		272	
"罗×军"事件	@头×新闻	2	2525	4870	1790	4058
	@L倔×青铜10431	1	977		900	
	@凤×网	1	1368		1368	

六、分析单元与编码规则

(一) 分析单元

本研究以每条微博评论作为分析单元,内容分析以微博评论条数为单位。为了结合上下文理解评论并对评论者的角色和行为进行定位,DiVoMiner® 的编码页面样式会显示博文内容、发帖子人、博文发布时间、一级评论和二级评论内容以及评论者。编码员对每一条数据进行编码时的分析单元归类标准是:当只有一级评论时,对一级评论进行编码;当一级评论和二级评论同时出现时,对二级评论进行编码。

(二) 编码规则

根据前面论述的网络暴力角色与行为内涵表(见表8-5)对网络暴力事件的微博评论进行内容分析,即从网络暴力角色和网络暴力行为两个维度进行分析。编码规则:①网络暴力角色。编码时将"受害者"角色限定为该事件中的明确的受害者;"施暴者"语句中通常含有贬义色彩的动物或妖魔鬼怪,或涉及人体器官、性行为和性关系的字眼,或与外貌、性别、地域、种族、职业等歧视有关的,或与废弃物品和排泄物等污物有关的,或与生死疾病的诅咒相关的,以及各种怼人不带脏话的"文明"网暴语言以及"祖安语录"[①] 等;"旁观者"与其他角色互斥,评论态度既不中立,也不站队,属于无立场的角色;不论为哪一方辩护都属于"辩护者",其与"煽动者"的角色差异在于表达过程不掺杂情绪渲染;试图缓和一方或双方情绪的角色都属于"调和者",例如使用简单的语句"支持你""加油"等。②网络暴力行为。编码员根据评论的文字、表情所传达的内容含义与情绪界定行为。

另外,本研究综合已有研究和微博评论文本初步分析,并借鉴了周含芳提出的"网络欺负旁观者的行为反应综合模型"[②],构建了数字公民素养视角下网络暴力角色分析模型,如图8-4所示。

[①] 网络新语,见 https://m.thepaper.cn/baijiahao_8313848.
[②] 周含芳,刘志军,方晓义:《近十年网络欺负旁观者的研究概述》,载《少年儿童研究》2019年第11期,第46～56页。

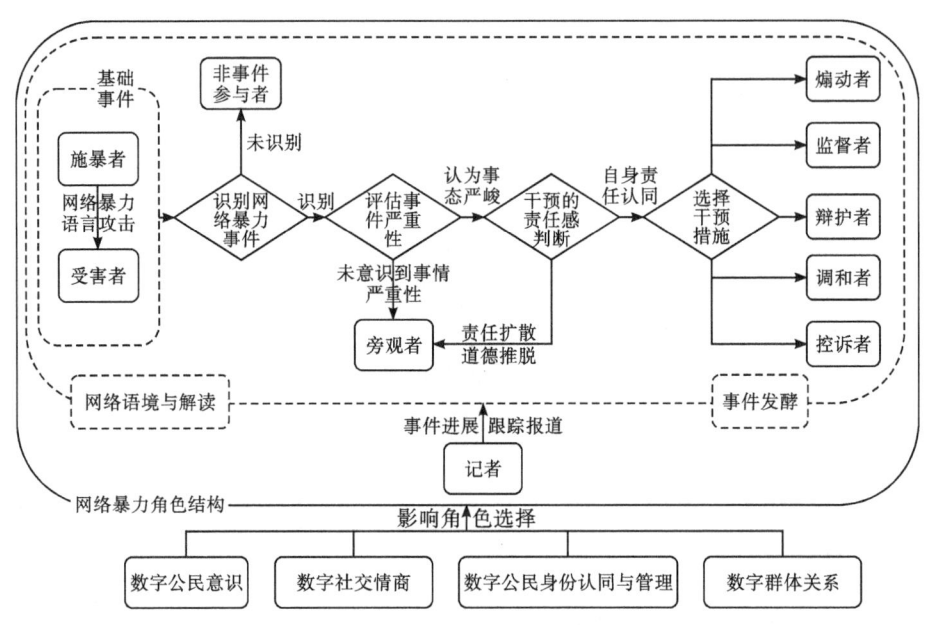

图 8-4 数字公民素养视角下网络暴力角色分析模型

该模型分析了网络暴力事件中认知影响角色认同从而决定角色行为的过程，当规模化、持续性、群体性的网络语言暴力事件进入公共视野时，该事件中包含了"施暴者"和"受害者"的角色群体，在网民不同的立场与认知判断下，"施暴者"和"受害者"角色存在同一个体具有不同角度判断的情况；当网民在使用社交网络过程中未能识别出该基础事件引起的舆论属于网络暴力事件，发表与事件不相关的言论时，该网民为"非事件参与者"，否则为"事件参与者"；而"旁观者"的角色形成主要有两种情况，一是未意识到事件的严重性；二是认为事态严峻，但在进行"是否干预事件发展"的责任感判断时，将责任扩散和将道德推脱，决定采取袖手旁观的态度。当网民认为该网络暴力事件事态严峻并认为自身具有干预该事件发展的责任时，会选择采取干预措施。从行为干预的角度分析，包括发表激化矛盾言论的"煽动者"，表达对影响该基础事件处理进度的相关平台、部门的看法与关注的"监督者"，提出事实依据为事件中某个人或群体申辩的"辩护者"，呼吁网民冷静、理智、客观地分析问题，以缓解事件涉及的群体冲突并试图调和网民情绪使其趋于稳定的"调和者"，通过向公众陈述自己或他人类似的受害经历或事实进行情感宣泄与引起舆论关注的"控诉者"，以及概述该基础事件的起因和进展，向其他网友解释来龙去脉的"记者"。其中，网民因其数字公民意识、数字情商、数字公民身份认同与管理素养及外界的数字群体关系对不同网络语境下的语言解读影响着角色的选择,并动态影响网络暴力事件的发展态势。

七、信度检验

(一)初次信度检验

本研究培训了五名编码员,从三个案例样本中分别随机抽取30个样本单位共构成90个样本单位进行编码员间信度的评估,由编码员分别进行独立编码,初次信度测试计算编码员间霍尔斯提复合信度分别为0.8("柯×"事件)、0.8("罗×军"事件)、0.81("热×扎"事件),但存在个别编码员间信度低于0.75,未能达到内部信度要求。

经过对编码样本的结果分析,结合编码样本与五位编码员共同分析编码存在判断差异和分歧的原因,对编码标准进行更清晰的界定,以提高编码员之间对评论内容的编码决策的认知一致性,协商达成共识后提出以下四点:①"受害者"判定。通过评论者或二级评论者的昵称来识别该事件中的"受害者"②"施暴者"与"煽动者"的区别。前者有使用攻击性、侮辱性、歧视性语言,语言形式通常为"讥讽""歧视""诅咒""诋毁""侮辱""威胁",而后者观点偏激或表达激动,有意或无意地激化矛盾,易煽动负面情绪,但不包含攻击性、侮辱性、歧视性语言。③编码时需要分析整句话的情感及其意义,当评论者提醒网友要分清是非、明辨敌友时,该评论者为"调和者"。④由于部分网友为引起其他网民对自己的关注,发表与事件不相关的言论,例如广告,诸如此类的言论在现有的编码体系中无法进行归类,经与编码员讨论,为保证类目的互斥性和完备性,在"网络暴力角色"的维度中新增了"非事件参与者"这一类目。

(二)第二次信度检验

五位编码员经过编码培训后进行第二次信度检验:从三个案例样本中分别随机抽取30个样本单位,共构成90个样本单位进行编码员间信度的评估,由编码员分别进行独立编码。第二次信度测试计算编码员间霍尔斯提复合信度分别为0.9("柯×"事件)、0.94("罗×军"事件)、0.96("热×扎"事件),编码员之间编码一致性有显著提高,而每个类目在三个案例中的编码信度都有所提高,但存在信度差异。另外,三个案例的评论内容分析的两次编码信度对比见表8-8、表8-9和表8-10。

表8-8 "热×扎"事件评论内容分析两次编码信度对比

一级维度	复合信度(Holsti's reliability)		二级维度	信度(Holsti's reliability)	
	第一次 0.81	第二次 0.96 ↑		第一次	第二次
网络暴力角色	0.77	0.95 ↑	受害者	1.00	1.00
			施暴者	0.78	0.84 ↑
			旁观者	0.82	0.86 ↑
			煽动者	0.66	0.91 ↑
			辩护者	0.78	0.69 ↓
			控诉者	0.41	0.92 ↑
			调和者	0.73	0.97 ↑
			监督者	0.73	1.00 ↑
			记者	0.88	1.00 ↑
			非事件参与者	—	0.97
网络暴力行为	0.83	0.96 ↑	讥讽	0.50	0.89 ↑
			歧视	1.00	1.00
			诅咒	0.96	1.00 ↑
			诋毁	0.71	1.00 ↑
			侮辱	0.62	1.00 ↑
			威胁	1.00	1.00
			激化	0.74	0.94 ↑
			宣泄	0.50	0.80 ↑
			引流	0.50	0.98 ↑
			调解	0.65	0.90 ↑
			安慰	0.98	0.99 ↑
			辩护	0.60	0.92 ↑

第八章 融合数字公民素养的微博网络暴力分析与启示

表8-9 "柯×"事件评论内容分析两次编码信度对比

一级维度	复合信度 (Holsti's reliability)		二级维度	信度 (Holsti's reliability)	
	第一次 0.80	第二次 0.90↑		第一次	第二次
网络暴力角色	0.81	0.92↑	受害者	0.88	1.00↑
			施暴者	0.89	0.92↑
			旁观者	0.78	0.81↑
			煽动者	0.71	0.93↑
			辩护者	0.71	0.72↑
			控诉者	0.52	1.00↑
			调和者	0.53	0.97↑
			监督者	1.00	0.84↓
			记者	1.00	1.00
			非事件参与者	—	0.76
网络暴力行为	0.80	0.76↓	讥讽	0.83	0.84↑
			歧视	0.33	0.59↑
			诅咒	0.91	0.92↑
			诋毁	0.49	0.77↑
			侮辱	0.81	0.93↑
			威胁	0.42	1.00↑
			激化	0.76	0.87↑
			宣泄	0.39	0.83↑
			引流	0.72	0.95↑
			调解	0.46	0.75↑
			安慰	0.98	0.98
			辩护	0.83	0.62↓

表 8-10 "罗×军"事件评论内容分析两次编码信度对比

一级维度	复合信度(Holsti's reliability)		二级维度	信度(Holsti's reliability)	
	第一次 0.80	第二次 0.94↑		第一次	第二次
网络暴力角色	0.82	0.94↑	受害者	1.00	1.00
			施暴者	0.76	0.94↑
			旁观者	0.81	0.94↑
			煽动者	0.63	0.89↑
			辩护者	0.74	0.81↑
			控诉者	0.81	0.83↑
			调和者	0.82	0.96↑
			监督者	0.89	0.99↑
			记者	0.88	1.00↑
			非事件参与者	—	1.00
网络暴力行为	0.79	0.93↑	讥讽	0.38	0.84↑
			歧视	0.88	1.00↑
			诅咒	0.88	0.97↑
			诋毁	0.71	0.87↑
			侮辱	0.92	0.75↓
			威胁	0.88	1.00↑
			激化	0.51	0.87↑
			宣泄	0.55	0.77↑
			引流	0.88	0.97↑
			调解	0.82	0.91↑
			安慰	0.90	0.99↑
			辩护	0.60	0.88↑

八、内容编码与统计分析

本研究对三个网络暴力事件的微博评论抽样数据库进行编码，编码过程中存在评论内容数据不完整的情况，因此在进行人工编码的过程中将不规整的数据进行回收，最后完成的编码数据量见表8-11。

表8-11 三个案例的数据编码量

抽样数据库名称	抽样数据量	回收库数据量	已编码数据量
"热×扎"事件抽样库	5062	61	5001
"柯×"事件抽样库	3013	72	2941
"罗×军"事件抽样库	4058	52	4006
共计	12133	185	11948

（一）描述性统计分析

1. "热×扎"事件

根据内容分析编码结果表8-12可知，在"热×扎"事件中，网民角色中占比最高的是"调和者"，其次是"煽动者""旁观者""辩护者"和"施暴者"，存在的网络暴力行为主要是"安慰""调解"和"引流"，其次是"激化""辩护"和"讥讽"。究其原因，该事件的受害者作为公众人物，拥有大量的支持者和拥护者，粉丝数量庞大，许多参与评论的网民是受害者的粉丝，这些网民在微博上试图安慰自己的"偶像"并为其辩护，因此评论者中包含大量的"调和者"。相应地有许多网民是其他偶像明星的支持者，故可能存在通过使用攻击性、侮辱性语言伤害其他艺人的情况，以损伤其名誉，使自己支持的艺人拥有更多的工作资源和民众支持度，即"踩一捧一"。

表8-12 "热×扎"事件内容分析编码结果

一级维度	二级维度	小计	百分比
网络暴力角色	受害者	11	0.2%
	施暴者	395	7.3%
	旁观者	430	7.9%
	煽动者	432	8.0%

续表

一级维度	二级维度	小计	百分比
网络暴力角色	辩护者	402	7.4%
	控诉者	248	4.6%
	调和者	3259	60.0%
	监督者	103	1.9%
	记者	0	0
	非事件参与者	148	2.7%
网络暴力行为	讥讽	334	5.2%
	歧视	13	0.2%
	诅咒	103	1.6%
	诋毁	71	1.1%
	侮辱	113	1.8%
	威胁	17	0.3%
	激化	511	8.0%
	宣泄	286	4.5%
	引流	706	11%
	调解	883	13.8%
	安慰	2946	46.1%
	辩护	410	6.4%

在编码过程中，编码员发现网民评论语言所表达的内容和情感往往是多种行为混杂呈现的，网民在数字参与过程中的数字公民角色认同不是单一的，从表8-13中可知"热×扎"事件的角色与行为对应数量关系：①在该事件中，网民同时拥有多个角色行为表现的情况显著，如"煽动者""旁观者""控诉者""监督者"和"辩护者"都存在"安慰"和"调解"行为，其中"辩护者"更甚，而这两种行为属于"调和者"的角色认同行为，而"调和者"也出现了"辩护"行为，可见"辩护者"和"调和者"这两种数字公民身份认同更可能同时出现。②除了"旁观者"，"监督者"和"调和者"在发表言论时也有引流的意图。③"煽动者""施暴者"和"控诉者"的发言都存在"激化"行为，易使矛盾、冲突及情绪向激烈、尖锐的方向发

展。④在该事件中,"施暴者"主要的行为是"激化""讥讽""侮辱""诅咒"和"诋毁",而带有歧视性和威胁性语言较少。⑤该事件中受害者主要以发微博的方式表态,在评论中与其他网民互动的频次较少,互动内容主要是为自己和抑郁症患者辩护并宣泄情绪,通过表态引起网民对此发言的关注。⑥另外,非事件参与者主要是发布广告以引流和博关注。

表8-13 "热×扎"事件角色与行为的对应数量关系

行为	调和者	煽动者	旁观者	辩护者	施暴者	控诉者	监督者	受害者	非事件参与者
安慰	2872	44	12	178	0	20	9	0	1
调解	855	5	2	47	0	18	9	3	2
辩护	189	10	1	387	10	24	4	4	0
引流	64	11	392	6	4	11	89	4	144
激化	29	357	7	17	123	96	4	0	0
讥讽	23	167	10	0	139	35	1	0	1
宣泄	22	68	19	11	0	197	6	2	2
侮辱	14	25	0	2	92	5	0	0	0
诅咒	6	17	0	0	98	1	0	0	0
诋毁	6	24	0	1	61	2	0	0	0
歧视	0	6	0	1	6	3	0	0	0
威胁	0	2	0	0	17	0	0	0	0

2. "柯×"事件

根据内容分析编码结果表8-14可知,在"柯×"事件中,网民角色中占比最高的是"施暴者",其次是"煽动者"和"调和者";存在的行为主要是"激化""侮辱"和"讥讽",其次是"诋毁""引流"和"安慰"。究其原因,柯×作为世界级公众人物,其话语影响力较大,且其拥护者数量庞大,不少狂热拥护这位公众人物的网民不能容忍任何唱"反调"者,因而本事件中的受害者便成为众矢之的,本事件中存在大量的"施暴者"和"煽动者",以及少量因关注性别对立话题和网络暴力事件而留意到该"受害者"的"调和者"。而"受害者"作为普通数字公民,其公共话语力量薄弱,在新浪微博平台中始终对网络暴力语言表现出漠视的态度,不过多与"施暴者"和"煽动者"互动。另外,值得一提的是在本事件中存在呼吁大家关注该起网络暴力事件的"记者"角色,即拥有 12 万粉丝数量的用户"@男权笑话日报社",该用户对该"受害者"遭受网络暴力的过程进行报道,使该事件影响力扩大化。

表 8–14 "柯×"事件内容分析编码结果

一级维度	二级维度	小计	百分比
网络暴力角色	受害者	0	0
	施暴者	1362	42.5%
	旁观者	281	8.8%
	煽动者	746	23.3%
	辩护者	85	2.6%
	控诉者	99	3.1%
	调和者	520	16.2%
	监督者	43	1.3%
	记者	2	0.1%
	非事件参与者	70	2.2%
网络暴力行为	讥讽	908	17.7%
	歧视	165	3.2%
	诅咒	265	5.2%
	诋毁	436	8.5%
	侮辱	938	18.3%
	威胁	20	0.4%
	激化	1120	21.8%
	宣泄	195	3.8%
	引流	393	7.7%
	调解	204	4.0%
	安慰	399	7.8%
	辩护	84	1.6%

从表 8–15 可知"柯×"事件的角色与行为对应数量关系:①该事件中的每个角色的行为所呈现的态度较为分明,少量网民先安慰"受害者",再使用攻击性语言以暴制暴,因此存在"施暴者"和"煽动者"角色同时使

用"安慰"和"调解"的语言的情况。②在该事件中,"施暴者"做出了大量的"激化""讥讽""侮辱""诅咒"和"诋毁"等行为,而"威胁"性的语言较少。③"旁观者""监督者"角色和"非事件参与者"在该事件中主要使用为达到"引流"目的的语言。④"控诉者"主要的行为是"激化"和"宣泄"。

表8-15 "柯×"事件角色与行为的对应数量关系

行为	调和者	煽动者	旁观者	辩护者	施暴者	控诉者	监督者	记者	非事件参与者
安慰	360	17	3	2	38	2	1	0	0
调解	199	1	4	6	5	0	2	1	0
辩护	9	0	0	81	6	3	0	0	0
引流	15	7	248	1	9	8	41	0	70
激化	7	611	4	5	649	32	0	1	0
讥讽	17	426	14	7	578	11	0	0	0
宣泄	11	51	19	3	60	80	0	0	0
侮辱	10	193	2	3	856	3	0	1	0
诅咒	3	42	0	0	246	2	1	0	0
诋毁	0	124	0	1	396	2	0	1	0
歧视	1	42	0	0	145	0	0	1	0
威胁	2	2	0	0	19	0	0	0	0

3."罗×军"事件

根据内容分析编码结果表8-16可知,在"罗×军"事件中,网民所承担的角色占比较高的是"调和者"和"旁观者",其次是"煽动者""监督者""施暴者"和"控诉者",而"辩护者"和"非事件参与者"较少;做出的行为主要有"引流""讥讽""激化""宣泄"和"调解",其次是"诋毁""引流"和"安慰"。究其原因,该事件当事人属于普通数字公民,而不是公众人物;网民面对突发的涉及"强奸"情节的情感纠纷事件,由于不了解事情真相,普遍持观望态度,因此以"调和者"和"旁观者"为数字公民身份认同的网民居多;而部分网民对事件中提到的"强奸"和"情感欺骗"的情节感到愤恨,为自己支持和相信的事情而为某一方辩护或控诉伤害,并希望引起其他网民的关注。因此,"引流""激化""调解""宣泄"和"讥讽"的行为居多。

表 8-16 "罗×军"事件内容分析编码结果

一级维度	二级维度	小计	百分比
网络暴力角色	受害者	0	0
	施暴者	433	10.1%
	旁观者	821	19.1%
	煽动者	663	15.5%
	辩护者	187	4.4%
	控诉者	389	9.1%
	调和者	931	21.7%
	监督者	736	17.2%
	记者	1	≈0
	非事件参与者	128	3%
网络暴力行为	讥讽	546	10.9%
	歧视	36	0.7%
	诅咒	62	1.2%
	诋毁	141	2.8%
	侮辱	163	3.3%
	威胁	12	0.2%
	激化	645	12.9%
	宣泄	565	11.3%
	引流	1622	32.4%
	调解	740	14.8%
	安慰	283	5.7%
	辩护	186	3.7%

从表 8-17 可知"罗×军"事件的角色与行为对应数量关系：①该事件中的每个角色的行为所呈现出的态度较为分明；②在该事件中，"调和者"的主要行为是"安慰"和"调解"；"煽动者"的主要行为是"激化""讥讽""宣泄"和"诋毁"；"施暴者"的主要行为是"激化""讥讽""侮辱"和"诋毁"；"控诉者"的主要行为是"激化"和"宣泄"；"监督者"和"非事件参与者"的主要行为都是"引流"。③少量的网民在以"旁观者"

或"调和者"角色参与事件时,多使用"讥讽"的语气和情绪宣泄的方式发表言论。

表 8-17 "罗×军"事件角色与行为的对应数量关系

行为	调和者	煽动者	旁观者	辩护者	施暴者	控诉者	监督者	记者	非事件参与者
安慰	278	1	4	1	1	3	7	0	0
调解	704	2	19	22	10	7	39	0	0
辩护	20	1	0	182	6	12	3	0	0
引流	53	30	708	12	21	44	686	1	127
激化	3	472	6	2	157	113	16	0	0
讥讽	5	313	35	5	188	53	16	0	0
宣泄	26	103	93	10	0	312	32	0	1
侮辱	0	61	1	1	132	4	4	0	0
诅咒	0	19	0	0	48	5	2	0	0
诋毁	0	79	0	0	106	2	1	0	0
歧视	0	22	0	0	18	5	0	0	0
威胁	0	6	0	0	10	0	0	0	0

(二)相关性分析

1. 网络暴力角色相关性分析

为检验不同网络暴力角色相互间是否相关、相关的方向、关系的密切程度,对"网络暴力角色"的编码结果进行显著性检验(P 值)[①] 和相关系数值(R 值)[②] 计算。

---

① 根据 P 值大小判断所分析的变量的相关程度是否有意义:当 $P<0.05$,表示显著,即所研究的两变量之间的相关程度有统计学意义;$P \geqslant 0.05$,表示不显著,即所研究的两变量之间的相关程度没有统计学意义。

② 相关系数 R 的值在 -1 和 1 的范围内,R 的绝对值越接近 1,两变量之间的关联程度越强,R 的绝对值越接近 0,两变量之间的关联程度越弱。R 的值等于 1,说明两个变量之间的关联程度完全正相关。R 的值等于 -1,说明两个变量之间的关联程度完全负相关。当 $|r|>0.95$ 为存在正相关性;$|r|>0.8$ 为高度相关性;$0.5<|r|<0.8$ 为中度相关性;$0.3<|r|<0.5$ 为低度相关性;$|r|<0.3$ 时相关性极弱,可认为不相关。

(1)"热×扎"事件角色相关性分析。根据表8-18和表8-19可知,在"热×扎"事件获取的评论内容分析中,角色显著正相关的如下:"监督者"和"旁观者"、"旁观者"和"非事件参与者"以及"监督者"和"非事件参与者"的显著性检验 P 值均为 0.000 小于 0.001,角色相关结果通过 999‰ 显著性检验,且"监督者"和"旁观者"相关系数 R 值为 0.993 大于 0 且 $|0.993|>0.95$,"旁观者"和"非事件参与者"的相关系数 R 值为 0.999 大于 0 且 $|0.999|>0.95$,"监督者"和"非事件参与者"的相关系数 R 值为 0.992 大于 0 且 $|0.992|>0.95$,说明"监督者"和"旁观者"显著正相关,"旁观者"和"非事件参与者"显著正相关,"监督者"和"非事件参与者"显著正相关。

角色中度正相关的如下:"施暴者"和"煽动者"的显著性检验 P 值为 0.014 小于 0.05,即"施暴者"和"煽动者"相关结果通过 95% 显著性检验,且相关系数 R 值为 0.685 大于 0,且 $0.5<|0.685|<0.8$,说明"施暴者"和"煽动者"角色中度正相关;"监督者"和"受害者"的显著性检验 P 值为 0.038 小于 0.05,即"监督者"和"受害者"相关结果通过 95% 显著性检验,且相关系数 R 值为 0.603 大于 0,且 $0.5<|0.603|<0.8$,说明"监督者"和"受害者"角色中度正相关。

进一步表明,在"热×扎"事件中参与评论的网民中的"监督者"和"旁观者"数字公民身份认同具有正相关性,且当网民选择以"监督者"身份参与社交互动以监督该网络暴力事件处理进度或仅以"旁观者"身份表示关注该事件时,也极易成为"非事件参与者"。

表8-18 "热×扎"事件角色显著性检验(P 值)

角色	调和者	辩护者	煽动者	施暴者	控诉者	旁观者	监督者	非事件参与者	受害者
调和者	0								
辩护者	0.226	0							
煽动者	0.743	0.641	0						
施暴者	0.596	0.309	0.014*	0					
控诉者	0.752	0.842	0.14	0.694	0				
旁观者	0.79	0.681	0.683	0.306	0.8	0			
监督者	0.987	0.812	0.663	0.244	0.82	0.000***	0		
非事件参与者	0.762	0.678	0.634	0.289	0.717	0.000***	0.000***	0	
受害者	0.872	0.117	0.354	0.051	0.68	0.064	0.038*	0.061	0

注:*$p<0.05$,**$p<0.01$,***$p<0.001$,下同。

表 8-19 "热×扎"事件角色相关系数值（R）

角色	调和者	辩护者	煽动者	施暴者	控诉者	旁观者	监督者	非事件参与者	受害者
调和者	1								
辩护者	0.378	1							
煽动者	-0.106	-0.15	1						
施暴者	-0.171	-0.321	0.685	1					
控诉者	-0.102	-0.064	0.452	0.127	1				
旁观者	-0.086	-0.133	-0.132	-0.323	-0.082	1			
监督者	-0.005	-0.077	-0.14	-0.365	-0.074	0.993	1		
非事件参与者	-0.098	-0.134	-0.153	-0.334	-0.117	0.999	0.992	1	
受害者	-0.052	0.477	-0.294	-0.575	0.133	0.55	0.603	0.554	1

（2）"柯×"事件角色之间相关性分析。根据表 8-20 和表 8-21 可知，在"柯×"事件获取的评论内容分析中，角色显著正相关的如下："监督者"和"旁观者"、"旁观者"和"非事件参与者"以及"监督者"和"非事件参与者"的显著性检验 P 值均为 0.000 小于 0.001，角色之间相关结果通过 999‰ 显著性检验，且"监督者"和"旁观者"相关系数 R 值为 0.994 大于 0 且 $|0.994|>0.95$，"旁观者"和"非事件参与者"的相关系数 R 值为 0.996 大于 0 且 $|0.996|>0.95$，"监督者"和"非事件参与者"的相关系数 R 值为 0.999 大于 0 且 $|0.999|>0.95$，说明"监督者"和"旁观者"显著正相关，"旁观者"和"非事件参与者"显著正相关，"监督者"和"非事件参与者"显著正相关。

角色中度正相关的如下："施暴者"和"煽动者"的显著性检验 P 值为 0.003 小于 0.01，即"施暴者"和"煽动者"相关结果通过 99% 显著性检验，且相关系数 R 值为 0.774，大于 0，且 $0.5<|0.774|<0.8$，说明"施暴者"和"煽动者"中度正相关；"施暴者"和"记者"的显著性检验 P 值为 0.02 小于 0.05，即"施暴者"和"记者"相关结果通过 95% 显著性检验，且相关系数 R 值为 0.657，大于 0，且 $0.5<|0.657|<0.8$，说明"施暴者"和"记者"中度正相关。

这进一步表明，在"柯×"事件参与评论的网民的"监督者"和"旁观者"数字公民身份认同具有正相关性,且当网民选择以"监督者"参与社交互动以监督该网络暴力事件处理进度,或仅以"旁观者"身份表示关注该事件时,也极易成为"非事件参与者"。

表 8-20　"柯×"事件角色显著性检验(P 值)

角色	施暴者	煽动者	控诉者	调和者	辩护者	旁观者	记者	监督者	非事件参与者
施暴者	0								
煽动者	0.003**	0							
控诉者	0.996	0.482	0						
调和者	0.302	0.44	0.56	0					
辩护者	0.496	0.666	0.768	0.751	0				
旁观者	0.435	0.602	0.96	0.737	0.699	0			
记者	0.02*	0.054	0.584	0.692	0.436	0.338	0		
监督者	0.386	0.511	0.834	0.831	0.71	0.000***	0.337	0	
非事件参与者	0.424	0.55	0.87	0.742	0.729	0.000***	0.341	0.000***	0

表 8-21　"柯×"事件角色相关系数值(R)

角色	施暴者	煽动者	控诉者	调和者	辩护者	旁观者	记者	监督者	非事件参与者
施暴者	1								
煽动者	0.774	1							
控诉者	0.001	0.225	1						
调和者	-0.325	-0.246	-0.187	1					
辩护者	-0.218	-0.139	-0.096	-0.103	1				
旁观者	-0.249	-0.168	0.016	-0.108	-0.125	1			
记者	0.657	0.568	-0.176	-0.128	-0.248	-0.303	1		
监督者	-0.275	-0.211	-0.068	-0.069	-0.12	0.994	-0.304	1	
非事件参与者	-0.255	-0.192	-0.053	-0.106	-0.112	0.996	-0.302	0.999	1

第八章 融合数字公民素养的微博网络暴力分析与启示

(3)"罗×军"事件角色之间相关性分析。根据表8-22和表8-23可知,在"罗×军"事件获取的评论内容分析中,角色显著正相关的如下:"监督者"和"旁观者"、"旁观者"角色和"非事件参与者"以及"监督者"和"非事件参与者"、"记者"分别和"旁观者"、"监督者"及"非事件参与者"的显著性检验 P 值均为0.000小于0.001,角色之间相关结果通过999‰显著性检验,且"监督者"和"旁观者"相关系数为0.995,"旁观者"和"非事件参与者"相关系数为0.992,"监督者"和"非事件参与者"相关系数0.998,"旁观者"和"记者"相关系数为0.991,"监督者"和"记者"相关系数为0.998,"非事件参与者"与"记者"相关系数为1,均大于0且绝对值大于0.95,说明"旁观者""监督者"和"事件参与者"两两之间显著正相关,"记者"分别与"旁观者""监督者"和"非事件参与者"显著正相关。

角色高度正相关的如下:"施暴者"和"煽动者"的显著性检验 P 值为0.001小于0.01,即"施暴者"和"煽动者"相关结果通过99%显著性检验,且相关系数 R 值为0.813大于0,且 $|0.813|>0.8$,说明"施暴者"和"煽动者"高度正相关。

这进一步表明,在"罗×军"事件参与评论的网民的"施暴者"和"煽动者"数字公民身份认同具有高度相关性,且当网民选择以"监督者"身份参与社交互动以督促该网络暴力事件处理进度时,或选择以"记者"角色传播该事件以引起舆论关注,或仅以"旁观者"身份表示关注该事件时,也极易成为"非事件参与者"。

表8-22 "罗×军"事件角色显著性检验(P值)

角色	旁观者	监督者	非事件参与者	调和者	控诉者	煽动者	施暴者	辩护者	记者
旁观者	0								
监督者	0.000***	0							
非事件参与者	0.000***	0.000***	0						
调和者	0.873	0.965	0.858	0					
控诉者	0.728	0.929	0.995	0.611	0				
煽动者	0.74	0.714	0.681	0.395	0.254	0			
施暴者	0.573	0.549	0.542	0.235	0.652	0.001**	0		
辩护者	0.852	0.874	0.885	0.979	0.786	0.515	0.349	0	
记者	0.000***	0.000***	0.000***	0.86	0.977	0.681	0.544	0.886	0

表8-23 "罗×军"事件角色相关系数值（R）

角色	旁观者	监督者	非事件参与者	调和者	控诉者	煽动者	施暴者	辩护者	记者
旁观者	1								
监督者	0.995	1							
非事件参与者	0.992	0.998	1						
调和者	-0.052	-0.014	-0.058	1					
控诉者	0.112	0.029	-0.002	-0.164	1				
煽动者	-0.107	-0.118	-0.133	-0.27	0.357	1			
施暴者	-0.181	-0.193	-0.196	-0.371	0.146	0.813	1		
辩护者	-0.06	-0.051	-0.047	-0.008	-0.088	-0.209	-0.297	1	
记者	0.991	0.998	1	-0.057	-0.009	-0.133	-0.195	-0.046	1

2. 网络暴力行为相关性分析

为检验不同网络暴力行为相互间是否相关、相关的方向、关系的密切程度，对"网络暴力行为"的编码结果进行显著性检验（P值）和相关系数值（R值）计算。

（1）"热×扎"事件行为相关性分析。根据表8-24和表8-25可知，在"热×扎"事件获取的评论内容分析中，"安慰"行为和"调解"行为的相关结果通过999‰显著性检验，且相关系数R值为1，说明"安慰"行为和"调解"行为完全正相关。

行为显著正相关的如下：由于"侮辱"和"诅咒"、"侮辱"和"诋毁"、"诋毁"和"诅咒"、"讥讽"和"歧视"、"威胁"和"侮辱"、"威胁"和"诅咒"及"威胁"和"诋毁"的行为相关结果均通过999‰显著性检验，而"侮辱"和"诅咒"相关系数为0.992大于0，且|0.992|>0.95，说明"侮辱"和"诅咒"显著正相关；"侮辱"和"诋毁"相关系数为0.99大于0，且|0.99|>0.95，说明"侮辱"和"诋毁"显著正相关；"诋毁"和"诅咒"相关系数为0.977大于0，且|0.977|>0.95，说明"诋毁"和"诅咒"显著正相关；"讥讽"和"歧视"相关系数为0.957大于0，且|0.957|>0.95，说明"讥讽"和"歧视"显著正相关；"威胁"和"侮辱"相关系数为0.98大于0，且|0.98|>0.95，说明"威胁"和"侮辱"显著正相关；"威胁"和"诅咒"相关系数为0.997大于0，且

第八章 融合数字公民素养的微博网络暴力分析与启示

|0.997|＞0.95，说明"威胁"和"侮辱"显著正相关；"威胁"和"诋毁"相关系数为 0.962 大于 0，且|0.962|＞0.95，说明"威胁"和"诋毁"显著正相关。

表 8-24 "热×扎"事件行为显著性检验（P 值）

行为	安慰	调解	辩护	引流	激化	讥讽	宣泄	侮辱	诅咒	诋毁	歧视	威胁
安慰	0											
调解	0.000 ***	0										
辩护	0.303	0.316	0									
引流	0.864	0.854	0.5	0								
激化	0.739	0.725	0.603	0.366	0							
讥讽	0.772	0.768	0.573	0.356	0.001 **	0						
宣泄	0.767	0.786	0.665	0.497	0.289	0.482	0					
侮辱	0.971	0.988	0.692	0.412	0.273	0.019 *	0.886	0				
诅咒	0.824	0.843	0.641	0.479	0.39	0.038 *	0.978	0.000 ***	0			
诋毁	0.84	0.853	0.625	0.4	0.155	0.006 **	0.876	0.000 ***	0.000 ***	0		
歧视	0.516	0.519	0.615	0.233	0.003 **	0.000 ***	0.22	0.017 *	0.03 *	0.006 **	0	
威胁	0.72	0.74	0.625	0.512	0.465	0.055	0.997	0.000 ***	0.000 ***	0.000 ***	0.04 *	0

表 8-25 "热×扎"事件行为相关系数值（R）

行为	安慰	调解	辩护	引流	激化	讥讽	宣泄	侮辱	诅咒	诋毁	歧视	威胁
安慰	1											
调解	1	1										
辩护	0.387	0.378	1									
引流	-0.067	-0.072	-0.26	1								
激化	-0.13	-0.137	-0.202	-0.343	1							
讥讽	-0.113	-0.115	-0.218	-0.35	0.905	1						
宣泄	-0.116	-0.106	-0.168	-0.261	0.398	0.27	1					
侮辱	-0.014	-0.006	-0.154	-0.313	0.41	0.755	0.056	1				
诅咒	-0.087	-0.077	-0.181	-0.272	0.327	0.694	0.011	0.992	1			
诋毁	-0.079	-0.072	-0.19	-0.321	0.516	0.829	0.061	0.99	0.977	1		
歧视	-0.25	-0.249	-0.195	-0.442	0.855	0.957	0.453	0.763	0.715	0.825	1	
威胁	-0.139	-0.129	-0.19	-0.253	0.28	0.655	-0.001	0.98	0.997	0.962	0.689	1

行为高度正相关的如下:"激化"和"讥讽"相关结果通过99%显著性检验,且相关系数 R 值为0.905大于0,且$|0.905|>0.8$,说明"激化"和"讥讽"高度正相关;"讥讽"和"诋毁"的相关结果通过99%的显著性检验,且相关系数为0.829大于0,且$|0.829|>0.8$,说明"讥讽"和"诋毁"高度正相关;"诋毁"和"歧视"的相关结果通过99%显著性检验,且相关系数为0.825大于0,且$|0.825|>0.8$,说明"歧视"和"诋毁"高度正相关;"激化"和"歧视"的相关结果通过99%显著性检验,且相关系数为0.855大于0,且$|0.855|>0.8$,说明"激化"和"歧视"中度正相关。

行为中度正相关的如下:"讥讽"和"侮辱"的相关结果通过95%显著性检验,且相关系数 R 值为0.755大于0,且$0.5<|0.755|<0.8$,说明"讥讽"和"侮辱"中度正相关;"讥讽"和"诅咒"的相关结果通过95%的显著性检验,且相关系数为0.694大于0,且$0.5<|0.694|<0.8$,说明"讥讽"和"诅咒"中度正相关;"侮辱"和"歧视"的相关结果通过95%显著性检验,且相关系数为0.763大于0,且$0.5<|0.763|<0.8$,说明"侮辱"和"歧视"中度正相关;"诅咒"和"歧视"的相关结果通过95%显著性检验,且相关系数为0.715大于0,且$0.5<|0.715|<0.8$,说明"诅咒"和"歧视"中度正相关;"歧视"和"威胁"的相关结果通过95%的检验,且相关系数为0.689大于0,且$0.5<|0.689|<0.8$,说明"歧视"行为和"威胁"行为中度正相关。

进一步表明,在参与"热×扎"事件评论的网民中,安慰行为出现越多时,调解行为就会出现越多,两者都是为了更好地缓解冲突和调解情绪;而发表言论时使用侮辱、诅咒、诋毁、讥讽、歧视、威胁中任意一种行为的网民,其做出另一种语言暴力行为的可能性也较高。

(2)"柯×"事件行为相关性分析。根据表8-26和表8-27可知,在"柯×"事件获取的评论内容分析中,"诋毁"和"歧视"行为相关结果通过999‰显著性检验,其相关系数为1,说明"诋毁"和"歧视"完全正相关。

行为显著正相关的如下:"侮辱"和"诋毁"、"侮辱"和"诅咒"、"侮辱"和"歧视"、"讥讽"和"激化"、"诋毁"和"诅咒"、"诅咒"和"歧视"、"威胁"和"诋毁"、"威胁"和"诅咒"、"威胁"和"歧视"、"调解"和"安慰"行为相关结果均通过999‰显著性检验,相关系数均大于0且绝对值都大于0.95,说明"侮辱"和"诋毁"显著正相关,"侮辱"和"诅咒"显著正相关;"侮辱"和"歧视"显著正相关;"讥讽"和"激化"显著正相关;"诋毁"和"诅咒"显著正相关;"诅咒"和"歧视"显著正相关;"威胁"和"诋毁"显著正相关;"威胁"和"诅咒"显著正相关;"威胁"和"歧视"显著正相关;"调解"和"安慰"显著正相关。

第八章 融合数字公民素养的微博网络暴力分析与启示

表8-26 "柯×"事件行为显著性检验（P值）

行为	侮辱	激化	讥讽	诋毁	诅咒	歧视	宣泄	安慰	威胁	引流	辩护	调解
侮辱	0											
激化	0.006**	0										
讥讽	0.001**	0.000***	0									
诋毁	0.000***	0.002**	0.000***	0								
诅咒	0.000***	0.01*	0.002**	0.000***	0							
歧视	0.000***	0.003**	0.000***	0.000***	0.000***	0						
宣泄	0.167	0.09	0.101	0.145	0.179	0.154	0					
安慰	0.918	0.814	0.863	0.879	0.929	0.898	0.777	0				
威胁	0.000***	0.018*	0.004**	0.000***	0.000***	0.000***	0.205	0.921	0			
引流	0.591	0.49	0.524	0.567	0.603	0.572	0.643	0.68	0.632	0		
辩护	0.789	0.66	0.686	0.764	0.797	0.765	0.543	0.917	0.822	0.529	0	
调解	0.738	0.637	0.679	0.697	0.752	0.716	0.655	0.000***	0.749	0.734	0.987	0

表8-27 "柯×"事件行为相关系数值（R）

行为	侮辱	激化	讥讽	诋毁	诅咒	歧视	宣泄	安慰	威胁	引流	辩护	调解
侮辱	1											
激化	0.831	1										
讥讽	0.899	0.99	1									
诋毁	0.996	0.876	0.934	1								
诅咒	0.998	0.799	0.874	0.99	1							
歧视	0.998	0.865	0.926	1	0.993	1						
宣泄	0.504	0.597	0.58	0.527	0.491	0.517	1					
安慰	-0.04	-0.092	-0.068	-0.059	-0.035	-0.05	-0.11	1				
威胁	0.993	0.759	0.841	0.979	0.998	0.983	0.467	-0.039	1			
引流	-0.208	-0.265	-0.246	-0.221	-0.201	-0.219	-0.18	-0.161	-0.186	1		
辩护	-0.104	-0.171	-0.157	-0.117	-0.1	-0.117	-0.235	-0.041	-0.088	-0.243	1	
调解	-0.13	-0.183	-0.161	-0.152	-0.123	-0.142	-0.174	0.995	-0.125	-0.133	-0.007	1

行为高度正相关的如下:"讥讽"和"诋毁"相关结果通过999‰显著性检验,相关系数为0.934大于0,且|0.934|>0.8,说明"讥讽"和"诋毁"高度正相关;"讥讽"和"歧视"相关结果通过999‰显著性检验,相关系数为0.926大于0,且|0.926|>0.8,"讥讽"和"歧视"高度正相关;而行为相关结果通过99%显著性检验,相关系数均大于0且绝对值都大于0.8的"侮辱"和"讥讽"、"激化"和"诋毁"、"讥讽"和"诅咒"、"激化"和"歧视"、"讥讽"和"威胁"则高度正相关。

行为中度正相关的如下:"激化"和"诅咒"相关结果超过95%显著性检验,相关系数为0.799大于0,且0.5<|0.799|<0.8,说明"激化"和"诅咒"中度正相关;"激化"和"威胁"相关结果超过95%显著性检验,相关系数为0.759大于0,且0.5<|0.759|<0.8,说明"激化"和"威胁"中度正相关。

这进一步说明,在参与"柯×"事件评论的网民中,"诋毁"和"歧视"通常同时出现,两者都加剧了贬低受害者的名誉和形象,发表言论时使用侮辱、诅咒、诋毁、讥讽、歧视、威胁、激化中的任意一种行为的网民,其做出另一种语言暴力行为的可能性也较高。

(3)"罗×军"事件行为相关性分析。根据表8-28和表8-29可知,在"罗×军"事件获取的评论内容分析中,行为显著正相关的如下:"调解"和"安慰"、"讥讽"和"激化"、"诅咒"和"侮辱"、"侮辱"和"诋毁"、"诋毁"和"诅咒"、"歧视"和"讥讽"、"威胁"和"侮辱"、"威胁"和"诅咒"及"威胁"和"诋毁"行为相关结果均通过999‰显著性检验,而"调解"和"安慰"相关系数为0.999大于0,且|0.999|>0.95,说明"调解"和"安慰"显著正相关;"讥讽"和"激化"相关系数为0.961大于0,且|0.961|>0.95,说明"讥讽"和"激化"显著正相关;"侮辱"和"诅咒"相关系数为0.995大于0,且|0.995|>0.95,说明"侮辱"和"诅咒"显著正相关;"诋毁"和"侮辱"相关系数为0.972大于0,且|0.972|>0.95,说明"诋毁"和"侮辱"显著正相关;"诅咒"和"诋毁"相关系数为0.951大于0,且|0.951|>0.95,说明"诅咒"和"诋毁"显著正相关;"歧视"和"讥讽"相关系数为0.978大于0,且|0.978|>0.95,说明"歧视"和"讥讽"显著正相关;"威胁"和"侮辱"相关系数为0.992大于0,且|0.992|>0.95,说明"威胁"和"侮辱"显著正相关;"威胁"和"诅咒"相关系数为0.976大于0,且|0.976|>0.95,说明"威胁"和"诅咒"显著正相关;"威胁"和"诋毁"相关系数为0.994大于0,且|0.994|>0.95,说明"威胁"和"诋毁"显著正相关。

第八章 融合数字公民素养的微博网络暴力分析与启示

表8-28 "罗×军"事件行为显著性检验（P值）

行为	调解	安慰	引流	宣泄	辩护	讥讽	激化	侮辱	诅咒	诋毁	歧视	威胁
调解	0											
安慰	0.000***	0										
引流	0.733	0.697	0									
宣泄	0.659	0.683	0.918	0								
辩护	0.97	0.928	0.5	0.621	0							
讥讽	0.546	0.566	0.52	0.572	0.543	0						
激化	0.576	0.601	0.448	0.405	0.579	0.000***	0					
侮辱	0.614	0.622	0.466	0.988	0.637	0.017*	0.105	0				
诅咒	0.605	0.613	0.46	0.893	0.621	0.028*	0.138	0.000***	0			
诋毁	0.599	0.612	0.417	0.959	0.603	0.001**	0.022*	0.000***	0.000***	0		
歧视	0.546	0.567	0.353	0.562	0.561	0.000***	0.001**	0.003**	0.005**	0.000***	0	
威胁	0.617	0.627	0.426	0.979	0.623	0.006**	0.052	0.000***	0.000***	0.000***	0.001**	0

表8-29 "罗×军"事件行为相关系数值（R）

行为	调解	安慰	引流	宣泄	辩护	讥讽	激化	侮辱	诅咒	诋毁	歧视	威胁
调解	1											
安慰	0.999	1										
引流	-0.133	-0.152	1									
宣泄	-0.172	-0.159	-0.04	1								
辩护	-0.015	-0.035	-0.259	-0.192	1							
讥讽	-0.233	-0.222	-0.248	0.219	-0.235	1						
激化	-0.217	-0.203	-0.291	0.318	-0.215	0.961	1					
侮辱	-0.195	-0.191	-0.28	-0.006	-0.183	0.762	0.575	1				
诅咒	-0.2	-0.196	-0.283	0.052	-0.192	0.723	0.535	0.995	1			
诋毁	-0.204	-0.197	-0.31	0.02	-0.202	0.887	0.742	0.972	0.951	1		
歧视	-0.233	-0.221	-0.352	0.224	-0.225	0.978	0.912	0.857	0.832	0.946	1	
威胁	-0.194	-0.188	-0.304	-0.01	-0.191	0.831	0.663	0.992	0.976	0.994	0.907	1

行为高度正相关的如下："诋毁"和"歧视"行为相关结果通过999‰显著性检验，相关系数为0.946大于0，且|0.946|>0.8，说明"诋毁"和"歧视"高度正相关；"讥讽"和"诋毁"行为相关结果通过99%显著性检验，相关系数为0.887大于0，且|0.887|>0.8，说明"讥讽"和"诋毁"高度正相关；"歧视"和"侮辱"行为相关结果通过99%显著性检验，相关系数为0.857，且|0.857|>0.8，说明"歧视"和"侮辱"高度正相关；"歧视"和"诅咒"行为相关结果通过99%显著性检验，相关系数为0.832，且|0.832|>0.8，说明"歧视"和"诅咒"高度正相关；"歧视"和"激化"行为相关结果通过99%显著性检验，相关系数为0.912大于0，且|0.912|>0.8，说明"歧视"和"激化"高度正相关；"讥讽"和"威胁"行为相关结果通过99%显著性检验，相关系数为0.831大于0，且|0.831|>0.8，说明"讥讽"和"威胁"高度正相关；"威胁"和"歧视"行为相关结果通过99%显著性检验，相关系数为0.907，且|0.907|>0.8，说明"威胁"和"歧视"高度正相关。

行为中度正相关的如下："讥讽"和"侮辱"行为相关结果通过95%显著性检验，相关系数为0.762大于0，且0.5<|0.7662|<0.8，说明"讥讽"和"侮辱"中度正相关；"讥讽"和"诅咒"行为相关结果通过95%显著性检验，相关系数为0.723，且0.5<|0.723|<0.8，说明"讥讽"和"诅咒"中度正相关；"激化"和"诋毁"行为相关结果通过95%显著性检验，相关系数为0.742大于0，且0.5<|0.742|<0.8，说明"激化"和"诋毁"中度正相关。

这进一步说明，在参与"罗×军"事件评论的网民中，出现越多安慰行为时，就会出现越多调解行为，两者都是为了更好地缓解冲突和调解情绪；而发表言论时使用侮辱、诅咒、诋毁、讥讽、歧视、威胁中的任意一种行为的网民，其做出另一种语言暴力行为的可能性也较高。

（三）微博网络暴力角色与行为分析

1. 网络暴力案例对比分析

1）角色和行为占比分析。

将三个案例的不同网络暴力角色的比例进行对比，由图8-5可知"柯×"事件中"施暴者"和"煽动者"的比例显著高于其他两个事件，"热×扎"事件中"调和者"的比例显著高于其他两个事件，而"罗×军"事件中"旁观者"和"监督者"的比例高于其他两个事件。另外，对比其他两条折线的陡峭程度，可见"罗×军"事件的不同角色比例比较均匀。

第八章 融合数字公民素养的微博网络暴力分析与启示

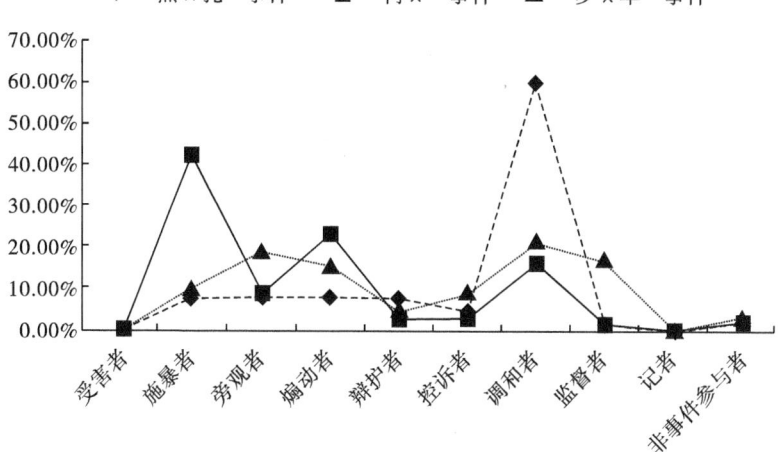

图 8-5 三个案例的角色占比对比

将三个案例的不同网络暴力行为的比例进行对比,由图 8-6 可知"柯×"事件中"讥讽""歧视""诅咒""诋毁""侮辱"等暴力行为和"激化"的煽动性行为的比例显著高于其他两个事件,"热×扎"事件中"安慰"和"辩护"的缓和矛盾和安抚情绪的行为比例显著高于其他两个事件,而"罗×军"事件中"宣泄"和"引流"的行为高于其他两个事件;在"热×扎"事件和"罗×军"事件中,"施暴者"更倾向于使用"讥讽"这类相对含蓄的攻击性行为,而在"柯×"事件中"施暴者"使用"侮辱"性语言的网民与使用"讥讽"性语言的网民数量相当,可知在"柯×"事件舆论中的语言的暴力程度更为强烈。

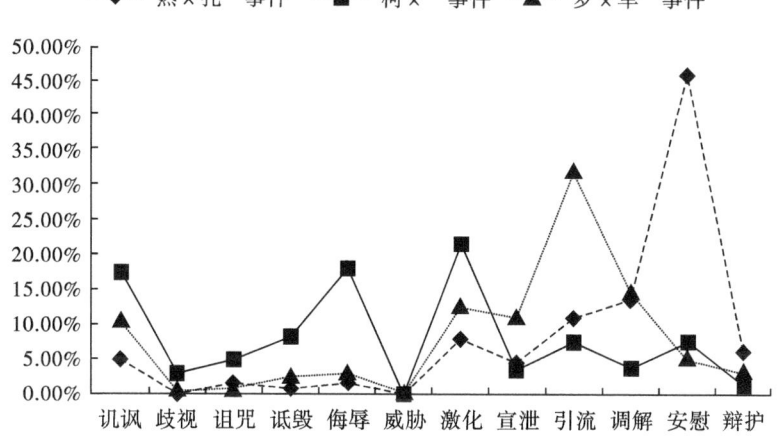

图 8-6 三个案例的行为占比对比

2) 不同角色的语言内容分析。

本研究将内容分析的结果进行数据清洗后，使用大数据语义智能分析软件 NLPIR-Parser[①] 对每个案例的每个角色的评论内容进行语言统计，包括：①词语、词性、词频、一元概率及信息熵的统计，其中一元概率指单个词独立出现的概率，信息熵指的是该词包含的信息广度，其公式为 $H(X) = -\sum_{1}^{n} P(X) \log P(X)$。②二元词对总数、二元词语共现频次、二元词语转移概率统计及二元词对信息熵，其中共现频次指两个词以前后顺序同时出现的频率，二元词对信息熵指两个词包含的信息广度。

由于本研究中，"受害者"和"记者"的评论数量较少，其语言内容分析结果不具有普适性，本节仅对角色"施暴者""控诉者""旁观者""煽动者""监督者""调和者""辩护者"和"非事件参与者"进行语言内容分析。据统计，在本研究进行内容分析的"热×扎"事件微博评论内容中共包含 5930 个词语，所有词语的平均频率为 8.272513，每个角色的评论内容词语统计见表 8-30；"柯×"事件微博评论内容共包含 4449 个词语，所有词的平均频率为 7.115756，每个角色的评论内容词语统计见表 8-31；"罗×军"事件微博评论内容共包含 5598 个词语，所有词语的平均频率为 7.908539，每个角色的评论内容词语统计见表 8-32。

本研究综合一元词频、二元共现词频和信息熵的排序，从每个角色的评论词语表中选取 60 个体现人物的观点和态度的词语以词云展示，并对比三个案例的同一个角色的评论词云进行分析。

表 8-30 "热×扎"事件不同角色评论内容词语统计

角色	词频（次）	词数（个）
控诉者	4464	1610
施暴者	2686	1135
旁观者	2883	1274
煽动者	3483	1356
监督者	1193	531
调和者	29208	4174
辩护者	3833	1427
非事件参与者	1306	733

---

① 张华平，商建云：《NLPIR-Parser：大数据语义智能分析平台》，载《语料库语言学》2019 年第 1 期，第 87～104 页。

表 8-31 "柯×"事件不同角色评论内容词语统计

角色	词频（次）	词数（个）
控诉者	1395	721
施暴者	14393	2881
旁观者	1356	602
煽动者	8172	2256
监督者	253	181
调和者	3888	1139
辩护者	1819	833
非事件参与者	382	299

表 8-32 "罗×军"事件不同角色评论内容词语统计

角色	词频（次）	词数（个）
控诉者	6355	1966
施暴者	4584	1634
旁观者	5320	1719
煽动者	7649	2248
监督者	5540	1503
调和者	11227	2489
辩护者	2628	1115
非事件参与者	969	609

（1）施暴者。"施暴者"角色语言的共性体现在：包含大量极具侮辱性、攻击性和歧视性的暴力语言，都使用了带有贬义色彩的动物"狗"以贬低他人，都使用了诅咒他人生病或死亡的语言。其差异性体现在：①攻击角度的差异：施暴者主要通过嘲笑受害者的精神疾病史、诅咒受害者以及诋毁精神病患者的方式，企图增加精神病患者的病耻感，并借"雪×"事件刺激受害者以增加语言的伤害性；施暴者都主要以性别攻击的形式，属于两性群体攻击，包括使用浮夸的语言形容男性和女性的性器官、体型的特征企图达到羞辱对方的目的。②语言表达的差异：施暴者与其他两个案例中的施暴者的表达方式有明显差距，主要包括两个特征：其一是在评论中多以单一重复

的攻击性词语制造语言暴力的信息轰炸效果；其二是在文字中夹杂大量的表情，这种表达方式属于"粉丝"扮演其偶像"柯×"进行替身攻击，以羞辱他人获得乐趣，反而对偶像的声誉造成负面影响，实属病毒式传播偶像声望。

（2）煽动者。"煽动者"角色语言的共性体现在：包含大量极具讽刺意味的攻击性、歧视性、煽动性语言，激化矛盾，给负面情绪"火上浇油"。多数评论具有与"施暴者"角色语言相似的特征，多使用脏话的同音、谐音、双关语等以更委婉、隐晦的方式嘲讽他人。其差异性体现在：一是以煽动对精神病患者的恶意嘲讽形式出现，二是以煽动性别对立的言论形式出现。

（3）控诉者。"控诉者"语言的共性主要体现在：网民对网络暴力行为的控诉，在词语用法上多使用否定词，如"不知道""不喜欢""就不""不尊重""不要脸""没有证据""不能""不应该"等，从道德和法律层面对施暴者的行为进行控诉，呼吁舆论和法律对其进行制裁。"控诉者"语言的差异性体现在控诉对象具有差异性：一是对无良营销号和"键盘侠"的控诉，二是对"粉丝"的控诉，三是对造谣者的控诉。

（4）旁观者。"旁观者"语言的共性体现在：发表的评论多较简短，没有明确的态度和观点，或表达出对该事件的来龙去脉不知情，会继续关注事件等。三个案例中"旁观者"语言的差异性体现在：一是"吃瓜群众"发表的情绪特征较少的语言，二是冷眼旁观网民发表的带有讥讽语气的语言，三是发表对事件主人公身份和事件真相的疑惑。

（5）辩护者。"辩护者"语言的共性体现在：表述较为理性，通过提出论据为受害者辩护，呼吁网民冷静沉着分析是非，通常以"我认为"或"我觉得"等词语来表述观点。"辩护者"语言的差异性体现在：一是多为受害者辩护，支持其合法维权并举报施暴者；二是多为分析"女权主义"和"极端女权"的区别，论述如何辨别"女权"的真伪，并对有些网民无礼且无理的攻击行为进行抨击；三是由于网民对事实真相无从判断，面对事件反转感受到被欺骗，因此不仅支持受害者合法维权，还为自身遭受道德欺骗、被当"枪"使感到愤恨而自我辩护，亦是呼吁在这个后真相时代，大家应谨慎发言。

（6）调和者。"调和者"语言的共性体现在：每个案例中调和者的评论内容大同小异，主要是鼓励、安抚受害者情绪的言语。"调和者"语言的差异性体现在：一是受害者均为女性，调和者在安慰受害者时都使用了"姐姐"的称呼，"姐姐"这一称呼拉近了人与人之间的心理距离，如"姐姐加油""姐姐晚安"等,调和者多以鼓励好好生活,并劝导受害者对施暴者不予理会。②二是由于案例中存在事件真相反转的情况,那些曾经恶语攻击受害者的网民纷纷道歉,因此调和者的语言主要为"对不起""向你道歉"等,网民的角色从"施暴者"转变为"调和者"。

(7) 监督者。"监督者"角色语言的共性体现在:都对微博平台的话题管理方法质疑,表示持续关注事件进展,并从法律视角探讨事件中涉及的权利义务问题。"监督者"语言的差异性体现在:一是由于受害者转发了大量恶评到自己的微博主页,将施暴者的恶劣行径公之于众,而受害者作为公众人物,公众话语力量同样引来大量受害者的支持者对"施暴者"进行语言攻击,越来越多的网民在情绪的驱动下成为"施暴者"的一员,甚至通过人肉搜索以暴制暴,因此监督者呼吁微博实行"实名制"以压制网络暴行。二是监督者督促微博平台和网警加强对"粉丝"类群体恶行的管理,同时呼吁公众人物管理好公众形象与粉丝群体。

(8) 非事件参与者。"非事件参与者"语言的共性体现在:发表的言论与事件无关,网民在微博评论中自说自话以吸引流量,试图借助该事件的舆论热度引导其他网民关注自己。

3) 不同行为的语言内容分析。

(1) 安慰。"安慰"行为语言的共性体现在:多数评论者在安慰他人时使用"加油""支持"等词语,表示鼓励对方克服困难,是恰当共情的表现。"安慰"行为语言的差异性体现在:一是评论者在安慰"受害者"时多以"姐姐""姐妹""小姐姐"称呼,且较多使用 Emoji 的爱心表情符号"♥"。如果评论者并未使用明确的称呼,可推测微博用户在面对不同性别的网络暴力的受害者时态度存在差异,面对女性受害者时更愿意表现出亲近的关怀情绪。二是评论者主要通过道歉以安慰"受害者",支持其通过法律维权,并对自己因不明真相而使用语言暴力的行为进行忏悔。三是评论者在安慰"受害者"时使用了较多褒义词语,例如"美好""漂亮""勇敢""善良"等,究其原因,是该案例中的受害者作为公众人物拥有大量的拥护者,使其在承受网络暴力时能得到海量的鼓励和安慰。

(2) 调解。"调解"行为语言的共性体现在:多数评论者在进行调解时呼吁网友们在发言时保持理性客观,提倡人际互动时要尊重。"调解"行为语言的差异性体现在:一是"调和者"的调解对象具有差异,有的主要是"受害者",有的则是"受害者"和广大情绪激动的网友。二是调解的出发点不同:①"调和者"劝解"受害者"对网络暴力不予理会,并向网友传播其正面形象及科普抑郁症相关知识,以期网友能对"受害者"产生共情与理解从而缓解冲突；②"调和者"多在夜晚关注事件动态，并劝解"受害者"对网络暴力不予理会，同时也抨击了"施暴者"的过激行为，呼吁网友尊重女性；③"调和者"主要为因听信谣言而发表的不当言辞向"受害者"道歉以调和"受害者"的负面情绪，同时为"受害者"合法维权声援。

（3）辩护。"辩护"行为语言的共性体现在评论者都为网络暴力中被侵犯人的权利辩护，呼吁尊重人权，是具有数字公民身份管理素养的表现。"辩护"行为语言的差异性体现在辩护的出发点不同：一是评论者主要为抑郁症患者群体的人格辩护，通过向网友科普抑郁症的病理、病症和治疗手段等，为"受害者"辩护；二是评论者主要为人的言论自由权和女权主义辩护，呼吁网友尊重他人通过社交平台发表观点的权利、尊重女性的权利，并提出区分"女权主义"和"极端女权"；三是评论者主要为"受害者"的合法权益辩护，然而由于事件反转使网民对"受害者"的身份认知发生了变化，辩护的内容从"前真相受害者"的"性自主权"转变为"后真相受害者"的"名誉权"。

（4）诋毁。"诋毁"行为语言的共性体现在："施暴者"在诋毁他人时都针对"受害者"的弱点歪曲事实，极具挖苦意味；多数"施暴者"在诋毁"受害者"的同时辱骂其母亲。"诋毁"行为语言的差异性体现在：①"施暴者"主要是对抑郁症患者的人格诋毁，以及诋毁其作为公众人物以"抑郁症"进行炒作获取关注度。②"施暴者"的诋毁对象不是明确的个体，而是群体。"施暴者"在对异性群体的憎恶情绪中互相诋毁，制造性别对立。在该案例中"施暴者"多以动物、昆虫、食物和生活用品等指代异性或异性的性器官，从而破坏异性群体的名誉。③"施暴者"对"受害者"以及由愤怒情绪诱导的对整个男性群体的诋毁，捏造并歪曲事实。

（5）讥讽。"讥讽"行为语言的共性体现在："施暴者"在讥讽他人时多使用隐晦、尖酸刻薄的语言，语气轻蔑且多是反讽。"讥讽"行为语言的差异性体现在：①案例1中主要是"施暴者"对"受害者"的抑郁症病史的讥讽。②主要是"施暴者"对异性群体的讥讽；而对男性群体的讥讽包括耻笑男性的性器官等。另外，男性网友常以"爷"或Emoji表情自称，是一种自大且带有嘲讽语气的网络用语。③多数网民默认将"男性"作为情感纠纷的过错方而产生争执，进而产生对"极端女权"的讥讽。

（6）激化。"激化"行为语言的共性体现在：评论者抓住"受害者"的弱点或事件的关键冲突点发表非理智非客观的言论，使网民情绪朝着更激烈尖锐的趋势发展。"激化"行为语言的差异性体现在：①评论者围绕"抑郁症""营销手段""公众人物""炒作"等话题开展，②评论者则针对两性特

第八章 融合数字公民素养的微博网络暴力分析与启示

征开展,加剧性别对立的矛盾,③评论者则围绕"女权""舆论监督""社会问题""话语权""维权"等话题开展。

(7)歧视。"歧视"行为语言的共性体现在:评论者的言论带有较强的偏见,针对人的某个特征进行丑化。"歧视"行为语言的差异性体现在:①评论者首先是对语言暴力行为的歧视;其次是对抑郁症患者的歧视,认为其是"装病"和"作秀"。②矛盾主要是异性群体之间的相互歧视。

(8)威胁。"威胁"行为语言的共性体现在:"施暴者"的言论带有明显的权利压迫,威胁他人会给对方造成权益损失。"威胁"行为语言的差异性体现在:①"施暴者"威胁"受害者"退出娱乐圈。②"施暴者"威胁陌生网友或其家人的生命安全,且其言论夹杂了大量的 Emoji 表情符号,并使用拼音替代汉字辱骂他人。③"施暴者"威胁在该事件中的情感过错方以"死亡"赎罪,以增加对方的负罪感。

(9)侮辱。"侮辱"行为语言的共性体现在"施暴者"使用了大量的攻击性强烈、直接的语言,包括带有贬义色彩的动物类和昆虫类词语以及与人体器官有关的词语,死亡疾病以及与废弃物品相关的词语"侮辱"行为语言的差异性体现在:①"施暴者"对抑郁症患者的疾病侮辱和"施暴者"之间的"语言互殴","施暴者"多通过攻击他人的母亲以侮辱对方。②使用较多的 Emoji 表情,包含较多辱骂含义的拼音。③"施暴者"以"强奸犯"的称谓首先对受害者进行人格侮辱,其次是对女性的侮辱,以及对造谣者的指责。

(10)宣泄。"宣泄"行为语言的共性体现在对网络暴力和事件中存在的不公平现象的愤懑。其差异性体现在:①"控诉者"对"造谣"的指责,以及自身曾经遭遇网络暴力和污蔑的情绪宣泄。②"施暴者"和"煽动者"的负面情绪宣泄,评论中包含大量的脏话、污秽词语。

(11)诅咒。"诅咒"行为语言的共性体现在多数"施暴者"发表的言论包含"死亡"诅咒。其差异性体现在:①包含较多的 Emoji 表情符号,通常在诅咒对方的母亲死亡的情况中出现。②诅咒性的相关词语较多。③诅咒对象多为事件被指为"强奸犯"的受害者及女性网友。

(12)引流。"引流"行为语言的共性体现在评论者的言论没有一致的信息特征,但都具有引导其他网友关注的特点。其差异性体现在关注的话题侧重点不同:①评论者主要是呼吁网友对"实名制""抑郁症""网络暴力"等话题的关注;②评论者主要是呼吁网友对"网络暴力""女权主义"等话题的关注;③评论者主要是呼吁网友对该事件的具体进展的关注,包括事件的来龙去脉、造谣情况和"受害者"的维权历程。

2. 网络暴力案例独立分析

（1）"热×扎"事件。本研究首先将"热×扎"事件内容分析后得到的角色与行为的对应数量关系可视化为图8-7，可知在该事件中"调和者"角色和"安慰"行为占比最高，其中，"调和者"角色的典型行为是"安慰""调解"和"辩护"；"煽动者"角色的典型行为是"激化""讥讽"和"宣泄"；"施暴者"角色的典型行为是"讥讽""激化""诅咒"和"侮辱"；"控诉者"角色的典型行为是"宣泄"和"激化"；"辩护者"角色的典型行为是"辩护""安慰"和"调解"；"受害者"角色的典型行为是"引流"和"宣泄"，而"监督者""旁观者"和"非事件参与者"角色的典型行为都是"引流"。

图8-7 "热×扎"事件角色与行为桑基图

其次，使用NLPIR-Parser（智能语义分析系统）对每个角色的评论内容进行基础的正负面情感分析，具体数值见图8-8。由图可知，①由于"调和者"的语言数量较大，正面情感和负面情感的分值均为所有角色中最大，且是唯一的语言整体情感分值为正数的角色。可见"调和者"的"讥讽""宣泄"和"侮辱"等带有负面情感的行为占比不多，但其所涵盖的负面情绪能量很高。②由于部分"施暴者"和"煽动者"在攻击他人时使用了脏话的同音词、谐音词，以"怼人不带脏话"实现躲避网警的网络社交文明管理。网络新词日新月异，在本研究中智能语义分析系统对负面词语的计数有所疏漏。③在该事件中网民的整体情绪偏向负面，其中"控诉者"整体情感分值最低,可见其在控诉网络暴力行为时"宣泄"的负面情绪较多,但也存在控诉后理性劝解和疏导"受害者"情绪的评论。

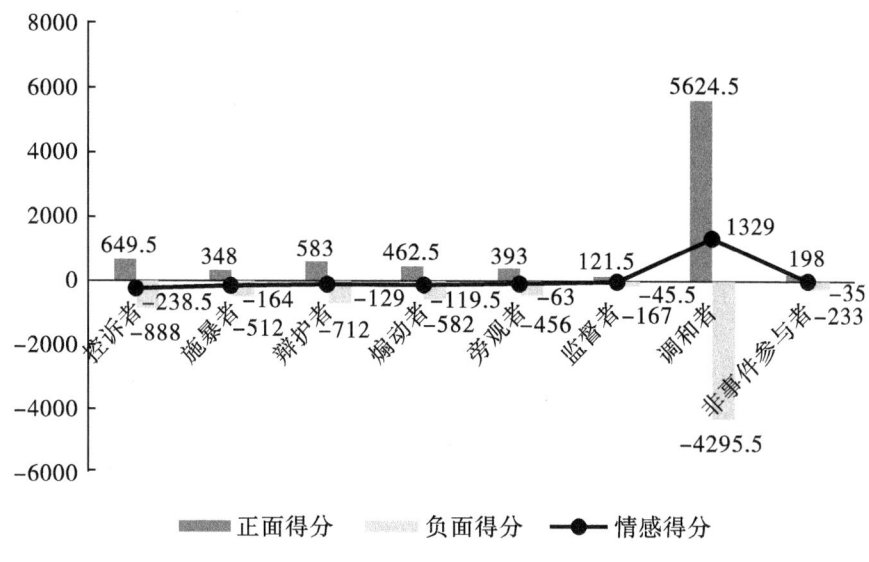

图8-8 "热×扎"事件中不同角色语言情感分析

(2)"柯×"事件。本研究首先将"柯×"事件内容分析后得到的角色与行为的对应数量关系可视化为图8-9,可知该事件中的角色以"施暴者"

图8-9 "柯×"事件角色与行为桑基图

和"煽动者"占比较高,而行为则以"激化""侮辱"和"讥讽"占比较高。其中,"施暴者"角色的典型行为是"侮辱""激化""讥讽""诋毁"和"诅咒";"煽动者"角色的典型行为是"激化"和"讥讽";"调和者"角色的典型行为是"安慰"和"调解";"控诉者"角色的典型行为是"宣泄";"辩护者"角色的典型行为是"辩护";"监督者"和"旁观者"角色以及"非事件参与者"的典型行为是"引流"。

其次,使用 NLPIR-Parser 对每个角色的评论内容进行基础的正负面情感分析,具体数值见图 8-10。由图可知,①由于"施暴者"的语言数量较大,其正面情感和负面情感的分值均为所有角色中最大,且是语言整体情感分值最低的角色。但由于该事件中的"施暴者"在发表攻击性、侮辱性语言时使用大量的表情符号、同音词和谐音词,或者使用"阴阳怪气"的语气说话以反讽他人,智能语义分析系统会将这些词语和符号检测为正面词语,因此施暴者的正面情感的分值较高。②在该事件中网民的整体情感偏向负面,从情感数值可知该事件中的"调和者""监督者"和"旁观者"以及"非事件参与者"的情绪相对较平稳。③在该事件中存在不少网民以多重角色参与社交互动的情况,在安慰"受害者"的同时痛斥"施暴者",甚至发表性别歧视的话语以煽动性别对立,既使用了安抚性语言又使用了煽动性语言。

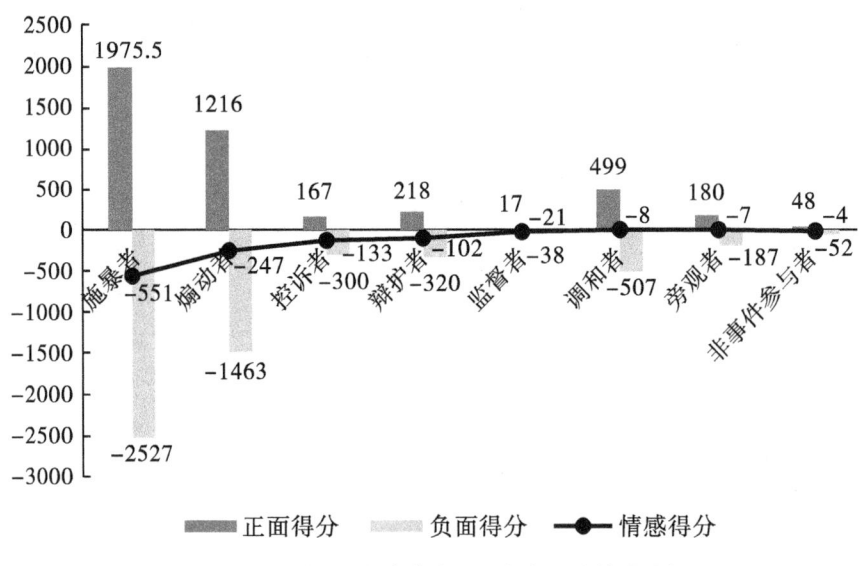

图 8-10 "柯×"事件中不同角色语言情感分析

(3)"罗×军"事件。本研究首先将"罗×军"事件内容分析后得到的角色与行为的对应数量关系可视化为图 8-11,可知在该事件中不同角色的群体分布相对均匀，以"引流""激化""调解"行为占比较高。其中，"辩护者"角色的典型行为是"辩护"；"控诉者"角色的典型行为是"宣泄"和"激化"；"煽动者"角色的典型行为是"激化"和"讥讽"，"施暴者"角色的典型行为是"讥讽""激化""侮辱"和"诋毁"；"调和者"角色的典型行为是"调解"和"安慰"，"旁观者"和"监督者"角色以及"非事件参与者"的典型行为是"引流"，由于"记者"角色的数据占比较小，在本研究中无法科学分析其典型行为。

图 8-11 "罗×军"事件角色与行为桑基图

其次，使用 NLPIR-Parser 对每个角色的评论内容进行基础的正负面情感分析，具体数值见图 8-12。由图可知，①由于"调和者"的语言数量较大，其正面情感和负面情感的分值均为所有角色中最大。在该事件中存在不少网民以多重角色参与社交互动的情况，例如在向"受害者"道歉的同时为自身辩护，希望可以调解矛盾。②在该事件中网民的整体情感偏向负面，其中"控诉者"整体情感分值最低，其在控诉事件中的肇事行为和造谣行为时"宣泄"的负面情绪较多，而"施暴者"和"煽动者"对此亦使用较多的攻击性、侮辱性词语，负面得分较高。③在该事件中，虽然"旁观者"并未发表明确的观点与态度，但面对事件中描述的有损法律和道德的事情，"旁观者"表露了个人的负面情绪，如生气、伤心等。

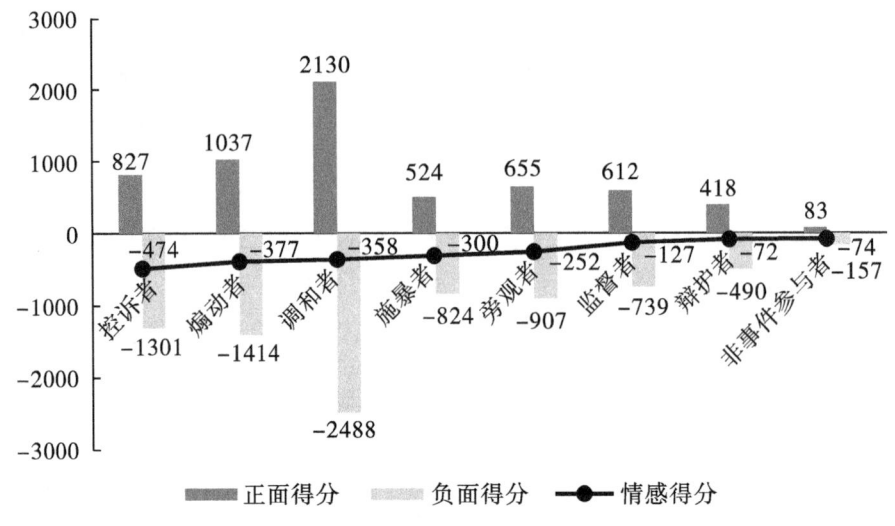

图8-12 "罗×军"事件中不同角色语言情感分析

3. 网络暴力角色与行为聚类分析

本研究先计算三个案例的网络暴力角色与行为的每个交叉编码数值的平均值,将这些平均值作为本研究的网络暴力角色与行为的编码数量关系值,分析发现不同角色和行为的平均值数值差距较大。因此,为了减小指标之间取值范围差异的影响,并且为了更直观地展示数量差异,需要进行标准化处理。本研究将平均值进行 z-score 标准化,转化公式为 $x^* = \dfrac{x - \bar{x}}{\sigma}$,其中σ为交叉编码数据的标准差,$\bar{x}$ 为交叉编码数据的均值,均值以上的规范化值是正数,均值以下的规范化值是负数,再将规范化值进行 ward.D2 聚类,数据以热图可视化后如图8-13所示。另外,由于在本研究中角色"受害者"和"记者"的编码数量与其他角色差异较大,因此单独将这两个角色的编码数值规范化后进行可视化,如图8-14所示。

根据图8-13分析可知,网络暴力角色和行为的关系如下:"调和者"的主要行为及其之间的数量关系是"安慰">"调解","煽动者"的主要行为及其之间的数量关系是"激化">"讥讽">"侮辱","施暴者"的主要行为及其之间的数量关系是"侮辱">"激化">"讥讽">"诋毁">"诅咒","辩护者"的主要行为是"辩护","控诉者"的主要行为及其之间的数量关系是"宣泄">"激化",而"旁观者""监督者"和"非事件参与者"的主要行为均为"引流"。

由图8-13的聚类结果可知,角色聚类结果如下:"煽动者"和"施暴者"属于同类角色,"辩护者"和"控诉者"属于同类角色,"旁观者""监督者"和"非事件参与者"属于同类角色,说明同类角色的行为表现相似,网民可能在同一事件中扮演同类角色中的多种角色,而角色的变动取决于其认知、情绪的变化。行为聚类结果如下:"安慰"和"调解"属于同类行为,"侮辱""激化"和"讥讽"属于同类行为,"歧视""威胁""诅咒""诋毁"属于同类行为,这说明同类行为可能出自同类角色,网民在实施某种行为时做出另一种同类行为的可能性较大。

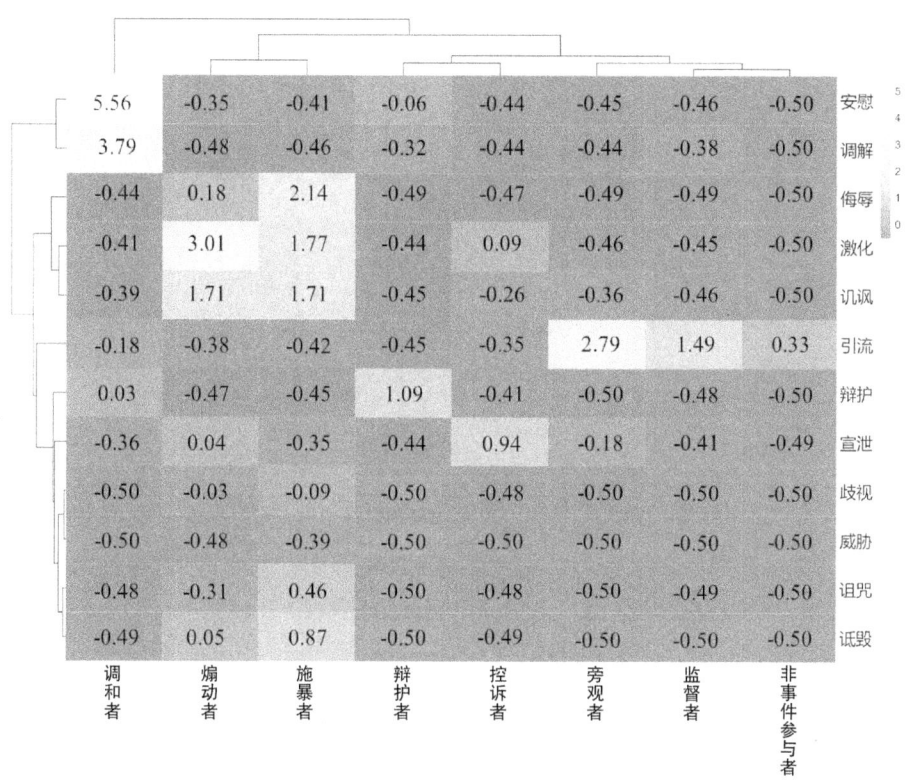

图8-13 网络暴力角色(部分)与行为数量标准化值及聚类

根据图8-14可知,"受害者"的主要行为及数量关系是"辩护""引流">"调解">"讥讽",但在本研究中未能确认"记者"的主要行为。在后期的研究中应拓展对"受害者"和"记者"角色的行为研究。

另外,从网络暴力的角色和行为的整体组成情况看,"调和者""煽动者""施暴者"和"旁观者"是网络暴力的主要角色,"安慰""调解""激化""侮辱"和"引流"是网络暴力的主要行为。

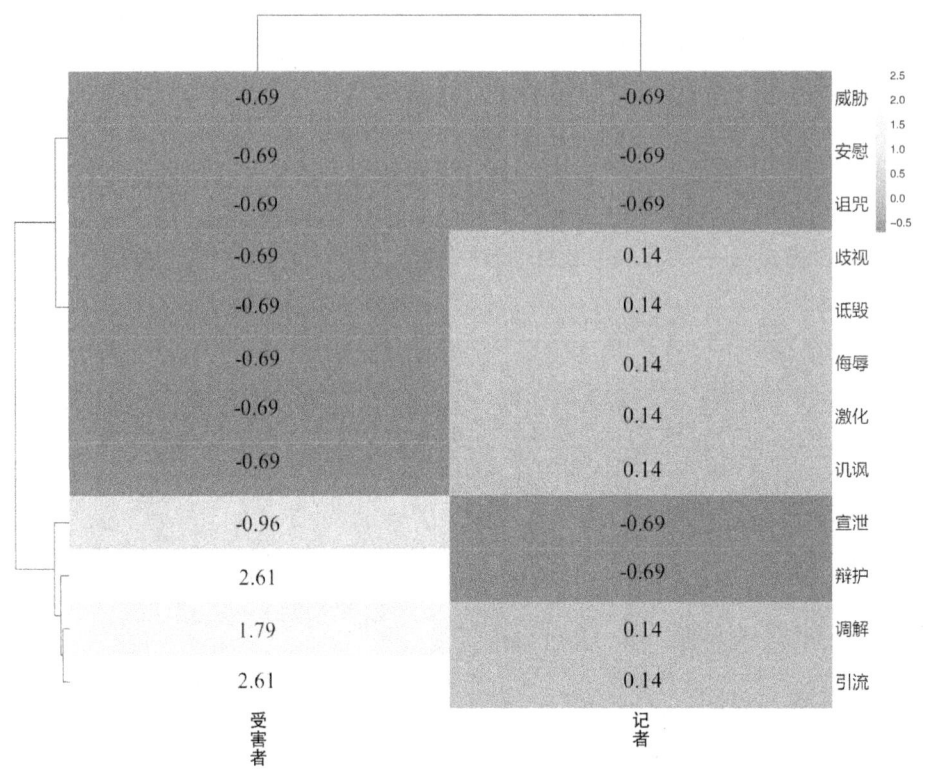

图8-14 受害者和记者与行为数量标准化值及聚类

九、讨论及对数字公民素养培育的启示

(一) 微博网络暴力在数字公民素养视角下的解读

数字公民身份在社交平台上的体现是角色认同所表现出的行为,即每种角色形成典型的语言和行为模式。当网民面对同一事件中不同群体具有不同的态度时,其行为的多样性即体现了角色认同的多样性。本研究经过内容分析后,从数字公民素养水平的视角对网络暴力中每个角色的行为表现进行分析如下。

1. "施暴者"行为体现了对异性群体和有精神疾病史的数字公民的不尊重

在本研究中,"施暴者"的典型行为是"侮辱""激化""讥讽""诋毁"和"诅咒"。当网民的数字自我认同意识较高，但与外界的文化认同和公共精神认同有较大的冲突，且数字参与意识较强，数字自我效能感较强但数字法律意识薄弱，又缺乏数字同理心，数字共情能力较低时，他们在网络中往往以"嫉恶如仇"的形象出现，热衷用言语"讨伐"他人，但未能意识到网络言行受法律约束，未能在数字社交互动中尊重差异，便发展为"施暴者"。网络环境赋予了个体匿名发言的平台，这使得施暴者的群体意识增强，数字自我意识被弱化，在发泄式、情绪化的讨论中产生群体极化，在本研究中主要体现为女性群体和男性群体之间的群体极化，在网络暴力中两性群体之间的歧视与敌对情绪进一步恶化。

2. "受害者"行为体现了不同社会角色的数字自我效能感的差异

在本研究中，"受害者"的典型行为是"辩护""引流""调解"和"讥讽"。本研究发现该角色在不同案例中的自我表露程度存在差异，究其原因，"受害者"的社会角色对其数字自我效能感有所影响，如公众人物的公共话语影响力显然高于普通网民。在本研究中三个案例的"受害者"均在新浪微博平台表露自我观点与感情，但仅作为公众人物的"受害者"较多与网民在微博评论区互动，而作为普通网民的"受害者"并没有直接与其他角色互动。可见，当"受害者"数字参与意识和数字自我效能感更强时，其在社交平台发言更多，维护自身形象和名誉的表述更多，与网民互动为自己辩护的频率更高，其对个体合理性的捍卫程度更高，更需要获取社会认同；当"受害者"数字法律意识更强时，则会拿起"法律"武器维护自身利益。相反，当"受害者"数字法律意识薄弱且数字自我效能感较低时，其在社交平台发言少或不发言，"受害者"的无助感和受挫感可能更强。

3. "旁观者"行为体现了较低的数字参与意识和数字责任意识

在本研究中，"旁观者"的典型行为是"引流"。该角色通常没有明确的观点和态度，许多网民面对舆论事件倾向于以"旁观者"的数字公民身份旁观事态发展，当前网络用语"吃瓜""搬起板凳嗑瓜子"即分别指"旁观""看热闹听八卦"。旁观者的数字参与意识和数字责任意识较低，面对他人权益受侵害的事件时，认为自己没有采取行动的责任，面对网络信息也保持冷静观望的态度。

4. "煽动者"行为体现了较高的数字自我认同意识和数字参与意识

在本研究中，"煽动者"的典型行为是"激化""讥讽"和"侮辱"。该角色的数字自我认同意识较高，并试图将自我意识通过言语汇聚成群体意识，欲通过群体极化以强化个人观点的合理性。在本研究中，该角色面对不赞同的观点易激动而冲动发言，在社交平台上发言较为积极，数字参与意识与数字监督意识强,但未能清晰地意识到自己的言行须承担责任,其数字责任意识、数字法律意识和数字同理心较弱,情绪边界较低。

5. "辩护者"行为体现对维护公共精神认同和公平正义有较强的责任感

在本研究中,"辩护者"的典型行为是"辩护"。该角色的数字自我认同意识和数字参与意识较高,面对他人权益受侵害的事件或不公现象时,认为自己有采取行动的责任,并以冷静客观的态度提出理由和依据为自身认为的"正义"辩护,以情理、道理服人,并认为自己的数字自我认同与数字社会认同具有较高的一致性,对维护公共精神认同和公平正义有较高的责任感,且该角色的数字共情能力和数字同理心适中,数字自我效能感强,面对其他网民的高昂情绪能保持情绪距离,恰当共情。

6. "控诉者"行为体现了较低的情绪边界,易煽动群体关系对立

在本研究中,"控诉者"的典型行为是"宣泄"和"激化"。该角色的数字参与意识和数字责任意识强,数字同理心和共情能力强,数字自我效能感强,且数字自我认同意识较高,因此自我表露程度高,面对他人权益受侵害或不公现象,认为自己有采取行动的责任,多以相似的受侵经历与"受害者"共情,或站在"受害者"的利益角度控诉暴行,但情绪边界较低,易将负面情绪泛化,造成煽动群体关系对立的后果。

7. "调和者"行为体现了较强的同理心和共情能力

在本研究中,"调和者"的典型行为是"安慰"和"调解"。该角色在网络暴力中表现出较强的同理心和共情能力,面对他人权益受侵害等不公现象时,认为自己有采取行动的责任,通过安抚"受害者"或其他网民的情绪以阻止暴行和减轻"受害者"的痛苦。该角色数字自我效能感适中,以一种"和事佬"的形象参与社交互动;但部分"调和者"的数字参与意识和数字责任意识较强,以"调和者"角色参与互动的同时,也以"煽动者"或"施暴者"的角色行动。

8. "监督者"行为体现了较低的数字社会认同

在本研究中,"监督者"的典型行为是"引流"。该角色的数字自我认同意识较高,但对数字社会认同度较低,即认为数字社会的现实与自身的数字社会价值认同存在差异,因此其数字参与意识、数字责任意识、数字法律意识和数字监督意识强,数字同理心和数字共情能力适中,且数字自我效能感适中,面对他人权益受侵害等不公现象时,认为自己有采取行动的责任,主要表现在对公共平台管理、相关法律制度的制定投以较多的关注。

9. "记者"行为体现了较强的数字自我效能感

"记者"的数字参与意识、数字责任意识、数字监督意识和数字自我效

能感强,在面对他人权益受侵害或不公现象,认为自己有采取行动的责任,试图扩大自己的公共话语影响力,使网络暴力事件得到更多网民的关注;该角色的数字同理心和数字共情能力适中,在传播事件时通常不掺杂过多的个人情绪,具有一定的心理边界;当"记者"数字法律意识较强时,其会严谨确认所传播内容的真伪情况;当"记者"数字法律意识较弱时,往往不重视传播内容的真伪,极易道听途说甚至成为谣言的传播者。

(二)倡导与强化数字公民教育,提升数字公民素养

1. 在学校教育和社区教育中渗透数字公民教育

本研究选取的三个案例仅仅是网络暴力的冰山一角,网络中还存在大量不为本研究掌握的网络暴力用语。我们必须清醒地意识到,数字公民教育的缺失会导致网络暴力事件频发,特别是在网络社区、社交媒体平台等具有开放性的密集型虚拟空间中,极易对网民自身、家庭和社会带来恶劣、持续的影响。为此,呼吁在学校教育和社区教育中渗透数字公民教育,努力提升全民的数字公民素养水平。具体来说,①在学校为3—12年级的学生专设数字公民素养课程,或将数字公民教育渗透到已有课堂中,例如将数字公民素养教育内容纳入班会活动和家校共育计划中,帮助学生理解成为负责任的数字公民的重要性,让其学习网络安全与网络道德。②在社区开展数字公民素养公益活动,教育部门与教育科技企业合作开发家庭教育游戏软件,寓教于乐,为社区老百姓提供数字公民教育的渠道,学习如何安全地使用互联网、保护个人信息、识别安全的网站以及保持积极和尊重他人的上网态度。③为不同年龄段和不同数字发达水平地区的数字公民编制个性化的数字公民素养课程,提高课程知识获取与共享的灵活性和适应性。将"网络暴力与网络文明"作为主题课程纳入数字公民素养课程体系,包括网络暴力的类型、后果、影响、预防、应对,以及文明网络行为等,提供数字公民活动指南,鼓励合法、合乎道德地使用技术实现数字生活。

2. 精准提升数字公民素养

网络暴力频发是网民的数字公民素养缺失的显现,本研究从数字礼仪素养、数字法律素养、数字健康素养、数字权责素养、数字通信素养五个方面细化数字公民教育的内容,阐述了如何通过实施与强化数字公民教育引导网民建立健康的数字公民角色认同,建立、管理和维护健康的数字公民身份,从而精准提升数字公民素养,培养合格数字公民。

(1)数字礼仪素养。数字礼仪素养是指与线上社交互动行为规范相关的

价值观念、必备品格、关键能力和行为习惯。① 在本研究的案例中,"施暴者""煽动者"和"控诉者"的许多评论都体现了当代网民数字礼仪素养的缺失。诸如:①"网络暴力狗没有妈妈"在控诉暴行的同时也诅咒了他人;②"我怕初一您父亲的哀乐太吵,您会听不到我的祝福;我怕初二您老婆的坟头草太高,您会看不到我的短信"则是"侮辱"和"诅咒"行为,实属借礼仪之名,行诅咒之实,损害他人尊严,违背了"尊重和友善"的交往礼仪。

根据上述网络暴力角色与行为分析和聚类结果,"侮辱""激化"与"讥讽"行为被聚类于同一簇,是"施暴者"和"煽动者"的典型行为表现。换言之,"母狗""蛆"和"给爷爬"等有悖数字礼仪的暴力词语,极易使网民表现出"侮辱""讥讽"等行为,极易让其成为"煽动者"和"施暴者",从而有意或不经意地卷入网络暴力事件中,给受害者、其他公众和社会带来不可估量的后果。

可见,以本研究选取的案例为代表的真实案例可作为"数字礼仪素养"课程教材的反面素材,告诫学习者切勿发表此类言语,引导学习者在数字参与过程中尊重他人,平等对待不同种族、性取向、职业、爱好、宗教、民族的数字公民。在以青少年为对象的数字礼仪素养课程中要格外强调对网络用语使用的审慎,帮助青少年认识到网络亚文化新词中包含大量网络暴力语言,帮助其认识到隐喻式网络暴力语言带来的伤害性不容小觑。教育学习者勿对他人贴标签、勿进行人设攻击、勿恶意解读他人的数字社交行为,培养良好的数字礼仪。

(2)数字法律素养。数字法律素养是与数字行为应承担的责任和义务相关的价值观念、必备品格、关键能力和行为习惯。② "热×扎"案例中有网民对他人进行网络暴力后又以网络暴力"受害者"自居,"柯×"案例中网民对柯×进行诋毁和污蔑的现象体现了数字法律素养的缺失,在"罗×军"案例中"控诉者"在以自身经历控诉"暴行"和宣泄情绪时过多透露个人隐私。

可见,以本研究选取的案例为代表的真实案例可作为"数字法律素养"课程教材的反面素材,引导学习者建立、融入和维护数字群体关系,塑造并

---

① 郑云翔,黄柳慧,钟金萍:《数字公民素养的要素定义和内容分解》,载《科教导刊(下旬)》2020年第6期,第162~164页。

② 郑云翔,黄柳慧,钟金萍:《数字公民素养的要素定义和内容分解》,载《科教导刊(下旬)》2020年第18期,第162~164页。

管理健康的数字公民身份。因此,在课堂上教师可以:①鼓励学习者参与政治、经济、社会、文化等公共事务的讨论及线上活动,主动分享和建设健康的网络社区文化,在参与中提升数字参与意识和数字自我效能感;②鼓励学习者关注不同数字群体的权益保障,鼓励通过舆论监督文明行使监督权,进而提升数字监督意识;③帮助学习者理解公共利益与个人利益的边界与联系,鼓励在线关注社会民生、法治问题,呼吁其在社交平台自觉主动地维护国家尊严和公共利益,进而维持合乎边界的数字责任意识;④帮助学习者理解、厘清并熟知作为合法数字公民应遵守的相关法律和规定,针对不同类型学习者进行相关数字活动领域的教育,包括《中华人民共和国网络安全法》《信息网络传播权保护条例》《互联网信息服务管理办法》等,强调网络言行同样受法律约束;⑤告诫学习者在面对网络突发事件,若以"记者"的数字公民身份传播与事件相关的信息,勿肆意传播未经当事人证实的信息。

(3)数字健康素养。数字健康素养是与维持数字生活身心健康相关的价值观念、必备品格、关键能力和行为习惯。① 在"柯×"案例和"罗×军"案例中,"施暴者""煽动者"的许多煽动"性别对立"的评论都体现了数字健康素养的缺失。不少网民融入亚文化群体如"粉丝"、自称"背锅侠"的"带带大师兄"的粉丝群体、"爸爸团"、"网络吉普赛"和"波特兰伐木工"等,沾染不良习性,蓄意反串"钓鱼"招惹海量网友参与骂战,使用侮辱性极强的语言激起民愤,"病毒式"散播虚假信息以搅乱舆论,从网络暴力中窥探到"玩梗"的现象就是网民缺乏数字健康素养呈现出的极端文化现象之一。

更进一步地,根据上述的网络暴力角色与行为分析和聚类结果,"诋毁""诅咒"与"歧视"等行为被聚类于同一簇,而"施暴者"和"煽动者"两个角色被聚类于同一簇。换言之,诸如许多与生殖器官、乱伦相关的描述等有悖数字健康的暴力词语,极易诱发更多网民对他人进行"侮辱""诅咒"等行为,极易让其成为"煽动者"和"施暴者",从而有意或不经意地卷入网络暴力事件中,给受害者、其他公众和社会带来不可估量的后果。

可见,以本研究选取的案例为代表的真实案例可作为"数字健康素养"课程教材的反面素材,教育者可以:①引导学习者学会分辨网络亚文化中的糟粕,教育其远离存在网络欺凌行为的数字群体,不接触、不传播含有色情、暴力、赌博信息的图文和音视频;②培养健康的社交媒体使用习惯,合

---

① 郑云翔,黄柳慧,钟金萍:《数字公民素养的要素定义和内容分解》,载《科教导刊(下旬)》2020年第18期,第162~164页。

理安排数字使用时间,预防社交媒体成瘾;③引导其在社交媒体中恰当表达自我和调节情绪,保持情绪边界,恰当共情,通过展示微博评论示例向学习者解析"控诉者"在情绪高昂时极易泄露个人隐私及陷入负面情绪旋涡;④鼓励家长开启未成年使用社交软件时,家长为其开启青少年模式,减少网络世界的不良言论与行为对未成年价值观的影响。

(4) 数字权责素养。数字权责素养是数字公民关于享有权利和所承担责任的价值观念、必备品格和行为习惯。[①] 在本研究的案例中,"施暴者""煽动者""旁观者"甚至"受害者"的不少评论体现了数字权责素养的缺失。诸如:①"别赞我了,我怕被网暴"和"我先跑了"等看客发言体现网民对自身言行缺乏责任担当,但作为数字公民应意识到线上发言同样具有道德表率作用;②如"柯×无才无德柯×粉丝无爹无娘"属肆意发泄情绪、诋毁、诅咒和威胁他人的表现,缺乏"明辨""自律""负责"的数字权责意识。而诸如"谁是谁非,自有法律定夺""中立的角度等待事情的真相"和"不要失去理性站队去毁了谁,而是为他们发声,冷静看待,等待真相就好"的"辩护者"发言则是以身作则,主动承担教育他人的责任的表现,呼吁公众理性客观看待事件。另外,"柯×"事件中的"受害者"对网络暴力置之不理,属于纵容暴力、消极维权的表现。

根据上述网络暴力角色与行为分析和聚类结果,"诋毁""诅咒"和"歧视"行为相似,包含大量对家人的诅咒和对性特征的嘲笑语言,诸如有悖数字权责的暴力词语,极易诱发更多网民对他人进行"歧视""诅咒"等行为,极易让其成为"煽动者"和"施暴者";而"安慰"和"调解"的行为被聚类于同一簇,但有些语言仍带有反讽意味,易激化矛盾,诸如"别理他们直接打死"和"姐要加油,喷死那帮××",这些虽然是"安慰"和"调解"的行为,但仍体现了数字权责素养的缺失。

可见,以本研究选取的案例为代表的真实案例可以作为"数字权责素养"课程教材的素材以引导学习者避免成为"施暴者和煽动者",厘清数字公民拥有的权利和承担的责任;告诫学习者不应在互联网上嘲笑、歧视他人的疾病、职业、身体特征等;向学习者展示因网络暴力造成受害者抑郁发作、名誉尊严受损而自杀的案例,强调诸如"母狗""蝈蝈"等粗俗言语会对他人的身心造成不可逆的伤害。同时,警醒学习者遭受网络暴力时不应以暴制暴,应强调提高对个人信息的保护意识,帮助学习者掌握基本的网络安

---

① 郑云翔,黄柳慧,钟金萍:《数字公民素养的要素定义和内容分解》,载《科教导刊(下旬)》2020年第18期,第162~164页。

全常识,掌握如何收集网络暴力的关键证据,了解遭遇网络暴力时通过法律维权的方法。

(5) 数字通信素养。数字通信素养是与进行信息的电子化交换相关的价值观念、必备品格、关键能力和行为习惯。① 在本研究的案例中,"施暴者"和"煽动者"的许多评论都体现了数字通信素养的缺失。诸如拼音缩写语"yyds""nmsl""biss",或人设标签"伐木工""蛔蛔""老网抑云""老阴阳人",或称谓"小姐姐""小姐""老王"等词语会因网民的过度解读和病毒式传播而造成网络暴力。

根据上述网络暴力角色与行为分析和聚类结果,"激化"和"讥讽"行为被聚类于同一簇,诸如"拳师""恶臭女拳"和"蛹人"等讥讽性质的网络词语常常会激化矛盾,有悖数字通信素养,如"你不能质疑,你质疑了,那就是跟强奸犯共情,那你也就是强奸犯!"等言论蛮不讲理且情绪化,极易诱发更多网民对他人做出"歧视""侮辱""宣泄"等行为,极易让其成为"煽动者"和"施暴者",使事态向更极端的方向发展,体现了网民数字通信素养的缺失。

可见,以本研究选取的案例为代表的真实案例可以作为"数字通信素养"课程教材的反面素材,告诫学习者虽然数字群体的多样化丰富了网络亚文化,不同社交圈子具有独特的交流"暗号",但是要注意社交通信方式是否会给他人带来影响或困扰,要意识到使用具有特殊含义的词语进行交流时是否会造成沟通障碍或沟通误会,甚至可能引发网络暴力。因此,要教育学习者避免过度使用具有特殊含义的网络词语,审慎发言,为自己的数字足迹负责并建立积极健康的数字声誉。

(三) 提升社交网络平台防范网络暴力的能力

1. 促使社交网络平台为用户提供网络暴力词的个性化过滤服务

一方面,由于每个数字群体在网络社交互动中产生的网络亚文化词语日新月异,社交网络平台已有的敏感词库和暴力语言词库无法充分识别含有敏感词汇、暴力语言的微博动态和评论。另一方面,每一个社交用户均是活生生的个体,每个人的背景、人生经历、教育程度有很大差异,对同一个词语的理解、反应、承受力甚至情绪触动程度都不尽相同,因此在网络社交中会

---

① 郑云翔,黄柳慧,钟金萍:《数字公民素养的要素定义和内容分解》,载《科教导刊(下旬)》2020年第18期,第162~164页。

有不同的个人体验。本研究的成果可以促使社交网络平台为用户提供网络暴力词语的个性化过滤服务，从而增强用户体验，降低网络暴力带来的伤害。例如，结合本研究成果，为微博用户提供网络暴力语言标注和举报功能，以网络暴力语言类型（如隐喻攻击类型、人设攻击类型、恶意解读类型和内涵影射类型等）、所属社交圈层（如内娱圈、韩娱圈、法治圈、手工圈、宠物圈、二次元圈等）和话题类型来进行标注和分类，个性化地过滤用户认为较敏感的网络暴力词语，从而为他们提供定制化、可控的语言过滤服务，净化其社交网络环境，促进人与人、人与虚拟世界和谐共存，营造良好的网络社交环境，形成健康网络社交生态。

2. **为社交网络平台管理实现网络暴力检测与预警提供解决方案**

当前，社交平台中的网络暴力关注热点从政治性热点向娱乐明星、教育公平、性别平等、亲密关系、精神疾病等议题转变，平台运营管理者需调整对抗式解决策略，不应单纯采取强制性平息事件这一固化的解决思路，而应正确捕捉隐藏在其背后的社会心理及大众诉求，与信息网络法律法规的制定者、社会心理学专家、教育专家共同探究防治网络暴力的方案，以期更好地解决网络暴力问题。这就要求社交网络平台能自动识别并检测常见的网络暴力，结合预警机制提供综合性的解决方案，辅助管理者对网络暴力做出准确判断并进行应对。

可结合本研究成果，通过全民"众包"网络暴力语言（按语言类型、所属社交圈层、话题等），实现网络暴力语料库的持续更新，再利用数据挖掘、机器学习等新兴技术对敏感的网络用语、带有攻击性的用户行为、过激的用户观点等进行检测、过滤与监控，并及时启动预警机制，力求从平台环境上对网络暴力进行有效监管与防范。同时，还可以利用社交平台后台大数据进行训练，生成智能化网络暴力角色与行为识别模型，通过模型识别用户潜在的角色发展趋势，为每个潜在角色推送精准适宜的内容以帮助其调节情绪和引导认知，减少负面情绪泛化的可能性，减少"煽动者"向"施暴者"发展的可能性，减少"辩护者"向"控诉者"发展的可能性，从而引导事态良性发展，从外部环境保障数字公民素养的健康塑造。